高等教育与全球化丛书
THE GLOBALIZATION OF HIGHER EDUCATION

高等教育与全球化丛书

主　　编：侯定凯
副 主 编：康　瑜
编委主任：谢安邦
编　　委：阎光才　许美德（Ruth Hayhoe）
　　　　　侯定凯　唐玉光　李　梅

发展中国家的高等教育

环境变迁与大学的回应

[美]戴维·查普曼　安·奥斯汀　**主编**
范怡红　**主译**

北京市版权局著作权合同登记号　图字：01-2006-0782
图书在版编目(CIP)数据

发展中国家的高等教育：环境变迁与大学的回应/[美]戴维·查普曼，安·奥斯汀主编；范怡红主译.—北京：北京大学出版社，2009.7
ISBN 978-7-301-15367-3

Ⅰ.发…　Ⅱ.①查…②奥…③范…　Ⅲ.发展中国家－高等教育－研究　Ⅳ.G649.1

中国版本图书馆 CIP 数据核字(2009)第 097193 号

Translated from the English Language edition of *Higher Education in the Developing World*, by David Chapman, originally published by Greenwood Publishing Group, Inc., Westport, CT, USA. Copyright © 2002 by the author(s). Translated into and published in the Chinese Simplified Character language by arrangement with Greenwood Publishing Group, Inc. All rights reserved.

书　　　名：发展中国家的高等教育：环境变迁与大学的回应
著作责任者：[美]戴维·查普曼　安·奥斯汀　主编　范怡红　主译
责 任 编 辑：周　英
标 准 书 号：ISBN 978-7-301-15367-3/G·2621
出 版 发 行：北京大学出版社
地　　　址：北京市海淀区成府路 205 号　100871
网　　　站：http://www.jycb.org　http://www.pup.cn
电 子 信 箱：zyl@pup.pku.edu.cn
电　　　话：邮购部 62752015　发行部 62750672　编辑部 62767346
　　　　　　出版部 62754962
印　刷　者：北京汇林印务有限公司
经　销　者：新华书店
　　　　　　650 毫米×980 毫米　16 开本　15.75 印张　300 千字
　　　　　　2009 年 7 月第 1 版　2009 年 7 月第 1 次印刷
定　　　价：35.00 元

未经许可，不得以任何方式复制或抄袭本书之部分或全部内容。
版权所有，侵权必究
举报电话：(010)62752024　电子信箱：fd@pup.pku.edu.cn

总　序

当今世界,全球化似乎是一个无所不在、无所不包的现象。全球化可以理解为一种流动的现代性——物质产品、人口、标志、符号、资金、知识、技术、价值观、思想以及信息跨国界和跨时间的流动,这种流动反映了各国之间与日俱增的联系和相互依赖的特征。通过"时空压缩"、"远距离操纵"、"即时互动"等途径,全球化不断地整合与分化着全球的各种力量和利益关系。它给我们带来各要素在全球范围内自由流动和相互联系的同时,也凸显了霸权主义及其意识形态的全球扩张。全球化的主宰力量不仅仅局限于各国政府,还有跨国集团、中介组织、文化与媒体机构、公民组织以及宗教团体等。全球化的过程实际上就是各种力量的交汇、碰撞与融合。

由于各国历史、传统、文化、社会发展重点的差异,全球化在世界范围的实际影响是不平衡的。通过市场整合以及由发达国家及其机构操纵的国际组织及其制度安排,全球化很可能(实际上已经)加剧不同社会阶层和利益群体之间的分化,导致社会冲突和矛盾加剧,并形成反全球化的力量。20世纪90年代以来的全球化发展表明,各国之间的跨国互动与影响变得极为复杂,难以预测和掌控。这个世界并没有因为全球化而变得真正"扁平"!

大学作为现代社会培养人才、创造与传播知识的轴心机构,必然受到全球化的影响。斯科特从三个方面分析了全球化给大学带来深刻影响的必然性:第一,大学负有传播民族文化的责任;第二,信息、通讯技术的发展和全球性的研究文化网络的形成,促进了大学教学的标准化;第三,全球化市场动摇了作为大学主要收入来源的福利国家公共财政的基础。[1] 加拿大学者奈特进一步概括了全球化趋势的不同要素对高等教

---

[1] Peter, S. (2006) Globalization and Higher Education: Challenges for the 21st Century, *Journal of Studies in International Education*, 4(3): 5—6.

育发展的不同影响：一、知识社会的兴起,导致社会更加注重继续教育、终身教育;持续的职业发展给高等教育创造了新的发展机会;新技能和知识导致新型的大学课程和资质认证,大学研究和知识生产的功能也随之发生变化。二、信息和通讯技术的发展推动了本国和跨国的新型教学方法。三、市场经济的发展,导致本国和国际范围内教育和培训的商业化和商品化趋势。四、贸易自由化消除了经济上的壁垒,也增进了教育服务和产品的进出口。五、新的国际和地区治理结构和制度的建立,改变了政府和非政府机构在高等教育发展中的角色。① 如果我们认同上述判断和分析,那么这些趋势对中国的高等教育改革意味着什么？

全球化不仅仅是一系列历史力量,更是一种新的精神状态和思维方式。全球化把大学变成变化不定的全球物质、社会经济与文化网络的一个移动点。值得思考的是：中国高等教育的许多政策、管理、心态和理念依然故步自封,其发展依然落后于整个日益开放的社会的节奏,此时,我们的这个"移动点"将被带向何方？大学是否还需要思考大学独立性的问题(虽然无论过去还是现在,大学独立性都是奢侈的话题)？

中国日益成为国际上在政治、经济、军事和文化等方面举足轻重的国家,对全球化体系的参与程度与影响也日渐深入。但关于全球化力量的根源、作用方式、影响程度以及世界不同地区的回应,我们还缺乏深入的了解与认识。虽然拥有日益庞大的高等教育体系,但在全球化高等教育市场上,我们还远远不是高等教育强国。中国高等教育的发展经历了多次巨大的"断层",学术的传统和精神在流经这些断裂过程时不断地丧失。在融入全球化进程中,缺少了学术"原始资本积累"的中国大学,可能需要更多地利用全球化的契机,补上学术传统这一课——我们不能给这个传统设置国界！另外,中国大学应该具有全球化的眼光,但还需要本土化的行动,否则,我们在世界高等教育的地位将很尴尬。

我们希望,本套译丛的翻译和出版,可以为中国读者认识全球化对世界不同地区高等教育的影响及其应对方式打开一扇窗。透过此丛书诸多世界知名学者的文字,我们可以分享他们对相关理论和概念的辨析、对各国和地区政策的反思、对国家和大学个案的评价……同时,我们相信,全球化问题的讨论不能局限于概念的辩论,或者满足于对个别发达国家的全球

---

① Knight, J. (2006) Cross-border Education: An Analytical Framework for Programs and Provider Mobility. In J. C. Smart(ed.), *Higher Education Handbook of Theory and Research* (*Volume XXI*) (pp. 348—349). Dordrecht: Springer.

化境况的了解。既然全球化影响是各国差异性的一个"函数",那么我们需要洞察世界上更多国家和地区高等教育领域的现实和发生的变化——本丛书特别呈现了许多发展中国家高等教育近年的发展概况。由此,我们可以了解世界高等教育的丰富性,并且发现差异性背后可以共享的思想、处境和使命。

华东师范大学高等教育研究所
侯定凯 李 梅
2008年12月

编者中译本前言

中国高等教育在过去的二十年以惊人的速度发展。这种发展为相当广泛的学生群体开放并拓展了接受高等教育的机会。目前,中国已有2000多所普通高校,每年招收600多万学生。此外,中国还是国际留学生的第六大主要目的地国家。

中国高等教育令人瞩目的成就不仅仅是入学规模的扩充,中国的大学已经成长为一股重要的科研力量。中国是世界最大的科学与工程博士学位授予国,2005年中国用于研究与开发的支出高居全球第三(占全球10%)。

中国高等教育是在高校管理、经费划拨、本科评估等主要方面改革的推动下发展起来的。高等教育责任与管理权进一步下放给院校管理者,在很大程度上改变了高校的运营方式。同时,管理权的下放对高校管理人员的经营与领导技能也提出了前所未有的要求。自高校扩招以来,中国高校教师数迅速增长。因此,高校有必要关注教师职业发展规划与激励机制的效能,以帮助这些学术人员适应他们的新角色。

随着中国高等教育系统的扩充及多样化,很有必要对高等教育系统自身进行更多的研究与分析,以此作为评价相关政策及实践的基础。中国在这方面取得的一个积极进展就是越来越多的人有意将高等教育作为一个重要的研究领域。在中国,有博士学位授予权的高等教育中心与机构已由1990年的4家增长到2006年的16家,这些机构正共同致力于高等教育的科学研究。

尽管中国高校管理者和教学人员目前所面临的问题具有其独特性,但实际上这些也是许多其他国家正在应对的问题。在《发展中国家的高等教育》一书中,我们力求能够分享不同国家的高等教育经验与见解,希望这种分享能够成为人们进行高等教育研究与分析的基础,最终为改善中国及其他国家的高等教育有所贡献。

我们在此特别感谢范怡红教授和她的团队为本书的翻译工作所做出的努力,并感谢北大出版社在出版本书中译本的过程中所付出的辛劳。

戴维·查普曼,明尼苏达大学

安·奥斯汀,密歇根州立大学

2009年5月12日

目　录

第一部分　引言与概述

第一章　发展中国家高等教育不断变化的背景 …………………（3）

第二章　处于转折点的高等教育……………………………………（21）

第二部分　寻求政府与大学关系的新平衡

第三章　转型中的大学：俄罗斯高等教育私有化、
　　　　分权、大学自治政策探析 …………………………………（41）

第四章　逃离自由：巴西联邦直属大学抵制院校自治 ……………（63）

第五章　当目标发生冲突时：老挝的高等教育 ……………………（85）

第三部分　迎接自治权扩大的挑战

第六章　非洲高等教育的复兴——目前的挑战和未来的希望 ……（99）

第七章　蒙古高等教育现状：民主化转型的困境 …………………（117）

第八章　面向 21 世纪的中国高等教育：扩招、调整和全球化 ……（133）

第四部分　高等教育的规模扩张与公平实现

第九章　发展中国家高等教育的公平效应：入学机会、
　　　　选择权与就读持续性 ………………………………………（151）

第五部分　新的压力与责任形式

第十章　高等教育质量保障：确立发展中国家的有效政策 ……… (175)

第六部分　支持大学教师的新角色

第十一章　中国高等教育改革的背景：对教师问题的解析 ……… (195)

第十二章　转型时期的大学教师：角色、挑战
　　　　　和职业发展需求 ………………………………………… (209)

第七部分　结论、教训和未来方向

第十三章　平衡压力　促进合作 ………………………………… (227)

译者后记 ……………………………………………………………… (235)

作者简介 ……………………………………………………………… (236)

第一部分

引言与概述

■ 蒙古国立大学校园一角 (诺民其木格 提供)

第一章　发展中国家高等教育不断变化的背景

戴维·查普曼
安·奥斯汀

根据世界银行的报道，全世界高等教育的就读学生中有半数在发展中国家(World Bank, 2000)。据统计，学院和大学的注册学生数将从1991年的65,000,000人增长到2015年的97,000,000人(World Bank, 2000)。毋庸置疑，大部分发展中国家的政府都会把扩大高等教育入学机会和提升高等教育质量作为国家优先决策的重点。人口因素、政治和经济的挑战、人才市场需求的变化以及增强国家自豪感等因素，推动各国政府越来越重视高等教育的发展。同时很多政府也面临着严重的经济困境，其他部门也在竞争公共财政，这限制了政府在大学校园建设、教师工资和学生奖学金和助学金等方面的投入。大部分发展中国家的政府领导人和教育领导人都在积极寻求经济、更加创新的方式，以扩大高等教育的普及率并改善其质量。

然而，领导者们发现，政府部门和高等教育机构对如何进行变革以及大学和学院应该如何运作这两个方面很难达到预期的共识。面临对高等教育进行重塑和改革这一复杂议题，政府官员和教育者都在争取重新确定新的结构、新的规划、新的程序以及政府和高校间新的关系。高等教育的结构和运作方面的每一个变化所引发的连锁效应，都会对高等教育机构、学生、教师、市民以及与政府的关系产生影响。

本书的一个基本观点是：在过去的30年中，国际援助机构对发展中国家高等教育的援助集中在院校这一层次。他们这样做基于一个公认的理念，即有意义的高等教育改革取决于高等教育机构内部如何改善其管理能力。这一理念促使世界各地高校之间建立了一些合作、联合项目，进行教师和管理人员的交流、行政人员的培训和各类实习。这些项目旨在改善参与合作高校的管理机制，提高参与合作高校的教学水平(Chapman &

Claffey，1998）。这些努力集中在帮助院校完善财务预算系统、学籍注册管理系统、学分制的建立和课程的系统开发和设计等。上述的大部分努力已取得了成效，但仍需要继续努力。同时，在未来的十年中，更大的挑战在于：高等教育机构如何确定和塑造高校与政府部门、高校与广大民众的关系。提高管理者技能，引入新的管理手段将继续是重要举措，但已不足以应对来自复杂的社会、政治、经济等方面的压力，而正是来自这些方面的压力，塑造着发展中国家高等教育的未来。

  本书提出了发展中国家高等教育机构在面对环境变化时必须解决的五项关键议题，并给出了相关的实际案例。我们将以系统的观点分析这些案例，并指出高校应对这些议题的举措又如何影响着其他的议题。这些关键议题包括：

  1. 寻求政府和大学之间的新的平衡。高等教育转向私营化和分权管理的趋势，标志着政府和高等教育部门间关系在发生变化。在建立新关系的过程中，不同的目标有时会产生冲突，系统的组成部分也在发生不同的变化。管理规划、运行程序和激励机制等方面的冲突会威胁到（甚至阻碍）正在进行的变革。

  2. 实施自治。高等教育机构不想放弃对公共投资的依赖，同时还常常希望在大学治理方面能有更多的独立性。政府通常希望大学和学院在财政上能够更加自给自足，但并不想减少在高校运行管理方面的国家权威。于是，寻求政府和大学间的平衡便成为发展中国家高等教育改革最主要的挑战。对双方来说，可以比较清楚地看到的往往是自治的收益而不是成本。

  3. 在扩大高等教育规模的同时，确保公平、提高质量、控制成本。我们通常会看到以下几个方面的紧张局面：政治上对扩招的需求；道德上对提高公平性的呼吁；教育上对提升质量的愿望；财政上对控制成本的期望。这些目标相互冲突，有时难免顾此失彼。政府必须具备谨慎的政治态度，重视社会公平性，遵循学术要求，同时做到经济上量力而行。

  4. 应对新的责任压力和责任形式。快速的扩招、一些公立院校得到财政自治、私立高校的快速增长和越来越多的网络课程，这些因素导致了教育质量方面的压力，也给教育质量设计和保障制度的建立提出了新的要求。

  5. 支持大学教师的新角色。允许（或鼓励）收入较低的大学教师通过提供咨询服务弥补收入的不足，是发展中国家资助高等教育的常见做法。

但是，大学教师工资偏低，也造成大学管理人员很难控制教师的工作时间。教师们不得不利用其他渠道增加自己的收入，这导致大学试图将教师的时间引向改善教学、从事研究和提供服务的努力常常付诸东流。

对高等教育的再度重视

20世纪六七十年代，大多数发展中国家将高等教育列为本国的优先发展规划。为此，各国政府和国际援助机构（例如世界银行、地区开发银行和双边援助机构）对高等教育进行了大量投资。到了80年代，一些国家的优先发展政策发生了变化，国际援助机构也将支援的重点和资金转移到了提高基础教育入学机会和改善中小学教育质量方面（Chapman & Claffey，1998），对高等教育的支持和投入则相应减少。高等教育国际援助的不稳定，使国内对高等教育投入也相对减少。

有三个重要因素造成过去20年间对高等教育投入的减少。第一，在一些发展中国家，20世纪60和70年代对高等教育的投入，在促进国家发展方面没有达到预期的成效。人才外流、政府失职、高等教育政治化和一些国家遭遇的经济危机都削弱了高等教育应有的效益。第二，在很多国家，高等教育机构对国内面临的现实问题（比如，食品安全、文盲、疾病预防等等）漠然置之。第三，人们认为基础教育能带来更多"回报"，一个大学生一年的费用可以用来为20~30个小学生提供教育机会，而他们学到的基本的识字和运算技能，比大学生学到的知识更能满足劳动市场的直接需求。经济学家和教育学家都认为，对学院和大学教育公共投入对个人的长期收益，要比广义的社会收益大得多。因此，国际援助机构不太愿意资助大学和学院的项目（Chapman & Claffey，1998）。

虽然现在各国开始重新关注高等教育，但此前对高等教育的忽视还是影响着高等教育的发展。在很多国家，政府和大学的领导人对如何改善大学和学院的运行及如何扩大高等教育的影响，都缺乏清晰、系统和有效的策略。虽然有一些个别成功的例子和个别有远见的领导人，但这些都不是主流。

一些国家的政府和国际组织对高等教育的重新关注基于下述六种趋势的共同作用（World Bank，1994，2000）。第一，很多国家在提高小学入学率和保持率方面取得了成功，这些学生在完成基础教育后，形成了高等教育入学需求的快速增长,使高等教育面临在扩大入学机会方面前所未有的压力。政府部门明白,如果不能为适龄人群提供高等教育机会,就会引起政治危机。很多国家的政府都意识到,不能限制这个日益增长的学生群体和他们家庭的工作和生活机会,不然会形成政府和这一群体之间的隔阂(Chapman & Claffey,1998)。

第二,在世界上某些地方,过去30年间过度偏重小学教育的发展,造成了劳动力市场就业人员技能上的不均衡状态。政府越来越意识到教育体系的产出需要更多的平衡,以保障在越来越技术化和信息化的经济中,有足够的民众有能力吸纳先进技术并有能力参与管理。另外,很多国家的基础教育入学率和教育质量现在已经达到一定水平,有余力更多地关注高等教育。

第三,经济全球化改变了国家在现代化经济中对劳动人员的知识和技能的进一步的要求。国家财富不再仅仅以所拥有的自然资源和工业化程度来衡量。对高等教育的重新重视反映了变化中的国际经济的要求,知识是这一经济制度的新资本,信息是交流的"货币"(World Bank,2000)。国际交流和贸易越来越技术化,要求工作人员具有高等教育的背景。

第四,世界上很多地区的政治制度经历了从中央集权到民主化的变化,并形成了新的社会机构运作环境(International Renaissance Foundation,1997)。国家政治环境的变化给高等教育发展带来了新的机遇,提出了新的需求。这些国家必须重新审视和塑造高等教育与政府的关系。

第五,高等教育结构和运行方面的很多变化,是由高等教育与其他公共事业部门越来越激烈的竞争造成的。即便是最希望大力发展教育的倡导者,也意识到环境恶化带来的威胁——如,环境污染、森林遭到砍伐、艾滋病的蔓延、其他疾病的威胁、持续的贫困和不断的城市化等等(Asian Development Bank,1997;Beyrer,1998;Bloom & Godwin,1997;Bruestle,1993;Chapman,1998,2000;Corbin,1998;Feldman & Miller,1998;Imai,1998;Jalal,1993;Linge & Porter,1997;Panayotou,1993;Park,1995;Rogers,1993;Tan & Sanderson,1996;United Nations,1997)。可见,并不是人们不重视教育,而是政府还有其他更迫切的问题需要解决。

第六,技术的进步为高等教育带来了新的知识传授方式。网络课程的广泛运用,使得各国政府不能再控制国内所有的高等教育课程。高等教育内部新的课程设计和授课方式,迫使高等教育机构重新思考教学组织、教育质量监控以及政府监督高等教育等问题(Burbules & Callister,

2000; Katz & Associates, 1999; Maslen, 2001; Palloff & Pratt, 2001; Phipps & Merisotis, 1999)。

上述种种压力汇集起来,给政府和高等教育机构带来了严重的困境:公众对高等教育机会和人才市场需求的持续增长与财政紧缩之间的冲突;政治环境的变迁;因循守旧的奖惩机制以及组织对变革惯常性的抵制。在当代,如何解决上述冲突,走出困境,将决定发展中国家的高等教育在新世纪中如何获得重塑。在应对上述趋势时,政府和高等教育机构必须考虑改革措施在文化上的适应性、经济上的合理性、操作上的可行性和策略上的有效性。

很多对高等教育国际背景的研究侧重于对所选国家教育体制的组织和运行进行描述。近期发表的一些著作极大地推进了对高等教育发展的理论分析(Ajayi, Goma, & Johnson, 1996; Altbach, 1998; Kempner, Mollis & Tierney, 1998; Postiglione & Mak, 1997; World Bank, 2000)。本书延续了这种分析性的研究方法,并进行了进一步扩展,侧重分析高等教育机构如何应对外部压力以及采取什么样的策略以改善机构的运行,增加产出,加强高等教育与社会需求的紧密结合。

本书基于系统的观点,将高等教育机构看做是由多种相互联系、相互影响的子系统组成的复杂系统(Weick, 1976)。同时,高等教育机构还是国家系统的子系统。任何一个子系统的变革都会波及其他子系统,有时会产生出乎意料的影响。举例来说,提高入学机会的努力会无意中对某些人群造成不利,从而影响社会公平;采取基于技术的课程体系会增加教育机会,但同时会引起教育质量问题,对教育机构的信誉产生新的压力;扩大教育机构自治的努力会导致政府支持的减弱,影响教职员工在经济收入方面的安全感,进而可能遭到教职员工的抵制。

一个良好的国家规划应该遵循的理念是:规划者必须对所倡导的改革方案在各方面可能产生的影响有清醒的预期,并能采取有效的应对措施。只有政府和教育机构的领导者们认识到学院和大学所面临问题的复杂性,发现改革方案可能产生的相互影响,他们才能够为国家制定正确的方案,发挥有效的领导作用,推动教育质量的提高,促进高等教育更好地为社会服务。

从本质上讲,本书所讨论的五个重要的问题是互相关联的。其中任何一个问题的解决,都会对其他问题产生影响。只有当政府和教育领导者对这些错综复杂的关系有了足够的理解,并有效地预期各种因素的相互作用和各项行动的后果时，中央政府和教育机构的规划才能卓有成效。本书的作者们旨在引起各级管理者对这种领导和规划工作的重视。

本书各作者从发展中国家高等教育体系的近期发展历程中汲取经验，但并不打算完整地描述特定国家的高等教育体系。本书的侧重点在于提出关键问题，并分析各国教育机构采取了怎样的策略来解决这些问题。限于篇幅，我们不得不对所介绍的国家有所取舍。本书的每一章都侧重高等教育的重要问题，由资深作者撰写，体现作者对所选国家背景的深入理解，并从不同角度阐述高等教育机构对变化中的外部压力所采取的应对策略。我们选出这些章节，并不意味着所涉及的国家代表了发展中国家的各种教育体系，也不意味着我们关注了地区间的平衡。本书中列举的高等教育机构应对变革的重要例子，既包括很小的国家（老挝、蒙古等），也包括大国（南非、巴西、中国等）。

本书各章深入讨论了五个重要议题，并由各章作者给出概括的论点。在第二章，萨尔米简要介绍和分析了世界各地的高等教育现状，并提出高等教育体系和结构正处在一个重要的转折点。他认为有三种力量推动着这种变革：经济的全球化；知识越来越成为促进经济增长的重要驱动力；无处不在的相对低成本、高速度的信息通讯体系。

萨尔米认为这些力量带来了重要的影响。第一，高等教育体系必须满足社会发展的新需求，为那些需要高级技能的工人提供培训，保障人们终生学习的机会。教育和培训的侧重点，正从偏重基础知识的获得，转向获取、使用、应用知识的能力。第二，传统的高等教育机构面临着来自世界各地网络教育的冲击和企业教育机构的竞争。第三，新的教育与培训需求和新的竞争形式将推动传统高等教育机构改革自身的组织结构、治理模式、内部规程和运作方式。

萨尔米认为，企业和工业界越来越重视高级技术的作用，这推动了发展中国家更加注重发展本国的高等教育。同时，利用技术发展高中后教育的趋势，正在改变高等教育机构的运行方式。网络教育、远程教育的引入，开辟了学生接受高等教育的新途径，减少了地理位置的制约，并为利用新的教育方法带来了便利。比如，某一门课程可以通过网络邀请不同国家的学生参加讨论和辩论。也许更重要的是，网络教学正在改变教育的财政基础，学院和大学可以聘用兼职教师为更多学生提供网络课程，从而节省诸如常任教师、校园等昂贵的高等教育基础设施方面的费用。

同时，这种网络教育形式也向人们提出了复杂的问题，比如国家如何监控高等教育,如何摆脱不良文化的影响。在某些国家,有些网络课程威胁到国家通过高等教育培养国民性和民族荣誉感的功能。在高等教育机构层面,网络和远程教育正在重塑学术职业和学术职位聘任的含义。全职教授已经不再是大学质量的决定性因素。这种新的授课方式也在改变着高校间学生们的竞争。萨尔米指出,在泰国和土耳其,国家开放大学的在册学生已经占全国大学生数的40%。

网络教学为发展中国家发展高等教育提供了重要的新途径,同时这些课程也造成了一些技术不能解决的问题,并影响到高等教育的核心价值。学院和大学面临着诸多挑战:如何提高教学人员在这种环境中的教学能力;资源匮乏国家的大学如何投资所需的高技术设施,以便与资源充足国家的大学展开竞争;各国政府如何保证来自境外的教育项目的质量等等。

萨尔米强调,传统高等教育机构面临着众多挑战,需要采取更加主动的方式进行改革。在序言中,他深刻地分析了高等教育机构迅速变化的外部环境,为以后各章节奠定了基础。

寻求政府和大学关系的新平衡

组织变革几乎总是包含着利益平衡的争斗和获益渠道的转变。改善一个教育体系的效率和有效性,并不一定会让该体系的中心运作部分获益,甚至还有可能直接影响这部分的利益。对高等教育体系带来最大利益的变革,并不一定能满足高等教育直接相关者的个体利益——即使这些个体对这种变革的成功起着关键性的作用。一些群体比另一些群体从变革中多获益是不可避免的,即使在运转不善的系统,某些人也会因自身利益而愿意维持现状。因此,从系统的观点出发,实施组织变革的一个最基本的要求是对各种相关的影响和后果进行分析。

有时,貌似可能解决问题的方案却会引起新的问题,有些问题还有可能比先前打算解决的更严重;在另一些情况下,一些明显会成功的改革措施会遭到反对,甚至会遭到看来能从变革中获益的群体的反对。虽然这些情景对教育规划来说并不是新问题,人们还是不能成功地预测出台的政策和措施可能带来的错综复杂的相互影响。有时,某种结果产生于一厢情愿的愿望,即决策者因没有更好的选择而盲目乐观;其他情况下,决策者可能无法确立针对关键的相关群体的激励机制。因此,扩大和强化高等教育体系,不仅要对一个更好的体系有明确的前瞻性,还需要采取适当的策略,帮助不同群体找到新的利益平衡点,满足不同个体的需求。

在第三章,约翰斯通和贝恩提出,高等教育机构在财政方面变得越来越自给自足,高等教育机构和政府的传统法律关系和社会关系日趋淡化。两位作者以俄罗斯为例,讨论了相互作用的三种力量对大学的影响,这三种力量是:私营化、分权和自治。他们认为,这三种力量分别受到三种因素的影响,即高等教育系统必须更密切地回应社会的需求,更高效地运行,财政上更自力更生。本章的两位作者考察了这些因素的相互作用在多大程度上改善了大学的管理,促使了大学对学生和社会的需求做出回应,又在多大程度上导致了大学的分割,削弱了大学的凝聚作用并引起学术质量的下降。

影响高等教育发展的各方面存在着利益冲突。虽然追求自治的愿望让高校想远离政府的控制,但希望为国家经济利益服务的共同愿望促使高等教育机构和政府结成了密切的合作联盟。不过,在一些国家,也有人担心政府会以支持高等教育私营化、分权化和自主化为借口,减少对高等教育的财政支持,使高校面临财政困境。

在第四章,戴维·普朗克和罗伯特·维尔海恩分析了巴西各大学抵制院校自治的情况,说明政府和高等教育机构间的利益冲突。目前,巴西适龄人口的高等教育入学率低于该地区其他任何一个国家。教育者和政府官员都意识到巴西应该发展高等教育体系,但是,影响高等教育发展的主要因素不是缺乏高等教育质量所需要的正当投入,而是由于效率低下而导致的联邦体系高昂的运转费用。比如说,高校的人员分配、薪酬和晋升标准由教育部集中控制,高校领导对教师时间的分配和奖励机制几乎没有什么调控权。

为了提高效率,教育部试图赋予联邦体系的高校更多的责任和权力,试图通过增加高校自治,使高校领导者可以更灵活地解决效率低下的问题,在全校范围创建厉行节约和重新分配资源的机制,以保证重点项目的发展。这种尝试遭到了来自大学的教职员工和学生们的强烈反对,他们认为,扩大自主权会减少他们已经习以为常的从政府获得的福利。

在巴西,人们已经产生了共识,认为当前的体制不能再持续下去,但同时人们又担心,较强的自治会改变权力和资源的分配。如果采取措施提高效率,教职员工和学生的利益都会受到影响。在当前的体制下,教职员工的工作量不大,但薪酬颇丰。该体制虽然人浮于事,员工工作却有保障,学生可以享受免费高等教育,中上层家庭的学生获得了更大的利益。

普朗克和维尔海恩认为,在学校内部没有集体凝聚力,如遇到困难难以同舟共济。不过,虽然教职员工和学生都有不同的利益,但是大家都有共同的意愿维持低效率体制下的福利体系。教职员工和学生因而结成联盟,抵制院校自治。这种联盟虽然保护了教职员工和学生的利益,却以牺牲公共利益为代价,公众必须为之支付高昂的税金。当前,世界上许多国家的高等教育体制都在寻求自治,急切争取脱离政府控制,而普朗克和维尔海恩关于巴西的案例研究却表明,当更大的自治以人们还不能完全预期的方式改变了激励体制时,这种改变会产生出人意料的负面结果。

在第五章,戴维·查普曼以老挝人民民主共和国为例,分析了高等教育与政府的关系,指出了大学自治问题的另一方面。公立大学和学院自筹更多经费已成为高等教育有效改革的一环而得到多方倡导。拥护这一观点的人认为,由于毕业生从高等教育获得长期效益,很多国家的学生应当比现在承担更多的学费。教员也应该为开拓学校的收入渠道做出贡献——比如,大学的研究中心出售研究成果,提供咨询服务。对很多高校来说,开发新的经费来源是绝对必须的,但同时一味地追求经费也会扭曲激励机制,此举可能对大学的核心职能产生难以预料的负面影响。查普曼以老挝国立大学为例阐述了这一主题。

老挝政府利用国立大学来培养民族自豪感和民族认同感,为此它在教育过程中加入三项具有象征意义的内容:(1)所有课程以老挝语教授;(2)不收取学费;(3)通过一项复杂的程序为各省下达大学录取名额,以保证招生录取的公平。然而,当货币贬值、政府不能为国立大学提供足够的运转资金时,教员被许可用英语开设各门夜校课程,并收取高昂的学费,而不提供奖学金。这种特殊的夜校课程,实际上只有位于首都的富人家庭子女才上得起。事实上,这在正式的公立的机构运作中,形成了一个非正规的创收型大学体系,这一体系的规则在很大程度上和正式机构的宗旨背道而驰:以英语授课;收取学费;忽视了地区间招生的公平性。

学校用这种特殊夜校课程收取的学费来贴补学校预算的不足,并为教员提供额外收入。这种特殊夜校课程的做法影响了教员从事正常教学的积极性,将他们的精力从大学的正常的教学活动上,转移到了特殊夜校课程上以赚取外快。因此,这也大大影响到大学正常课程的教学质量。最终,试图通过加强学校的财政收入来提高教育质量的努力,带来了适得其反的效果。

应对自治扩大所带来的挑战

多数发展中国家共同关注的一个主题是大学领导者希望拥有更多的院校自治。很多政府也开始同意给予院校更多的自治,但是理由却各不相同。越来越多的高中毕业生想要升入大学、不断提高的高等教育收费、对财政资金的争夺等,面对这些问题,很多国家的政府已表现出新的姿态来重构与高等教育的关系。不同国家的政府和高等教育的关系形式各异,但中心议题通常是:大学希望得到更多的管理自主权,同时希望继续得到公共资金的支持。政府通常希望大学和学院在财政方面更加自给自足,但仍然想要在院校治理方面保持自己的权威性。矛盾的解决方式多种多样,其中有几个方面的议题各国都必须关注。

想要得到更大的自主权是要付出代价的。院校在得到更大学术自由和取得更多预算自主权时,这种代价就突显出来。以前,大学领导有时抱怨说,决策总是由那些远离大学的机构做出。现在他们意识到,这种有距离的决策可以让他们不必承担那么多的责任。以前他们可以对政府的决策表示不满,而现在这些决策要由他们自己来做了;以前由其他部门处理的复杂局面现在也需要他们自己解决了;院校内部的教职员工和学生也正逼迫院校领导做出各种行政决定。在拥有自主权后,院校有得也有失。

第六章中,基拉姆·雷蒂广泛地考察了在独立后的非洲国家中,政府和高校是如何协调政府控制和院校自治之间关系的。这些国家在获得独立的同时,也失去了大学和以前宗主国大学体系的密切关系。在短短的30~40年间,非洲高等院校面临着一系列决策的挑战:设置课程、建立合适的学科标准、完善内部治理以及建立质量控制机制等等。随着时间的推移,从法国和英国体制沿袭下来的后殖民模式,渐渐被重塑为多样化的院校体系。不过政府和院校之间的斗争还是很尖锐,在一些国家这样的斗争还在继续。

在非洲,每当国家遇到了经济压力(有些国家是经济崩溃),政府就会减少对高校的资助,并干预大学的内部事务,高校领导也将面临新的压力。面对这些压力,非洲各国的高等教育机构采取了不同的应对方式。在苏丹和尼日利亚,高校比较服从于政府的中央管理;而在乌干达和肯尼亚,高校管理则采取更加分权的方式。

那些原先的中央集权政治、计划经济体制的国家,在向民主化和市场化体制的巨变中,其高等教育面临的压力是最大的。在第七章,约翰·维德曼和雷格苏仁劲·白厄丹研究了蒙古的政府和高校在资源控制和决策制定方面的紧张关系。两位作者指出,在迅速转型阶段,高等教育体系的各个层次并不会对改革持同样欢迎的态度,人们对新体制改革方向的看法也可能各执一词。通过案例研究,作者指出了构建新共识过程中的种种斗争——特别在转型期政策和规章制度不是即刻而是以渐进方式推出时,由此导致了政策实施中的不协调局面。因为缺乏相应的经济体制、法律框架与社会理念,这里的政策不能发挥预期的效果。第七章阐述了在迅速转型期,公众利益从某种程度上已被政府或高等院校所取代,因此造成了人们对改革有意或无意的误解。

举例来说,在财政方面,高校得到许可收取学费,但收取的数额由政府规定上限。当高校采取其他的增收策略时,却需要提防被政府提成。这样,政府确定指标的招生方式被更强调满足学生需求的招生制度取代。但是,学生的求学需求和未来实际的工作机会并不一致,因为学生对劳动市场的可能需求知之甚少,也不了解不同工作的职业生涯发展情况。另外,为了保证学费来源的畅通,高校有时会牺牲择优录取的原则。

在第八章,白杰瑞考察了中国高等教育扩张和院校自主权扩大对高等教育核心功能——教学、研究和社会服务——的影响。中国以全世界1%的教育经费预算,支撑起教育世界四分之一学生的教育事业(Zhang,1999)。作者指出,政府采取措施将教学和科研的大部分自主权转移给了院校。面对高等教育体系的爆炸性增长(普通院校由1974年的598所增加至1994年的1080所),高等院校的行政领导必须重视扩大财政收入。同时,大学缺少合格的教员,在岗教员的工资收入也偏低。另外,当今的教员还面临新的压力:尝试新的教学方法、改善教学质量、修订课程以反映本国变化的经济发展(更加市场化)的需求。白杰瑞考察了那些拥有更大自主权的院校采取了何种策略,以应对扩招的压力和资金短缺的问题。

在扩招的同时争取社会平等

高等院校需要面对各种紧张局面:通过扩大高校规模或增加高校数量来增加入学机会;通过招收更多样化的学生来促进社会平等;提高招生

和毕业标准以改善教育质量;同时还要尽量不要求政府对高等教育增加投入。决策者对这些紧张局面有着充分的了解,但是对结果如何却不甚了了。

大多数发展中国家的高等教育遇到了一系列的困境。一方面在政治和社会的巨大压力下,高等教育需要扩大招生规模,但这些国家的政府的生均投入日益减少。虽然迅速扩招通常伴随着质量的下降,政府和教育界领导还是呼吁提高教育质量。另外,在资源减少情况下的扩招也不能保证各阶层子女都有机会进入高校。在"入学—平等—质量—投入"的四重压力下,院校为创收开始收取学费,并在教师管理方面采取更加市场化的手段。然而,提高财政自主性的努力有利也有弊。

人们对迅速扩招对财政所产生的影响已经有了较多的认识,但是对扩招与入学平等机会的关系却了解不多。实际上,几乎所有经历迅速扩招的国家都提出了提高高等教育入学平等机会的目标。人们的预期是:较低的学杂费会让更多学生进入高校学习,而入学人数越多,从高等教育中获益的学生也越多。公共政策通常认为,对高等教育的有力资助(低学杂费或免费),会给中、低收入家庭子女带来更多的入学机会,从而提高入学机会的平等性。

在第九章,达瑞尔·刘易斯和哈瑞尔·邓达对上述看法提出质疑。他们认为在很多地方,各高校的扩招并不一定带来更大的机会均等。相反,入学率的提高常常以牺牲社会平等为代价。

他们认为,低学费或免费的政策并不能使低收入家庭子女成比例地得到入学机会。相反,通常还会出现事与愿违的情况,即从低学费或免学费政策获益最多的,是中等或高收入家庭的子女。这样,减少高等教育收费并不一定能使低收入家庭子女获益。更常见的情况是:最贫穷的家庭却反过来资助了较富有的家庭。

刘易斯和邓达提出,对入学问题产生最大的经济影响的不是学杂费,而是就学中个人所承担的其他费用。由于农村地区缺少高等院校,学费以外的费用就对农村学生很不利。这些学生不得不来到城市接受高等教育,这样他们所承担的费用就比城市的学生要高。作者们认为,低学费或免学费看起来是想保持更公平的入学机会,但是学生所受的高中教育的质量、高校的地理位置以及在高校内部对学科和专业不同的选择能力等因素,实际上都限制了真实意义上的公平性。

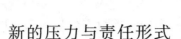

新的压力与责任形式

高等院校和政府的关系通常体现在很正规的政府监管体制中。由政府实施院校认证和质量保障程序,就是常见的监管机制。在第十章,伊莲·埃尔科娃提出,质量保障程序能够成为提高院校质量的有力措施,也可能成为控制和外部操纵的工具。

学生人数增加给质量提高带来的压力,一些公立院校更多的财政自主权,私立和营利性教育机构的发展,虚拟大学提供的跨国界网络课程——这些都要求发达国家和发展中国家建立新的质量保障。在过去十年中,人们最关注的事情,就是面临多重压力和挑战,高等教育如何保障其质量。

虽然政府和大学间的关系发生了变化,但在维护公众利益、保证高等教育基本的标准方面,政府仍然起着法定的和必要的作用。埃尔科娃讨论了各国在加强质量保障方面所面临的选择。举例来说,在质量保障的总目的方面就面临重要抉择:是为了改善教育、加强教育和社会需求的联系、提高教育水平、强化质量控制,还是为了提高运营效率?另外,政府实施的某些质量保障制度会对教学质量、教师士气产生重要的影响,也会影响到大学培养国家所需的具有综合技能的人才的能力。

埃尔科娃指出,国家的政治因素决定着该国高等教育质量保障策略的演变。她讨论了高等教育质量保障体系的目的和面临的问题,也分析了不同国家采取的质量保障措施,内容翔实而发人深省。

支持教学人员的新角色

大学教师收入不高,因而时常通过私人咨询服务获得一些补偿,这已经形成了一种普遍认可的高等教育薪酬方式。这种机制带来了互惠效益:教师拥有学术头衔和附属关系,从而享有令人瞩目的社会地位,这对于教师在校外的"商业行为"提供了便利;而大学则可以借此获得"质优价廉"的师资。这种做法的一个弊病是:高校行政人员几乎无法控制教师在教学活动之外的时间。虽然这一话题在前面章节中曾经提到过(参见查普曼在第五章关于老挝的描述),本书第六部分将着重讨论:当高校行政和教学研究人员理解和明确新角色和新关系时,他们将面临什么样的新挑战,又将采取什么样的对策。

在过去的几十年中,中国高等教育的规模和速度的变化是没有哪个国家可以比拟的。2000年中国高校的在校生数是1980年的三倍,这种惊人的增长速度出人意料。接踵而至的是高校对新教师和教学设施的急速需求。同时,中国更加开放和全球化的经济发展态势,也给中国高等教育带来了新的压力,大学改革课程和教学方法,以期培养能参与世界市场竞争的人才。所有这些变化都需要有足够的经费支持,高校需要扩大资金来源,从多种渠道筹集经费。

在这种背景下,伊万娜·林肯等人在第十一章中利用"力-场分析法"(Force-Field Analysis)[①],考察了影响中国大学教师工作状况的各种因素。这一章指出,在中国高等教育扩招的背景下,高校的财务管理、行政程序、治理结构、课程设置等都在经历改革。这些改革的结果对高校教师具有深远的意义。预计到2005年,全国有80%的正教授将会退休,因此必须吸引和培训新教师。然而,在学术工作领域发生的一些变化,诸如退休政策的改变,将会降低人们从事高校教学研究工作的兴趣。

在这种情况下,完善吸引新教员的激励机制是必要的,但不应局限于此。高等教育改革还意味着教师工作性质和工作组织方式的变化。在中国,高校教师需要应对更大的班级规模、更高的研究要求。他们需要改革课程计划,承担学校领导和行政职务。以前中国高校是中央统一管理,现在自治权和教师参与的扩大,对高校教师提出了新的角色要求和挑战。

中国高校教师面临的问题,和其他国家高校教师面临的问题并没有太大不同。各国大学教师都需要做更多的工作,承担更多的责任。而教师问题的大背景是:院校行政人员在管理、领导分权化组织和面对教学、研究活动受到紧缩的财政时缺乏经验。另外,很多高校教师也缺乏修订和改善课程的技能,其教学能力难以满足新的质量标准和社会需求。为此,很多高校需要制定各部门全面协调的、持续性的教师发展计划。

安·奥斯汀在第十二章中考察了发展中国家(特别是南非)高等教育

---

① 力-场分析法由美国社会心理学家库尔特·卢因(Kurt Lewin)提出。根据卢因的研究,任何事物都处在一对相反作用力之下,且处于平衡状态。其中推动事物发生变革的力量是驱动力,试图保持原状的力量是制约力。卢因视组织为一系统,它处在二力作用的动态平衡之中。为了发生变革,驱动力必须超过制约力,从而打破平衡。——译者注

中逐渐推行的高校教师发展项目的情况,她回顾了种族隔离期间和之后教师和高校的关系变化。种族隔离结束后,高校需要协调来自不同种族背景的教师和学生之间的关系;高校需要改革课程以适应社会的急速变化;高校的教育质量需要提高;教师需要为教育能力各异的学生做好准备;教学方式要从以教师为中心转向以学生为中心。而所有这些变革都要在紧张的财政状态下实施。在这样的背景下,奥斯汀讨论了教师发展的作用,并提出了建立教师发展项目的实践策略。

奥斯汀所提出的教师发展活动,同样适用于其他国家。在向市场经济转型的过程中,各国高校教师面临新的压力:教学如何更好地为劳动市场迫切需要的知识和技能服务;教学如何更好地培养学生批判性思考和解决问题的能力;如何帮助学生更好地完成从大学到工作的过渡。只有教育领导者为教师发展提供必要的支持,上述目标才有可能实现。

在第十三章,安·奥斯汀和戴维·查普曼提出了关于发展中国家促进高等教育创新的途径,并重申了本书的中心议题。他们还指出:高等教育机构所面临的许多重要议题,并不直接来自教育领域;仅有明确的目标,并不能保证改革的成功。

结　　语

现在将本书各章的关键主题总结如下:第一,全世界的高等教育机构都在面临变化的背景,要求高校做出回应。第二,虽然每个国家和高校的情形各不相同,但发展中国家高等教育机构因形势变化和新的要求带来的挑战却很相似。第三,只有采取系统的观点,我们才能更好地理解面临的问题,并制定有效的应对策略。虽然本书每一章的议题各有侧重,但细心的读者会发现,本书各章内容也体现了各问题之间的相互关系。院校领导在决定应对策略时,明智之举是从不同的角度考察某个问题的各个复杂层面,还要考虑到特定对策可能对高校使命、功能、质量、反应灵活性、效率等各个方面产生的影响。

不管是在发达国家还是发展中国家,高等教育领导人都有机会了解其他国家和其他高校应对环境变化挑战的情况。不管是大国或小国,发达国家或发展中国家,我们都可以找到成功的应对策略和方法。本书最后一章总结了前面各章所提到的高校和国家的实例,分析了这些案例中带有共性的问题,为所有关注高等教育创新和变革的人士提出了相关的建议。

参 考 文 献

Ajayi, J. F. A., Goma, L. K. H., & Johnson, G. H. (1996). *The African experience with higher education*. Athens: Ohio University Press.

Altbach, P. (1998). *Comparative higher education: Knowledge, the university and development*. Greenwich, CT: Ablex Publishers.

Asian Development Bank. (1997). *Emerging Asia: Changes and challenges*. Manila: Asian Development Bank.

Beyrer, C. (1998). *War in the blood: Sex, politics, and AIDS in Southeast Asia*. New York: White Lotus Books.

Bloom, D., & Godwin, P. (Eds.). (1997). *The economics of HIV and AIDS: The case of South and Southeast Asia*. New York: Oxford University Press.

Bruestle, A. E. (1993). East Asia's urban environment. *Environmental Science and Technology*, 7, 2280—2284.

Burbules, N. C., & Callister, T. A., Jr. (2000). Universities in transition: The promise and the challenge of new technologies. *Teachers' College Record*, 102(2), 271—293.

Chapman, D. W. (1998). *Technical working paper on trends, issues, and policies in education management and efficiency in Asia*. Paper prepared for the Asian Development Bank project on Regional Trends, Issues and Policies in Education, Manila: Asian Development Bank.

Chapman, D. W. (2000). Trends in educational administration in developing Asia. *Educational Administration Quarterly*, 36(2), 283—308.

Chapman, D. W., & Claffey, J. (1998, September 25). Higher education and international development: Some new opportunities worth taking. Point of View commentary, *Chronicle of Higher Education*, p. B6.

Corbin, J. (1998). *Recent HIV seroprevalence levels by country: July 1998*. Health Studies Branch, Washington, DC: U. S. Bureau of Census.

Feldman, D. W., & Miller, J. W. (1998). *The AIDS crisis: A documentary history*. Westport, CT: Greenwood Press.

Imai, R. (1998). *Population, energy, and the environment: Can Asia keep them in balance in the coming century?* Tokyo: Institute for International Policy Studies.

International Renaissance Foundation. (1997, July 4—6). *Education in Ukraine in the time of transition*. Discussion paper prepared for the seminar, "Strategic development of education policy in Ukraine," Kiev (under IRF project, *Society and State: Education Policy and Dialogue*).

Jalal, K. F. (1993). International agencies and the Asia-Pacific environment. *Environmental Science and Technology*, 27, 2276-2279.

Katz, R. N. and Associates. (1999). *Dancing with the devil: Information technology and the new competition in higher education.* San Francisco: Jossey-Bass.

Kempner, K., & Mollis, M., & Tierney, W. (Eds.). (1998). *Comparative education.* ASHE Reader Series. Needham Heights, MA: Simon and Schuster.

Linge, G. J. R., & Porter, D. (Eds.). (1997). *No place for borders. The HIV/AIDS epidemic and development in Asia and the Pacific.* Academy of Social Sciences in Australia, St. Leonards, Australia: Allen and Unwin.

Maslen, G. (2001, March 9). Students at Australian colleges are attacking a plan to create a global online university. *Chronicle of Higher Education*, p. A39.

Palloff, R. M., & Pratt, K. (2001). *Lessons from cyberspace: The realities of online teaching.* San Francisco: Jossey-Bass.

Panayotou, T. (1993). The environment in Southeast Asia: Problems and policies. *Environmental Science and Technology*, 27, 2270—2274.

Park, J. (1995). *Financing environmentally sound development: Asian Development Bank's Office of the Environment.* Manila: Asian Development Bank.

Phipps, R., & Merisotis, J. (1999). *What's the difference? A review of contemporary research on the effectiveness of distance learning in higher education.* Washington, DC: The Institute of Higher Education Plicy.

Postiglione, G., & Mak, G. (Eds.). (1997). *Asian higher education: An international handbook and reference guide.* Westport, CT: Greenwood Press.

Rogers, P. (1993). The environment in Southeast Asia. *Environmental Science and Technology*, 27, 2269.

Tan, J-P., & Sanderson, W. C. (1996). *Population in Asia.* World Bank regional and sector studies series. Brookfield, VT: Avebury.

United Nations. (1997). *Population and environment dynamics, poverty and quality of life in countries of the ESCAP region* (Asian Population Studies Series, number 147). United Nations Economic and Social Commission for Asia and the Pacific. New York: United Nations.

Weick, K. E. (1976). Educational organizations as loosely coupled systems. *Administrative Science Quarterly*, 21, 1—19.

World Bank. (1994). *Higher Education: Lessons from experience.* Washington, DC: The World Bank.

World Bank. (2000). *Higher education in developing countries: Peril and promise.* Re-

port of the Global Joint Task Force on Higher Education, Washington, DC.
Zhang Baoqing. (1999, January 10). *Zhonggong zhongyang dangxiao — Baogao xuan* [Party School of the Chinese Communist Party—selected reports], no. 1, pp. 2—17, as quoted in *Chinese Education and Society*, 33(1), 53—60. New York: M. E. Sharpe.

第二章　处于转折点的高等教育

亚米尔·萨尔米

能生存下来的物种,不是最强壮的,也不是最聪明的,却是应对变化能力最强的。

查尔斯·达尔文（Charles Darwin）

请想象一所大学没有建筑和教室,甚至没有图书馆;想象一所大学远离学生一万英里之外;想象一所大学没有院系,没有必修的课程、专业和年级;想象一所学院每天24小时开放,一周七天,一年365天长期开放;想象一所学院提供个性化的学士学位学习,或是跨学科学习,可选课程有4,000门之多;想象一个学位在毕业之后有效期只有5年;想象某学院在学生毕业6个月后如果还没有找到工作,愿意返还其学习期间所交的费用;想象一个高等教育体系不是按教师的资质进行排名,而是通过学校所拥有的电缆联网能力及互联网连接广度进行排名;想象一个国家主要的外汇创收来自于高等教育服务;再想象一个社会主义国家以市场标准收取学费来解决公立学校资金运转问题。我们是否进入了科幻小说的想象空间?或者这已经是在21世纪初高等教育领域革命中真实演变的故事?

在过去的几年中,很多国家经历了国内高等教育体系的重大改革和变革,包括新兴高校的出现,资助和治理体制的转变,评估和认证机制的建立,课程的改革和技术的创新等。但是,各国高等教育的变化速度并不一致。一些大学骄傲地试图保持自己的传统,不管是好是坏（World Bank, 1998）。在牛津大学,新学院（New college, Oxford）创建于16世纪,令人充满向往。南卡罗莱那州的鲍勃·琼斯大学在最近才允许不同种族的人恋爱结婚。那些保持传统的大学并不仅这两所,世界上还有其他高校以被动的姿态面临危机。位于多米尼克共和国的圣多明哥大学,即美洲大陆最古老的大学（创建于1538年）,最初的设计是容纳6,000人学习,现在在80,000学生的重压下已经岌岌可危。拉丁美洲最大的拥有悠久历史的大学,墨西哥国立自治大学在1999—2000年间由于校长决定增收140美元的学费而遭遇长达10个月的罢课。在迅速变化的世界中,这些不愿或不善于改变的大学将有何种命运?

新 的 挑 战

高等教育的功能面临着三种主要的、相互影响的新的挑战:(1)经济的全球化;(2)知识作为发展的动力越来越重要;(3)信息与通讯技术革命。

经济的全球化

全球化是跨越国家界限的资本、技术和信息的复杂整合。这种整合形成了日益相互依赖的世界市场,直接的影响是越来越多的国家和公司除了在全球经济中进行竞争外没有其他的选择。全球化并不一定是一个新的现象,15世纪末叶西班牙和葡萄牙对美洲的侵略;17—18世纪开通的棉花、奴隶贸易三角区;19世纪60年代所铺设的横越大西洋的电话电报电缆,以及直到20世纪中期才结束的对亚洲和非洲大部分地区的殖民统治等都形成了全球规模的经济增长和经济整合的重要和决定因素。但在过去的20年间,全球化的进程毫无疑问大大加速,表现为日益增多的国际贸易和越来越相互依赖的资本市场。

指出全球化是一个重要的经济发展趋势并不代表对其加以肯定或否定的价值判断。很多人将这种演变看做主要机遇;另有一些人指出这种相互依赖和高度的易变性会产生一些新的危险,比如某国的危机会影响到不同的国家。但是全球化正在发生,不管人们赞不赞成,或者喜不喜欢,并且世界上每个国家、每个公司、每个工作人员都在受其影响,并在全球化的进程中起一份作用。

知识日益增长的重要性

变化的第二个重要方面是知识正在起着越来越重要的作用。经济的发展越来越取决于一个国家获取和运用技术及社会经济知识的能力,全球化的进程正在加速这种趋势。竞争的优势越来越少地依赖于丰富的自然资源或是廉价的劳动力,而是越来越多的取决于技术的创新和对知识的充分运用。国际贸易中产品的中级和高级技术含量从1976年的33%增长到1996年的54%(World Bank,1998)。当今的经济增长既是资本积累的过程,又是知识积累的过程。有人估算,很多公司将三分之一的投资放在教育投入上,即培训、研发、专利、商标、设计和市场开发。在这种背景下,基于相同技术,提供不同设计、不同产品、和不同服务的能力决定经济的范围,这已成为扩大规模的有利因素。在高技术工业,如电子和远程通讯业,经济范围的广度而不是传统的经济规模可能成为发展的动力(Banker,Chang, & Majumdar,1998)。新型的生产服务型公司,已经蓬勃发展为特殊知识的提供者,为制造公司提供信息和咨询,支持其发展。专家们将这些新兴公司视为先进的工业经济中增加比较优势和高层价值的重要资源(Gibbons,1998)。同时,知识的产生和传播也在不断加速,意味着技术和产品的寿命都在缩短,很快就会过时。在化学领域,1978年已知物质有360,000种,到了1988年该数字翻了一番。到了1998年所知的化学物质和1978年相比又增加了三倍(1,700,000)。在19世纪60年代,化学摘要数据库每年有不到10,000项"专利类"记载,而在1998年却有150,000项。或许,说明新信息和产品越来越短的寿命的最好的例子莫过于计算机工业了,英特尔公司(Intel)每出现一次新的版本,其微处理芯片的独占市场的时间就会明显减少。在20世纪80年代的386微处理器时期,英特尔公司控制市场持续了3年,而10年后奔腾Ⅱ在市场上只占领先机几个月。奔腾Ⅲ才上市几周就被超微公司(AMD)的亚桑龙公司(Athlon)的微处理器取代了。

另外,在很多领域我们都看到基础科学和应用技术间的距离在逐渐缩小,或在一些领域这种距离在彻底消失。这意味着纯理论研究和应用研究已不再分离。分子生物学和计算机科学就是这种演变的最佳的例子。

美国制造公司最近进行的一次关于技术创新的调查表明了学术研究在开发新型产品和程序的过程中的战略重要性。平均有19%的新产品和15%的新程序基于学术研究。在高技术领域这种比例更为显著,在医药和医疗器械方面为44%,在信息处理方面为37%(Mansfield,1991)。在学术研究和工业应用方面还有很显著的地缘因素,有大量丰富的证据表明大学对地区的发展起着重要的作用,并且学术研究对工业研究和技术研究,以及当地的创新都起到举足轻重的作用(Jaffe,1989)。

信息和通讯革命

第三方面的变化来自信息和通讯革命。在15世纪,印刷术的诞生引起了知识保存和传播的巨大革命。如今,信息技术正在带来对信息的存储、传播、使用的又一次革命。电子、通讯和卫星技术的飞速发展使得高性能信息资讯的传输可以低价进行,在很大程度上消除了地理距离的影响。60 年以前,从纽约打往伦敦的电话每分钟需要 300 美元,如今,同样的电话只需每分钟 5 美分。1985 年,通过光纤电缆传输 4500 万字节信息每秒每公里大约需要 100 美元,到 1997 年每秒传输百倍的信息所需费用仅为 0.05 美分(Bond,1997)。实际上,国家间、机构间和个人间的信息传输在运作方面已经没有屏障。

对高等教育所产生的影响

上述所有挑战对高等教育有什么影响?(1)这些挑战带来迅速变化的培训需求;(2)带来新的竞争形式;(3)高等教育机构需采取新的组合运行模式。

变化中的培训和需求

经合组织(OECD)考察了最先进的发展中国家所经历的新的趋势。在知识驱动的经济中,更多的工人和雇员需要高级技能。最近在一些拉丁美洲国家(阿根廷、巴西和墨西哥)进行的研究和分析表明,与 20 世纪七八十年代研究所得的结果相反,三级教育(高等教育)产生了更大的获益和回报(Barros & Ramos, 1996;Lächler, 1997;Pessino, 1995)。另外,在经合组织国家中高技能白领雇员占全体劳动力的 25% 至 35%。

在教育和培训需求方面所发生的另一项变化是越来越大的对继续教育的需求,即知识的快速更新需要人们不断地更新自己的知识和技能。传统的利用一段时间进行本科和研究生学习,然后再进入职业领域的方式已经越来越被终生学习的方式所取代。培训已经成为人们工作生活中的一个有机组成部分,并通过多种不同方式实现,即在职培训,在相关高校培训或在家里自学。如同几个世纪前莎士比亚带有先见之明的描绘:

> 学习是另一个自我,
> 走到哪里学到哪里。

培训的需求演变意味着大学的主要学生不再是单一的高中毕业生了。大学必须重组自身以满足这些多样化的学生的需求,他们可能是成年学生、兼职学生、夜校学生和周末学生。人们预期高校学习者的成分比例将会发生显著的变化。以前那种金字塔模式即多数本科学生、少数研究生和更少数继续教育学生的模式将被倒金字塔的模式所取代,即小部分人为首次接受高等教育的学生,更多的学生选择硕士和博士学位学习,更大部分学生选择各式各样的继续教育项目。美国已经出现了这种情况,即半数以上的大学生由非传统的或者兼职学生所组成。和过去相比这是一个非同寻常的变化。在俄罗斯,非传统学生占 37%;在欧洲领先推动继续教育的国家之一的芬兰,现在拥有 15 万在正规高校读书的学生,却有 20 万人在继续教育项目中学习。

科学和技术的飞速发展的另一个影响是在高等教育中对知识性学习的重视在减少,如对具体信息或知识点的要求。我们现在体会到被称作"方法论知识和技能"的课程变得越来越重要(比如说自觉学习的能力)。如今,在众多学科,大一所教授的以事实为基础的知识可能到学生毕业时已经过时了。当前的学习过程越来越多地关注如何发现、获取和运用知识来解决问题。这种新的学习范式关注学会如何学习,学会将信息转变为新知识,将新知识转变得易于应用。这种能力比只会记忆更为重要,侧重点放在信息的搜寻和分析、思考的能力和解决问题的能力上。另外,团队合作能力、伙伴教学、创造性以及应对变化时的适应能力等等都是知识经济状态下的劳动者所应该拥有的新型技能。

培训方面体现出的第三种变化是取得国际认可的学位和资格的学位项目正在逐渐增强其吸引力。在全球化的经济中,公司为国外市场生产并和在本国经营的国外企业竞争,因此越来越需要国际认可的资历,特别是在和管理相关的领域。很多创业型大学的领导人很快地意识到这种趋势并很快加以利用。在美国,越来越多的网络大学向国外延伸,吸引更多的国际学生。举例来说,琼斯国际大学已在 38 个国家招生,是全世界第一所得到资格认证的网络大学。其认证机构是当年认证密歇根大学和芝加哥大学的同一家认证机构。在亚洲和东欧,产生了一系列代表英国和澳大利亚高校分校水平的国际认可的课程。澳大利亚大学的八万名国际学生的五分之一是在学生本国居住地的校园学习,大部分在新加坡和马来西亚。同时,每年还有数百万的学生参加英国考试机构的各种考试,如商贸管理学院或伦敦商贸学院等等(Bennell & Pearce,1998)。在中东,设在贝鲁特和开罗的美国大学总是吸引众多年轻人,热切地想获取美国的学位。在中国,发展最迅速的民办教育机构是新东方学校,专门为想要到美国留学的学生提供预备课程。该校声称仅在北京就有 5 万名学生(Doyle,2000)。在德国,高等教育主要是公立形式,也还是诞生了一些管理学院,或以民营高校的形式发展或依附于一所公立大学作为二级学院发展。借鉴荷兰和法国以及欧洲的一些其他例子,这些德国 MBA 项目以英语授课,积极地接收国际学生。

新的竞争形式

物理距离所起的阻碍作用日益减少意味着世界各地最好的大学可以决定在世界上任一地方开设分校,通过网络和卫星传输,和当地的本国高校有效地竞争。马里兰大学的校长 1999 年 4 月在《华盛顿邮报》上刊登了一篇文章,抱怨和抗议凤凰城大学在马里兰设立分校。这所总部位于加利福尼亚的凤凰城大学声称拥有 68,000 学生,是美国最有活力的远程教育大学。该大学利用毕业生在劳动市场的认可度来设计教授的薪酬和激励机制。英国开放大学在吸引加拿大学生时,发布网络信息时称"我们为你们颁发学位,我们不介意加拿大是否承认此学位,因为该学位得到牛津和剑桥大学的承认,但你只需付十分之一的学费"(The Maclean's Guide to Canadian Universities,1999)。人们估计,仅在美国就有 3,000 家机构提供网络培训。美国有 33 个州建立了覆盖全州的虚拟大学,85% 的社区学院到 2002 年都会提供远程教育课程(Olsen,2000)。远程教育有时是由一些大学联盟所成立的特殊机构提供,如美国的西督大学和加拿大不列颠哥伦比亚的开放学习机构。美国高校远程教育课程所占的比例从 1997—1998 年的 34% 上升到 1999—2000 年的 50%。公立大学在这方面比私立大学更为先进(Mendels,2000)。墨西哥蒙特瑞虚拟大学利用远程会议系统和网络向遍布全墨西哥的 1,450 个学习中心的 50,000 个学生提供 15 种硕士学位课程,其中有 116 个学习中心延伸至拉丁美洲各地。在泰国和土耳其,国家开放大学接收学生数分别达到本国适龄人口的 41% 和 38%。

公司创办大学是另一种竞争形式,传统大学不得不持续关注,特别是在继续教育领域。有人估算目前在全球约有 1,600 家公司大学在运行。10 年前有 400 家。最成功的两家是摩托罗拉大学和 IBM 大学。经进一步比较研究,更为显著的是摩托罗拉大学,每年有 1.2 亿美元的预算,占该公司员工工资的 4%,支持着位于 21 个国家的 99 个学习和培训平台(Densford,1999)。

世界上最大的公司大学 IBM 大学是一个虚拟机构,雇有来自 55 个国家的 3,400 个雇员,利用公司内部网络和卫星连接提供 10,000 门以上的课程。由《金融时报》资助选出的 1999 年公司大学奖的获得者为 TVA 大学、IDX 理工学院、戴尔学习公司、IBM 公司大学和 ST 大学。该奖项旨在奖励当年最富创新性的公司大学(Authers,1999)。

公司大学以下述三种方式之一或是某两种方式的组合经营:(1)有自己建于各地的网状校园,例如迪斯尼、丰田和摩托罗拉;(2)以虚拟大学方式运营;(3)和高校结成联盟共同运营(如贝尔大西洋公司、健康联盟、技术联盟等公司)。有少数公司大学,像兰德政策研究生院、阿瑟·利特尔管理学院已经获官方认证可以颁发学位。有专家预期,到 2010 年世界上的公司大学将会多于传统、正规的基于校园的大学,其中有一部分会服务于小型公司而不只是为巨型公司服务。

第三种非常规竞争来自于新的"学术经纪人",这些创业者通过虚拟空间发展其专长,将教育服务的需求者和提供者介绍到一起,像连接教育公司(Connect Education, Inc)和电子大学网络公司等。这些公司建设、租赁、管理校园,生产多媒体教育软件,并设计学习指南为世界范围的培训需求服务(Abeles,1998)。兰斯雷尔技术学院与波士顿大学、卡耐基-梅隆大学、斯坦福大学和麻省理工学院协调,并代替这些高校为健康联盟和技术联盟的员工提供课程(Motti, 1999)。一个英国公司 Nexus,在广告中声称自己是"世界上最大的招收国际学生的媒体公司"。该公司在东亚地区和拉丁美洲国家组织教育博览会,为各国的高等教育机构和有兴趣出国留学的学生建立联系。在学术代理行业更边缘的地带,人们还会发现基于网络的论文"工厂",为学生完成论文和大学作业提供帮助。支持这个行当的人称之为研究工具,但是学术界对此风大为谴责,认为这种服务助长了欺骗和抄袭之风。

有些"传统的"高校也很快加入了教育和培训经纪人的行业。圣彼得堡初级学院和佛罗里达州立大学、佛罗里达中部大学以及英国的开放大学共同合作在不同站点提供四年的本科文凭教育(Klein, 1999)。圣克鲁斯加州大学 10 年前在硅谷开创自己的公司培训部,与一些公司大学成功地建立了合作关系,像通用电器公司和太阳微系统公司。该培训公司还成功地申请到额外的州政府的资助,为已申请的项目配套。

这些新的竞争形式的出现很有可能改变质量保障体系的本质、机制和标准。人们开始怀疑基于校园的课程评估所常常参照的哲学理念、原则、标准等是否不经明显的调整就可以用于评估网络课程和其他远程教育的模式。需要可靠的认证体系和评估程序来向公众保障这些继续教育机构提供的课程、专业和学位已达到学术标准和专业化要求。评估不再像以前那样对传统的知识摄入有那么多的侧重,比如个别教员的资质和学生的选择标准等等。相反的,评估很侧重毕业生的能力。这种转变反映了下述各方面进行团队工作的效果:以教学法所支撑的设计者;提供基于资源的课程的协调者;学生的指导者以及学习效果的评估者。西督大学所发起的请独立评估机构进行基于能力的评估开创了这方面的有趣的先河。其效果是很有可能将这些方法延伸至传统大学。

在国家层面,高等教育当局在面临着日益增多的国外项目的挑战,这些挑战可能来自于远程教育课程、外国大学的分校,也可能来自于网络课程。大多数的发展中国家还没有建立起认证和评估体系,更没有足够的信息来判断一拥而入的国外项目是否有一定的水平,也没有机构监控能力来发现有些项目的伪装以保护学生不要盲目选择低质量项目。比如很多拉丁美洲国家发现他们面临着西班牙大学提供的网络继续教育博士项目比他们国家所进行的博士项目还多。

远程学习是一个走向极端的世界,当你观察全世界最好的学校时,你会发现有些项目现在已是远程学习了。当你搜寻最差的学校时,其所有项目都是通过远程学习项目进行的。不好的远程学习现在可能被给予新的生存空间,通过网络教学这一新的形式来进行改善(Daniel,1999)。对于那些还没有能力建立自己的信息体系的国家而言,总是有可能参加国际认证和评估联络网,或是向国外高等教育机构要求他们提供其在本国施行的教育质量保障。

组织结构和运行模式的变化

面临新的培训需求和新的竞争挑战,很多大学都需要在治理、组织结构和运行模式方面进行重大的变革。

大学是否有能力考虑到新的科学和技术的出现而重组传统的学科是一个关键的因素。在总结重要学科的发展时要特别提到下述学科:即分子生物,生物技术,先进的材料科学,微电子,信息体系,机器人,智能系统,神经科学,环境科学和技术。在这些领域的培训和研究需要将一些学科整合,虽然这些学科以前看起来不大相关,也还是要冲破藩篱形成跨学科跨专业的项目。比如说,在分子生物和生物技术领域,对分子仪器和传感器的研究将电子学、材料科学、化学和生物学等领域的专家集合在一起进行研究，形成更大的集体智慧。绘图技术和医疗科学紧密结合产生出很多的科研成果。在格拉斯哥大学，医师和机械工程师在控制工程领域进行合作研究，争取开发出帮助下身麻痹患者的技术。在丹麦，环境科学项目由来自不同专业的专家所组成，除了科学家、工程师以外还有神学家、政治学家，来负责讲授和伦理、政治经济有关的主题。位于哥本哈根附近的罗斯基尔德大学在20世纪80年代就打破了传统院系的界限。比如说，化学和生命科学像数学、物理、技术和社会科学一样，同属于一个多学科的系。在这种系里，学生的教育经历遵循基于项目的学习方法。弗吉尼亚的乔治·曼森大学开创了新世纪学院；主要提供跨学科学习的本科学位。伊利诺伊大学俄巴那—恰佩恩分校和南加利福尼亚大学研制了"团队工程分析和模型"方法。华沙大学新近成立了跨系研究学院，为本科生提供了个性化的量身订制的本科课程，是波兰跨学科教育的首次尝试（Bullag, 1999）。

　　这种知识创造的新模式并不仅仅指院系重组，使学校展示新的学科格局，更重要的是意识到研究和培训的重组需要围绕探寻解决复杂问题的方法，而不仅仅满足于传授传统学科的知识。这种跨学科发展的演变正在向某些专家称之为"超学科"的方向发展，并形成鲜明的理论框架和研究方法（Gibbons, Limoges, Nowotny, Schwartzman, Scott, & Trow, 1994）。位于加拿大安大略省的马克马斯特大学和荷兰的马斯垂奇大学在20世纪70年代率先在医学和工程学科引进基于问题的学习方法。不列颠哥伦比亚大学在推进"基于研究的学习"，充分利用信息技术为本科生展示课程的基本内容，并为本科生和研究者团队建立密切关系提供便利。安大略省西部的滑铁卢大学的工程学享有很高的声誉，是加拿大最好的工程学科之一，该项目通过将校内学习和工作实训紧密结合而成功地建设了合作工程学项目。这些创新的举措帮助上述高校实现了数十年前剑桥数学家阿尔弗雷德·诺斯·怀德海（1929）所倡导的大学的崇高使命：

　　　　我们世界的悲剧是，那些富有想象力的人缺乏经验，而有经验的人又缺乏想象力。愚蠢的人不凭经验只靠想象力而行动，迂腐的人只依赖知识而不利用想象力。大学的使命就在于为学生提供想象力和经验紧密结合的体验。

(p.98)

　　基于跨学科、多学科的学习和研究主体需要大学重新调整设置，不仅意味着对学科和课程的调整，同时还包含着学校实验室、工作室和基础设施的重新布局和整体安排。乔治亚理工学院在资源共享、整合实验室方面提供了成功的经验。他们创建了跨学科的机械电子工程实验室，同时为电子、机械、工业设计、计算机和其他工程学科的学生提供服务。机械电子工程学是"在产品设计和制造流程设计中将精密工程、电子控制和系统思考密切整合的学问"(Arkin, Lee, McGinnis, & Zhou, 1997, pp. 113—118)。宾夕法尼亚州立大学、波多黎各玛亚奎斯大学、华盛顿大学和桑迪亚国家实验室通力合作，创建了令人瞩目的"学习工厂"设施，使得合作院校来自不同学科的学生团队可以利用该设施进行跨学科团队项目，所涉及的学科包括工业设计、机械工程、电子学、化学工程和企业管理(Lamancusa, Jorgensen, & Zayas-Castro, 1997)。

现代化技术在高校教育教学中的应用才刚刚开始，对教学方式引起的革命才刚刚拉开序幕。多媒体和计算机的同时使用促进了新的教学方法的发展，包括主动学习和互动学习的方法。面对面的学习可以被异步学习所替代或辅助；通过网络，课程可以设计成计划性课程或由学生自我掌握进度的课程。通过以合适的方式将技术整合进课程计划，教师的角色可以从单一的传授知识改变为学生学习的促进者。在巴西，好几所联邦大学的医学和工程学院在实验为学生在大一和大二时提供基于网络的数学课程。这些学生不再需要到教室去学习数学。这种变化引起学生辍学率的显著改观，从70%降到30%。在澳大利亚，新城堡大学在医学教育方面引领"基于问题的学习"的学习方式。南丹麦大学通过运用"围绕项目的学习"方式，在企业管理学科成功地将辍学率降低一半(Thulstrup, 1999)。科罗拉多社区学院系统率先将一个两年的学科完全基于网络向学生提供。1999年，纽约州立大学的两个不同校区同时首次利用网络通过卫星连接远程视频系统开设比较教育课程，使两个校区的学生可以在线互动。这对位于苏格兰的高原和岛屿大学来说已经是司空见惯的课程方式。佛罗里达最早的社区学院圣彼得堡初级学院开发了通过电视机进行互动式学习的远程教育课程，吸引了可能会被凤凰城大学拉走的学生。

然而，现代技术并不是灵丹妙药。为了创建更加主动和互动的学习环境，教师必须对使用新技术的目的有清晰的思考，对如何将新技术有效地整合进课程设计和课程实施有合适的把握。教师们必须自我教育以便了解如何应用新的教学方法和手段，如何获得支持。最近从伊利诺伊大学发来的关于在本科生中运用网络课程的报道给了我们一些警示(Mendels,

2000b)。高质量的网络教育通过小班教学才能达到最好效果,班级不超过30人。另外,如果希望学生锻炼批判性思维,有足够的社会交往能力来适应将来的职业生活,就最好不要将全部学位课程都通过网络来提供。将网络课程和常规课程相结合会给予学生更多的机会体验人际交往、互相交流、争论、达成共识等过程。英国的高等教育委员会最近计划在五年内投入3000万英镑在约克建立通用学习和教学中心,旨在引导和支持高校教师学习运用新技术的教学方法。这些项目要求同时也适用于设计和提供远程教育课程。因为此类课程也需要以合适的技术支持来满足学习目标的要求。在科学领域如工程学,实训的需求常常被忽视。计算机模拟并不能代替所有的实训项目。在很多有关科学和技术的学科,在实验室和车间进行动手实习仍然是有效学习不可或缺的环节。

  不过,技术并不是仅仅影响教学法。信息通讯技术革命对大学如何组织、如何提供服务也会产生深远的影响。在美国,新的大学在设计和建造时已经没有了图书馆,因为学生将会通过计算机进入在线电子图书馆的数据库。光盘(CD-ROM)会代替图书馆的期刊专集。比如,康奈尔大学创建了"农业大全电子图书馆",其中包括173片光盘,保存有过去4年间140家期刊所发表的文章,这些资料可以和发展中国家的大学图书馆共享。高校的电信设置和网络速度与能力正在成为高校吸引力的重要决定因素。美国已经连续两年发布对高校计算机通讯设施、互联网用于教学和管理水平的调查评估和排行,这也反映了其重要性。西储大学、麻省理工学院和维克伍德大学被评为1999年网络校园服务的领军院校(Bernstein,1999)。西储大学和Xerox公司合作铺设了长达9,000英里的电缆网络,建设了15,000个信息端口,为学生和教师提供学习资源,而不受物理位置的限制。

  一些经济因素使得人们赞成广泛地利用电子技术来组织和提供三级教育,大多数国家不管贫富都面临财务危机和高校运营费用的增长。发展中国家和东欧、东亚的前社会主义国家日益增长的高等教育需求等都使人感到必须考虑有别于传统高等教育模式的有效的不同方式。英国公开大学培养一位毕业生和普通大学相比只要1/3的费用。康奈尔大学所提供的农业电子图书馆用了10,000美元,但是如果是该图书馆购买所有搜集的期刊则会花去375,000美元(McCollum,1999)。不过,这种不同也会造成误解。大学的行政领导还必须牢记信息技术基本设施的造价不仅仅是开始建设最先进的系统所需的资金,还包括设施维护、软件更新、人员培训、技术支持等一系列循环费用,人们估算这种循环投资费用会占技术投资的完整周期所有花费的 75%。

要想适应这种变化中的环境,灵活应变是最重要的。第三级教育越来越需要能够不受官僚规定的限制和约束快速地创立新学科,重组现有学科,取缔过时学科。但是,在很多国家,大学非常僵化的管理行政程序在组织结构上、学科设置上和运行模式上均需要变革。在乌拉圭,直到 20 世纪 90 年代,当受到新兴的私营大学的竞争冲击时,有 150 年历史并一直对该国的高等教育起控制作用的共和大学才开始战略规划的进程,第一次考虑建设研究生学位专业。在委内瑞拉我们可以看到另一个体制僵化的例子,当时一个充满活力的私立企业管理学院(IESA)希望和哈佛大学管理学院联合设计和提供 MBA 教育。该申请报上去后等了几年才得到校长委员会的批准。巴西最著名的私立工程学院巴西应用技术学院在取得官方认证资格方面也遭受了相似的经历。在罗马尼亚,该国的第一家远程教育学院(CODECS)在 20 世纪 90 年代就获得了认证资格,但却经历了艰难的历程取得国家高等教育当局的承认。唯一的办法是通过和英国开放大学联姻,因为开放大学的学位在本国得到承认。

为了提高课程和学科设计和组织的灵活性,很多国家的高校采取了美国常用的基于学分的课程体系。这种变化有的在国家层面对整个国家的高等教育产生影响,如泰国。有的对一个国家的大学联盟产生影响,如印度理工学院。有的对一个大学产生影响,如耐格尔大学(Regel,1992)。东欧最年轻、最富有活力的私立大学之一新保加利亚大学是该国第一所推行学分制的大学。

高等教育机构也在改变招生方式,以更灵活的方式满足学生的要求。1999 年,美国的一些学院首次决定常年招收学生,而不限于在秋季招生。在中国,2000 年元旦第一次举办了春季高校招生考试,带来了中国高考历史上的重大变化。在传统的 7 月考试中落榜的学生不用再等一年就能获得第二次机会。

有效的劳动力市场反馈机制,如追踪调查,与企业雇主和校友进行的常规的咨询,对根据社会变化的需要调整课程设置起着非常重要的作用。在丹麦,工业界代表包括大公司的总经理会参加院系的董事会,对培训和研究的方向以及侧重点的确定出谋划策。当然,没有比将一个新兴大学的发展和当地发展的战略规划整合在一起更好的联系方式了,芬兰在支持新大学为当地的需求服务方面就卓有建树,年轻的乌鲁大学虽然位于北极圈附近的偏远地区,却发展成为北欧最好的高校之一。该校的成功表现在于将一个很小的农村社区发展成了一个高科技社区。该校与以诺基亚为首的著名公司通力合作,建立科技园,致力于在电子、医药、生物技术等方面进行应用研究。这样该校的 13,000 名学生就和企业、公司生活在互动提高的共生环境中(The Economist,1999)。捷克澳洛马克城的帕拉克大学由于开发了和当地法律改革紧密相关的新型法律课程而备受称赞。密歇根虚拟汽车工程学院是由密歇根大学、密歇根州立大学、底特律汽车工业界以及密歇根州政府共同组建的合作学习平台。

位于坦姆帕市的南佛罗里达大学是美国一所相对年轻的公立大学。该大学提供了一个将课程和专业设置根据社会需求不断调整的有趣实例。该校的工程系为其毕业生提供 5 年的保质期。就像制造业为其产品提供保质期一样,该系保证在其毕业生毕业 5 年之内如果其工作需要任何和其专业相关的知识和技能,他们都可以免费选修该系的相关课程。同样,一所大学如果强调以"终生教育和培训"为观念的服务,则可以同时达到双重目标,既能够使自己的课程设置紧跟社会需求又能够加强其财务的稳定性。在这种模式下,新学生们不仅注册进行初期职业教育并为此目的交纳学费,还要为整个职业生涯过程中所需要的再培训而交费。和南佛罗里达大学位于同一地区的圣·彼得堡初级学院声称有能力根据当地的教育需求在几个月内就可以设置出新的专业课程。

同时,这种对灵活性的需求使得人们质疑现有的大学教师聘任模式。几乎在所有国家,公立大学教授的行政地位和公务员相似或接近,拥有很强的职业保障,升职在很大程度上取决于任职的年限。在很多私立大学,特别是美国的私立大学,终身教授的职位和公立大学教授的地位和福利也很接近。另外,人们通常认为全职教授的数量是大学质量的关键性决定因素。在很多拉丁美洲国家,特别是在私立大学占很大比重的国家,比如巴西、哥伦比亚、多米尼加共和国、萨尔多瓦和智利,认证机构采取的最重要的评估标准之一就是学校有多少全职教授。在巴西,当 20 世纪 90 年代初引入新的大学资助计划时,决定资助额度的两项最重要的标准之一就是某校拥有多少取得博士学位的全职教授。

但是,高等教育机构如果想要对劳动市场的需求和技术的飞速变化作出及时、灵活的调整,还需要对教师的任用有更多的灵活性,包括脱离公务员体制的约束,或者甚至是取消终身教授的制度。在突尼斯,一个成功推行的改革措施是在 20 世纪 90 年代初建立了非大学技术学院联盟,建立了和国家大学相辅佐的体系,认可和重视大学体系之外的职业知识、职业经历和资历。在波兰,大学领导意识到对全职教授体制的过度依赖使得他们没有足够的空间去聘任短期的或在关键行业有独特建树的专家。比如,在华沙理工大学,无法为资深计算机科学专家提供合适的报酬是阻碍该大学正常发展的瓶颈(对华沙理工大学校长的访谈,1999年2月)。

结　　论

> 我们生活在这样一个年代,一切均为可能,但没有什么可以确定。
> ——瓦科拉夫·哈维尔(Vaclav Havel),剧作家,捷克共和国前总统

21世纪初,在全球化的影响下,在知识社会的发展中,在信息通讯技术革命洪流的裹挟下,高等教育面临着前所未有的挑战。这些无时不在的变化环境正在打破传统高等教育的界限。终生学习的需求在改变着高等教育的时间概念,而新技术的应用正在全面消除高等教育空间上的限制。

这些挑战既可以看做是对世界高等教育发展的严重威胁,也可以看做是前所未有的机遇。有些观察者预计我们所熟悉的传统高等教育体系终将消亡,而将以价廉物美的基于网络的开放大学的发展来满足很多国家高等教育大众化的需求。他们的预言可能言过其实。我们是否会目睹传统大学的消亡以及远程教育是否会代替基于校园的学习,还需要拭目以待。

> 或许,很多大学会由于信息技术革命而消亡,有些也会变得面目全非。当有人问爱迪生他所发明的电灯泡对蜡烛业意味着什么时,他回答说:"随着我们的开发,电会越来越便宜,到那时,只有富翁才会点蜡烛。"我们也进入到一个年代,大部分的大学和学院都必须决定是否做出小小的改变(如同留存在学术的蜡烛业),或做出变革性的改变(使自己发展成为学术界的电力机构)。
> (Langenberg,1996,quoted in Dator,1998,p. 619)

有一点肯定的是,整齐划一的传统大学模式正在受到巨大的挑战。不同大学的区分会越来越大,会导致很多种组织重组和机构调整,也会在高

等教育界之中或之外建立更多的多边联盟和合作伙伴关系。代表这种趋势的最具象征性的例子就是最近发布的获得英国政府和私人工业资助的麻省理工学院与剑桥大学联盟。在任何情形下,传统大学很可能还继续发挥其重要的作用,特别是在推动培训和研究方面。然而,新的教育技术的应用和市场力量的压力无疑也会使这些大学发生根本性的变革。

有意充分利用这些新的机遇的国家和大学不能被动地应对这些变化,而应该主动地发起意义深远的改革和创新。虽然并没有现成的蓝图可以适应所有的国家和所有的大学,但对于任何国家的大学来说,下述这些因素都是需要优先考虑的:(1)对高等教育如何高效地服务于知识经济发展有一个清晰的愿景;(2)每个高校在高等教育体系中如何发展和变革;(3)在什么条件下新技术才能得到最好的开发以改善学习并使其更有效,更贴近社会需求。最近从国家层面做出远景规划的有英国的迪尔英报告(Deering Report)、南非的国家高等教育改革行动计划、新西兰的三级教育绿皮书和法国的第三千年大学发展计划等。他们所做的努力在应验着罗马著名哲学家塞内加(Seneca)两千年前的名言"机遇只青睐有准备的头脑"。2000年元月发布的华盛顿州高等教育总体规划提出一项策略,即通过发展网络教育来满足预计会日益增加的高等教育的需求。

各高校进行的战略规划研究也在为该目标服务。通过明确认识学校自身环境中有利和不利的趋势,并将这些趋势和自身的强项和弱项结合在一起考虑,学校就能够更好地确定自己的使命,明确自己的品牌特色,制定中期发展目标,以及达到这些目标所必须采取的具体计划。举例来说,凤凰城大学的超乎寻常的发展就得益于其认真的战略规划,启用企业式的大学治理和管理模式,将办学对象定位为在职成人学生,提供一些针对性很强的学科和专业,对学生以前的经验资历给予学分的灵活机制,大量利用教育技术,低薪聘任兼职的但在基于教育技术的教学法方面受过良好培训的教师(Jackson,2000)。相反,由于缺乏战略规划,很多新兴的远程教育机构没有采取合适的技术,没能准确评价所利用的技术和其提供学科学习之间的契合度,也没有把握好所聘教师的能力以及学生们的学习需求。

最后想要提醒的是不要只将注意力放在技术的变化和全球化带来的压力方面。适应环境的变化不仅仅意味着重塑高等教育和应用新技术,同样至关重要的是帮助学生拥有在民主社会作为有责任心的市民所必须坚持的核心价值观。墨西哥东北部蒙特雷市(Monterrey)的一所小型私立大学能够和附近的蒙特雷理工学院(Technology Institute of Monterrey)竞争就是因为该校有意围绕当地发展需求设计课程和专业,其学习活动也都围绕着激发学生建立合适的价值体系,加强他们的社会交往能力而展开。21 世纪的深层次教育应该全面激发人类的智能潜力,不应只关注提供全球知识,而应注重保持本土的文化和价值观,支持历经岁月磨炼的传统学科如哲学、文学、艺术、社会科学等继续成为最基本的学科。美国最高法院法官安东尼·斯卡利亚(Antonin Scalia)在 1998 年弗吉尼亚威廉玛丽学院的毕业典礼上的演说最有力的表达了这个目标的中心理念:

> 体力劳动和脑力劳动都可以时间为单位计酬,唯独人的品格无法计价,而人们是否具有高尚的品格将决定着其脑力劳动的成果是否可以使个人和世界从中获益。

参 考 文 献

Abeles, T. (1998). The academy in a wired world. *Futures*. 30(7), 603—613.

Arkin, R. Lee, K-M., McGinnis, L., & Zhou, C. (1997, April). The development of a shared interdisciplinary intelligent mechatronics laboratory. *Journal of Engineering Education*, 113—118.

Authers, J. (1999, April 26). Keeping company with the campus. *Financial Times*, 11.

Banker, R., Chang, H., & Majumdar, S. (1998). Economies of scope in the U.S. telecommunications industry. *Information Economics and Policy*, 10, 253—272.

Barros, R., & Ramos, L. (1996). Temporal evolution of the relationship between wages and education of Brazilian men. In N. Birdsall and R. H. Sabot (Eds.), *Opportunity Foregone: Education in Brazil*. Washington, DC: Inter-American Development Bank/The Johns Hopkins University Press.

Bennell, P., & Pearce, T. (1998). *The internationalization of higher education: Exporting education to developing and transitional economies* (pp. 193—214). Brighton: Institute of Development Studies.

Bernstein, R. (1999, May). America's 100 most wired colleges. *Yahoo! Internet Life*, 86—119.

Bond, J. (1997). The drivers of the information revolution—Cost, computing power and convergence. In *The Information Revolution and the Future of Telecommunications*. Washington, DC: The World Bank.

Bullag, B. (1999, December 3). Reforms in higher education disappoint the Eastern Europeans. *Chronicle of Higher Education*, p. A55.

Carnevale, D. (2000, January 21). Master plan in Washington State calls for more online instruction. *Chronicle of Higher Education* (online).

Clark, S. (1999). Corporate-higher education partnerships: University of California customizes education for Silicon Valley titans. University of California Extension, Santa Cruz. http://www.traininguniversity.com/magazine/mar_apr99/corp2.html.

Dator, J. (1998). The futures of universities: Ivied halls, virtual malls, or theme parks? *Futures*, 30(1). 619.

Densford, L. (1999). Motorola university: The next 20 years. Online publication: http://www.traininguniversity.com/magazine/jan_feb99/feature1.html.

Doyle, D. (2000, January 19). China, Inc. *Education Week*, 19(19), 39.

Gibbons, M. (1998). *Higher education relevance in the 21st century*. Report prepared for the UNESCO World Conference on Higher Education. Washington, DC: The World Bank.

Gibbons, M., Limoges, C., Nowotny, H., Schwartzman, S., Scott, P., & Trow, M. (1994). *The new production of knowledge: Science and research in contemporary societies*. London: Sage Publications.

Jackson, G. (2000). University of Phoenix: A new model for tertiary education in developing countries? *TechKnowlogia*, 2(1), 34—37.

Jaffe, A. (1989). Real effects of academic research. *American Economic Review*, 79(5), 957—970.

Klein, B. (1999, June 5). SPJC aims for cutting edge of education. *The Tampa Tribune*.

Lächler, U. (1997). *Education and earnings inequality in Mexico*. Unpublished paper. Washington, DC: The World Bank.

Lamancusa, J., Jorgensen, J., & Zayas-Castro, J. (1997, April). The learning factory—A new approach to integrating design and manufacturing into the engineering curriculum. *Journal of Engineering Education*, 103—112.

The Maclean's Guide to Canadian Universities. (1999). Toronto: MacLean's Publishers.

Mansfield, E. (1991). Academic research and industrial innovation. *Research Policy*, 20, 1—12.

McCollum, K. (1999, December 12). Cornell University offers developing nations digital journals on agriculture. *Chronicle of Higher Education*, p. A44.

Mendels, P. (2000a, January 12). Government study shows a boom in distance education. *New York Times* (online).

Mendels, P. (2000b, January 19). Study on online education sees optimism, with caution. *New York Times* (online).

Motti, J. (1999, March 15). Corporate universities grow. *Internetweek*. Special Issue No. 756 (online).

Olsen, J. (2000, January-February). Is virtual education for real? *TechKnowlogia*,

16—18.

Pessino, C. (1995). *Returns to education in greater Buenos Aires 1986—1993: From hyperinflation to stabilization* (Working Paper 104). Buenos Aires: Centro de Estudios Macroeconómicos de Argentina.

Regel, O. (1992). *The academic credit system in higher education: Effectiveness and relevance in developing countries* (PHREE Background Paper Series No. 92/59. Washington, DC: The World Bank.

Survey: The Nordic Countries: Northern Light. (1999, January 23). *The Economist*, p. N11.

Thulstrup, E. (1999). University-industry cooperation with project based learning. In A. Kornhauser (Ed.), *University-industry cooperation: Learning strategies*. University of Ljubljana, Slovenia: Kornhauser, International Center for Chemical Studies.

Whitehead, A. N. (1929). *The aims of educatin and other essays*. New York: the Free Press.

World Bank. (1998). *World development report: Knowledge for development*. New York: Oxford University Press.

第二部分

寻求政府与大学关系的新平衡

■ 莫斯科大学 (林百学 提供)

第三章 转型中的大学：俄罗斯高等教育私有化、分权、大学自治政策探析

布鲁斯·约翰斯通
奥尔加·贝恩

术语"转型"已经成为一种委婉的说法，用来指代在俄罗斯和其他新近取得独立的苏联成员国以及中欧、东欧的一些前社会主义国家里发生的变化。这种转型通常带来彻底的变革，导致整个社会处于无序状态，颠覆了一切政治、经济体制，改变了人们的生活方式，诞生了一批全新的国家。转型所带来的最重要的影响是它大大削弱了国家对个人生活、生产活动以及企业的控制，国家的所有权减少，规章制度、（税收）拨款也减少。国家规章制度和拨款的减少波及了各个大学、学术团体以及其他从事知识生产和传播的高等教育机构。对于高校来说，转型既带来了新的机遇，也提出了新的要求，并从思想和管理层面赋予它们新的自由。在俄罗斯和其他国家，这也导致了高校的不稳定和全新的节俭作风。

在经济领域中的货物流通和服务业，市场取代了中央集权成为主导发展方向的隐性力量（至少在理论上），以最有效的方式分配资本和劳动力，以满足不断变化的消费要求，使投资资本得到最大的回报。在这些转型的国家里，市场成为政府或各部委调控作用的补充，代替它们以下列方式对高校进行调控：招收自费大学生（尽管自费生的比例还受法律限定）；院系研究资源和培训资源的有偿服务；鼓励宿舍餐厅服务的自给自足。这些方式都属于私有化的概念。其次，虽然高等教育本质上还是一种公共产品，但是也受到各省、地区等政府部门权力分化的影响。换言之，高等教育至少在规划阶段"受制于"各种担负着公共责任的准政府实体；这些类似美国的多校区管理委员会、国家规划委员会或国家协调委员会的机构，在高校和政府间起着"缓冲器"的作用。最后，政府赋予高等教育机构越来越大的自治权，允许它们更自由地调配各种资源，追求各自的既定目标。本章探

讨私有化、权力分化、大学自治三者之间的相互作用。这三者影响了所有国家的高校,尤其是转型国家的高校,其中俄罗斯联邦的高校受到的影响最大。

大学、变革、国家

波及大学的剧烈变革不仅仅局限在那些曾经是"苏维埃共和体"的国家(其特点是集权式的计划经济和统一的意识形态)。经济合作与发展组织(OECD)的成员国融"西方"特色的市场资本主义和自由民主主义为一体,推动了生产力的发展,倡导了个体自由,却具有内在的不稳定性。事实上,对于资本主义经济或者自由民主体制来说,变革并不是外在的表象,而是体现它们的本质,由其发展趋势与规章制度、公共政策的欠缺这对矛盾所驱动。市场和生产体系越来越全球化,科学技术越来越先进并得到广泛应用,这一切使所有国家的现代大学面临着更复杂、更深刻和更快速的变革。

在这场变革中,大学总是扮演着两种完全不同甚至相互矛盾的角色。一方面,大学推进变革,以探索、发现、教育为己任,致力于知识生产。一般说来,大学教师善于提出怀疑,善于批评,富有想象力,是修正主义者,有时甚至是激进主义者。大学可以增强经济竞争力,也是个人自我完善的主要动力。显然,这些特性使大学肩负了促进变革的使命。另一方面,大学还具有守旧的特性,是文化传统的卫道者、守护者、传播者。大学,其控制权无论是掌握在州政府、大学教员、还是某种形式的管理机构手里,实际上都是那些有权有势的人在掌控。大学有助于扩大这种权力和地位的影响力,并保证权力和地位的永久性。这些特性使大学肩负了保持文化连续性和社会稳定性的使命,有可能阻止变革的发生。

某些主张变革的力量会加强政府在高校管理中的作用,有些则会削弱其作用。前者的具体表现有:越来越多的人要求政府为国家经济利益服务,根据联邦政府的规定服务于社会,接受公众所认定的价值观,譬如更大限度地容忍种族差异和人种差异。在大多数国家,高等教育的重要性比以往任何时候都大。不管高等教育是否归政府所有,受政府规章制度约束,或由政府提供资金,高等教育始终关乎国家利益,关乎国计民生。政府也要求公立大学和私立大学提高可信度,让学生、家长、纳税人觉得可以信赖,也向那些多疑的领导证明自己值得公众的信任和支持。

　　同时,有些因素促使大学疏远政府,尤其是联邦政府或中央政府,使大学与客户的关系更为紧密——要么学生,要么雇主,要么项目赞助人——从而更能维护地区或地方的利益。这可能是因为大学想要获得更大程度的自治。但我们在下文将会看到,自治这个概念复杂微妙,不好界定。对于是加强还是削弱大学与州政府的关系,校长、资深教授、普通教员、学生可能看法很不相同。比如,大多数校长,尤其是那些"名牌"、"旗舰大学"的校长和一流大学的校长,一般会寻求最大限度的自治,以便充分利用他们所掌握的公共资源——而且有些校长甚至会放弃对公共资源的某些要求,以便能更自由地调配资源,有更大的空间使用非政府资金作为政府拨款的补充。另一方面,那些声望较低的大学,筹集非政府资金的机会较少,又需要那些传统老牌大学的支持,所以它们可能会在更大程度上接受相关政府部门的支配,以获取更多的支持。同理,大学校长、中层管理者与大学教职员工的态度也很不相同,大学校长和中层管理者通常寻求更多的自治,而大学的教职员工——尤其是在财政紧缩的情况下——则感到自己的工作面临着高度管理和控制的威胁,反而希望政府具有相当的政治敏感性,不要一味强调提高各院系的素质或适应能力,还要能关照他们的工作安全性,并提供更多的工作保障。

　　最后,在争夺控制权和主导权的过程中,几乎所有的大学都入不敷出,财政拨款的增长根本跟不上支出的需求。因此,它们的经济状况举步维艰,只能厉行节约。要缓解这个问题,应鼓励开办更多的私立高等教育机构,允许或要求公立机构拓宽资金来源,既有财政拨款,也有私人资助,从而让非政府组织或非税收资金为它们的支出买单。这种方法为大多数的西方经济学家所提倡,也得到了世界银行的认同。可以通过部分或全部收取学费,让学生支付全部或大部分的食宿开支,鼓励教师参与有偿社会服务,作为非财政拨款资金和学校资金的有益补充。与这种方法配套的做法有:缩小规模、业务外包、绩效预算、瞄准机会的市场(niche marketing,指专门瞄准机会,做因市场不大而别人不做的产品,从而获得较丰厚的利润)。这些都是私人企业的做法,在一定程度上可以帮助大学提高经济效益(Johnstone, 1993; Johnstone, Arora, & Experton, 1998; World Bank, 1994; Ziderman & Albrecht, 1994)。

　　以下是私有化、权力分化(分权)(或地区化、联邦化)和大学自治的全球背景:

- 私有化是一种倾向,目标是市场和客户;私有化是一种趋势,目标是建立与私人企业相似的管理模式;私有化减弱了大学对政府和纳税人的经济依赖,加深了国家对以收取学生学费来运转的私人教育机构的认可程度;
- 权力分化,即分权,就是权力的下放,中央政府(或联邦政府)把控制权移交给地方政府(比如,州、省、边疆区、自治州、加盟共和国,等等)。权力还可能下放给各种公共"中介"机构,例如由宪法认可的自治的院校董事会、高校系统或类似美国国内的可信度较高的规划实体、协调机构(其他国家对这类机构越来越感兴趣);
- 大学自治指大学从某种程度上摆脱了政府部门的控制,其所有权性质既不是公有也不是私有,其办学经费既不依赖政府也不依赖纳税人。

上述三点不仅是对北美、欧洲(包括西欧、东欧、中欧和俄罗斯)等国家的高等教育发展趋势的描述,也包括从苏联分离出来的新兴国家以及许多工业化程度不太高的拉丁美洲、亚洲和非洲国家。各国政府正在努力与高校建立一种更不受规章制度限制的关系,自发地取消对高校的某些控制。究其原因,有时候是出于理念上的考虑,主张通过私有化和市场来解决问题的观点;有时候是为了摆脱自身的经济负担;有时候又是为了确立一种凡弗特提出的所谓以政府为"舵手"的更具建设性的平衡,处理好国家控制和国家督导的关系。上述三个既重要又复杂的概念涉及了高等教育中的治理和维护的问题。每个概念都是多维的,不是"非此即彼",最好理解成由多个观点组成坐标点的统一的坐标系。

私 有 化

私立大学和各种私立的、非本科的高等教育机构,无论是否以营利为目的,都为更多人提供了接受高等教育的机会,在许多国家起着越来越大的作用。(在美国,把"私人的、以营利为目的"与"私人的、不以营利为目的"区分开来很重要。前者一般指非大学的职业教育机构,开展短期教育,地位较低,但都是缴税、纳税的合法机构。两者的差异在其他国家就没那么明显。在那些国家里,"非营利的"如果不是法定的,那么可能实际上所有权最终还是属于个人或某个家族。)这些私立机构,至少是某些不以营利

第三章 转型中的大学：俄罗斯高等教育私有化、分权、大学自治政策探析

为目的的机构，要么是一些出众的名牌大学(美国就是这样)，要么就是一些不起眼的或是"应运而生"的教育机构，在拉丁美洲、印度、日本、韩国、菲律宾等国就有很多(Geiger，1987；Levy，1986)。也有可能是些新兴的教育机构，刚刚起步，还未被大众所接受，俄罗斯、东欧和中欧国家、曾经的苏联加盟共和国、中国等国有很多这种情况。即使政府继续调控这些机构的教育目标、教学计划、课程设置甚至学费，私立高等教育机构还是会不断增长。

但是，"私有化"(我们会在这个章节定义这个概念)对于传统的公立大学和其他公立高等教育机构也是非常重要的。税收在减少，每个公立机构的要求(或者应该说是已经觉醒的要求减税的意识)也不同，竞争日益激烈。这都使得众多公立大学逐渐把经费来源转向非政府渠道。收入来源的变化是最显著，同时也是最有争议的转变。大学的主要收入来源不再依赖政府或纳税人，而是来自家长和学生。大学向学生收取学费，大学为学生减免的食宿费用，政府会返还部分甚至全额。和总的教育费用相比，学费只是一部分。无论它是多么微不足道，它还是相当于市场交易，涉及了消费者(学生和家长)的需求、市场准入和市场参与以及价格的"标志性"作用。也许更重要，但也必然更复杂、更容易引发争议的是这种变化所带来的社会寓意、政治意义及其所涉及的平等问题：即使这些公立机构的收入全部来自政府拨款，学生能否在这些机构接受教育实际上是和他们的社会阶层和家庭地位密切相关的。

在全球范围内，越来越多的大学向学生收取学费，采取各种私有化形式，收入不再只依靠政府拨款。美国公立高等教育的私有化在密歇根大学、加州伯克利大学、威斯康星大学等名牌公立大学体现得最为明显。在这些大学就读的本科生，如果是本州的生源，就只需支付全部学费的1/3左右；如果是其他州的生源，所需支付的费用比全额的学费还要多得多。此外，这些大学每年都会收到一些忠实的校友和朋友的捐献，数额超过一亿美元。实际上，政府拨款还不到这些公立大学总支出的1/5。在中国，从1998年起，政府规定在任何大学就读都必须交学费。现在，中国政府指出：让实际获益的学生分担自己接受高等教育的费用是一种社会公平。大多数欧洲国家在21世纪初仍然坚持不收学费。有几个国家是例外。荷兰的大学几年前就已经开始收学费了；英国从1998年开始允许大学收取学费(令人备感意外的是，这项规定是由劳动部门发布的)；奥地利也宣布从2001年开始收学费(Johnstone & Shroff-Mehta，2000)。俄罗斯的免费

高等教育具有一定的历史渊源,与该国的历史、意识形态、宪法相关。这个国家的大学也面临着经济压力,也需要弥补财政拨款不足所形成的资金短缺。迫于形势,这些大学尽可能地使用各种"有条件的特权",这些特权是 1993 年的俄罗斯联邦宪法第 43 条所作出的关于免费高等教育规定中的特殊情形。这一条款现在已经批准大学向资助学生的公立机构和私立机构收取学费,还包括没有通过统一考试、国家计划招生数之外的、非正式录取的个人(Bain,1998)。

在这种情况下,要判断一所大学是"私立的"还是"公立的"是一件很难的事情。或者更确切地说,高等教育机构的私有或公有性质必须通过以下几个方面来区分:(1)使命或目的;(2)所有权;(3)收入来源;(4)开支管制;(5)对非常规开支的调控与监管;(6)管理模式。其中最重要的是,要为上述各项设定一套分级标准,按照程度高低划分高校的私有和公有性质,比如有的教育机构可能在一、两个方面属于高级别的私有,而在其他方面则是高级别的公有。

使命或目的

如果某个高等教育机构的使命或目的是为该机构的物主谋取利益,而且其赢利手段与其他私有企业相同,那么这个机构的私有化程度是最高的。在美国和许多亚洲国家,有些私立的、以营利为目的的非本科高等教育机构就属于这种情况。以营利为目的的机构所提供的高等教育通常是周期较短的职业教育或技术教育,客户(学生或家长)也愿意为此埋单。因此,这些教育机构可以做到自给自足,甚至赢利。当它们不受制于其他机构,也没有使用期限的限制时,它们就能够更像在"做生意",更不容易造成潜在的成本浪费,赢利空间就越大。绝大多数的高等教育和基础研究不是由私立机构提供的,原因在于没有人可以保证能够赢利,政府也不太相信自己能够准确地衡量自己所付出的代价是否划算——毕竟高等教育和基础研究的成果是很难衡量的。

相比之下,那些"公有"程度最高的大学,它们肩负政府所指派的使命,资金来源于公共财政,接受政府的监管。它们的使命可能包括:基础研究;与经典大学相似的先进的教育;与美国赠地学院(the American Land Grant tradition)相似的、更倾向于应用的研究和实践教育;社区大学和其他开放性大学(open-access colleges)所实施的平等主义教育;苏联所制定的国家人力资源培训计划等。

第三章 转型中的大学：俄罗斯高等教育私有化、分权、大学自治政策探析

人们可能会认为,国有的高等教育机构,或者资金来源主要或完全来自政府的机构(这样就肯定是公立的),更会为公众的利益着想,而私立的、以营利为目的的机构则主要为自身的利益着想。然而,公立机构,尤其是那些处于某种垄断地位,教师在学校又拥有管理和自治权力的公立机构(如果教职工得到了某些民权组织强有力的政治保护),它们可能更多地为自己的教职工着想,而学生的利益则没有那么重要。另一方面,私立机构,无论是否以营利为目的,它们都面临着生存竞争,都必须采取措施,彻底预防非法的弄虚作假行为。所以,它们可能更及时地满足学生的需求,这纯粹是为了保持其对学生的吸引力,继续征收学费或获得某些公共资金,从而保证生源和收入来源。与此同时,任何初次尝试由私立机构(无论是否以营利为目的)提供高等教育的国家最可能缺乏的是对消费者的知识,以及对成熟的高等教育市场的竞争状况的了解。这些国家——包括俄罗斯和其他"转型"国家——更需要规范本国新兴的私立高等教育机构,使这些机构更有可信度。

情况还可能更复杂。以营利为目的的机构,无论是学校还是商业机构,都竭力增加收入,减少支出,从中获取收益。除了必要的机构保留金,剩余的收益都落入了机构所有者手中。另一方面,不以营利为目的的私立大学,虽然也都竭力增加收入,减少支出,从中获取收益,但是这些收益全部成为大学的经费,而不是落入所有者手中。实际上,法定的以营利为目的、不以营利为目的以及公立的大学,三者在竭力创收、压缩开支、寻求最大限度的收益方面没有太大的不同。(只是公立大学最不可能致力于在收入与支出间追求盈余,原因很简单,如果它们这样做了,这就表明政府对它们的财政拨款肯定是多了。)

一边是以营利为目的私立机构,另一边是政府拥有裁决权的公立机构,介于其中的是一些私立的非营利机构和准公立机构,它们担负着不同的使命。一个典型的非营利私立高等教育机构,其使命不是由其所有人或者政府确定的,而是由该机构的全体成员,在深受传统观念影响的董事会和管理部门的指导下制定并实施其使命的。这种使命的本质是大公无私——绝对不是为了个人利益(这也是法定的)——但其内容并不是由政府来确定的。同理,管理一所公立大学的可能不是某个政府部门,而是某种形式的董事会,但最终的控制权还是属于政府(也有例外,比如美国,大学董事会最终的控制权就属于整个董事会成员)。要成为董事会成员,必须履行复杂烦琐的程序,而且还有一些制度性的保护手段,这都成为一种

保障机制或缓冲机制,使得大学董事会的最终控制权免于政府部门(司法机构或立法机构)的干预。这是为了削弱国会、议会或者行政首长对公立大学的控制,同时加强大学教职工和管理层制定大学使命的权力。此外,和私立的、非营利机构一样,公立大学也受到学术传统和学术竞争等力量的制约。

所有权

公立高等教育与私立高等教育之间最明显的区别就在于所有权性质。不过,这种判定方法还是有不清楚的地方。一所大学的所有权也许明显就是公立的,比如属于某个国家机构或某家国有企业的大学;也有明显就是私立的,比如属于个人或某个法人的大学。或者,一所大学——它的名称和一切资产——都是私人所有,但却由某个机构代为托管,目标是寻求公共利益,比如英国或荷兰的皇家宪章里所规定的某些大学。美国也有这种大学。这是一些不以赢利为目的的大学。它们获得了由国家政府颁发的特许状,同时,自从1819年美国最高法院对达特茅斯诉讼案的裁决后,它们就得到了宪法的保护,不会遭受被政府没收的危险。

所有权与使命相关,但又有所不同。公有的所有权必然保证某种形式的公共使命,但公共使命各异,履行这些使命的公立机构也不同。另一方面,当财政收入用于寻求预期的公共使命时,或者当政府所预期的公共利益和市场所预期的个人利益一致时(比如在人才培训领域),私有机构会与公共使命机构相符合。这条潜规则意味着国家对私立(不管是否以赢利为目的)高等教育的鼓励,甚至提供一定的财政支持。俄罗斯非国立大学联盟(the Russian Association of Non-State Universities)主席于1998年宣称,许多"非国立"大学实际上已经制定了一些国家所提倡的、寻求公众利益的目标,比如培训国家需要的人才,增设新的工作岗位,做研究,扩大高等教育的招生规模等等(Zernov, 1998)。

尽管有的私立机构可以服务于公益目的,但还是有别于公立机构。私立机构的公益目的最终是为机构所有权拥有者或机构全体成员谋利益;公立机构则不同,它们必须时刻担负着为公众谋利益的义务。对于非营利私立大学,法律或许可以禁止它们谋取私利。但是,因为这些私立大学的资金不是来自公共资助,政府无法明确指定资金的用途,因此无法确保私立大学会践行公共使命,也不能确保它们会按照相关政府部门的指导去做。尽管如此,越来越多的国家——工业化国家、工业化程度较低的国家、转型中的国家——认为,非营利私立大学担负着某些机构使命或职业使命,对服务于公共利益起到很重要的作用,政府应该鼓励、保护它们所拥有的自治。

在20世纪90年代,俄罗斯的非国有高等教育机构迅猛发展。到1998年底,俄罗斯教育部(the Ministry of General and Professional Education)就批准成立了334所非国有高等教育机构,其中35%位于莫斯科和圣彼得堡(Goskomstat, 1999, pp. 194—205)。然而,典型的私立机构(或"非国立机构")规模很小,培训领域狭窄(主要涉及经济、管理、语言、法律等),教学场所向公立大学租赁,以较高的薪酬聘用公立大学的教员,但基本不负担福利和保险费用,所以这些学校的经济负担很小。

收入来源

如果收入源自普通大众,无论是来自直接的税收(比如所得税、营业税、财产税)、间接的税收(比如生产性增值税和公司利润税),还是由于政府借款或者仅仅是由于钞票印刷过量所引发的通货膨胀而导致的购买力下降而产生的收入,那么这种收入都是"公有的"。由自愿形成的决定引发的收入,如交纳学费、制作礼物、购买研究成果或是大学的其他服务,那么这种收入的来源是"私有的"。

大多数大学,无论是公立的还是私立的,其收入来源都是综合性的,既有公共资金也有私人资助:学生所缴纳的学费和直接来自纳税人的政府拨款;提供教育服务所取得的收入;私人捐赠;私人留本基金[①]所获得的收益。那些表面上属于私人资助范畴的收入,实际上至少有一部分属于公共资金:学生缴纳的学费(有一部分学费属于公共补助金或政府贷款,这都来自纳税人缴纳的税费)和私人捐赠(因为有税收减免,所以有的人会把这本来属于政府的收入捐赠给学校)。下面这些收入的性质是公有的还是私有的呢:那些已经出租的、曾经或仍然属于公有的大学资产;教职工(他们的工资福利可都是来自政府或纳税人)引进的私人捐赠;大学通过借公债(由于有政府担保或者减税措施,贷款利率较低)所进行的基础建设;大学与其他公、私立机构竞争而争取到的政府出资的研究项目? 总之,收入来源是一切公共决策的关键,性质很复杂,用这个标准来判别大学的"公有"或"私有"性质,并不是一种好的方法。

---

① 留本基金是根据出资者的限定,必须保留本金,仅以其所提供资产的收益安排支出的基金。

俄罗斯的国立大学获得了越来越多的私人资助。俄罗斯政府早就计划在20世纪90年代实施大学资金来源的私有化。因此，从20世纪80年代开始，俄罗斯政府就采用间接的方式进行财政拨款（即与国有企业签订合同，进行项目研究和有限的教育培训）。之后，随着市场经济和私有企业的出现，合同式教育培训的费用越来越高，公立大学的非财政拨款收入也越来越多。根据1994年政府颁布的法令，公立大学得到授权，对于有些没有通过大学入学考试，属于国家计划招生之外的学生，学校可以收取学费。1996年重新修订的《教育法》规定，某些热门专业的自费生的学费上限上浮了10%～25%，绝大部分的热门专业都在此列。到了1998年底，俄罗斯的公立大学继续招收更多的自费生，占全国自费生的70.2%，而私立大学只占29.8%。简言之，20世纪90年代后期，该国的大学生有1/5属于自费生，但是公立大学的学生还是分成两种：必须缴纳学费的自费生和完全由国家支付学费的学生（Bain，1998）。公立大学急需来自非政府资金的收入作为国家财政拨款的补充。平均下来，俄罗斯的公立高等教育机构的收入有25%属于非财政拨款，而到了1998年这个数字则在30%～60%之间。

开支管制

从某种意义上说，判断一所大学的私有性质，最好的标准是大学自治程度，抑或开支的控制权是否在政府手里（尽管这所大学的出身是"公有"），而不是看大学的收入来源是政府资金还是私人资助。比如，公立大学可以获得不定量的财政拨款，结合各种来自私人渠道的资金，为自身谋取最大的利益。这些开支包括发放工资、购买不动产，甚至举债，也可能包括继续使用当前财政年度的剩余款项——总之，就像私立机构一样运转。或者，同一所公立大学也可以像政府部门一样运转，从相同的渠道获得资金，但由政府财政部门控制它的开支。大学所希冀的更"私立"的待遇，通常是希望开支控制权不受制于人，或者只有政府"审计"的介入，而不是把所有权转变成"私有"或承担更类似私立大学的使命。由于所有的大学都是劳动密集型机构，教职工的工资就占了经常开支的3/4以上，因此，所谓的财政伸缩性或开支自治，指的就是能够自己确定工资数目，聘用或解雇员工，能够更自由地处理工资和其他开支问题。

政府如果要"放手"开支管制，就必须相信大学在开支或审计方面受到较少的制约时,大学做出的决策既不是错误的("错误的"指分不清楚该先做哪些事情,钱花了却没有取得预期的目的)也不是不可靠的("不可靠的"指钱没有用于大学的建设和发展,而是落入了个人的口袋,或为某些人牟利)。无论是对政府的信任,还是对大学和其他学术机构的信任,都不是自然而然就有的。要持续扩大大学自治程度必须有这种信任,这就要求在文化、程序、体制上做出某些改变。一种可以产生信任的文化要求:(1) 相信个人,尤其是领导层的智慧和品格(包括政府机构和大学);(2) 相关政府部门(或者相关党派)可以欣然接受大学采用与政府之前管理大学有所不同的方式——甚至允许偶尔的失误;(3) 大学的领导层也愿意改革创新,"抬起头来(意为'目光长远')","把脖子伸出去(意为'去冒险')"。信任的产生还需要具有某些机制和程序,增强巩固信任的基础,加强对审计、竞标、独立司法调查、新闻自由的信任。

一些以前权力集中、操作不大透明的转型国家,在建立起信任氛围方面异常艰难。它们必须在本国文化中不惜才力和精力,建立起上面提到的信任(别忘了,目前它们也同时面临着不断加剧的腐败),确立上述的机制和程序,例如透明的预算,合理的合同签约程序,有效的内部审计,制定有效的措施,定期对各部门开支展开严格的检查以及事后的开支审计。如果不在文化、程序、机制上做出上述改变,并关注扩大大学自治权的理论研究,那么大学将会继续遭受双重压力:来自上面的中央政府和来自下面的教职工、学生。

对非常规开支的调控与监管

除了开支管制,政府还能从以下诸多方面对大学实行——或不实行——监管:

- 挑选或(最终)任命大学的最高层领导(校长);
- 内部管理形式(尤其是院系的权力结构);
- 学位授予,教学大纲的制订,课程的开设;
- 人员聘用,其中包括工作保障、养老金等相关条款;
- 招生录取,其中包括招收、拒收学生,甚至实际的招生数。

上述的许多调控与监管措施都是为了保障消费者(通常是学生或家长)或普通大众的权益,这和医药、法律、保险、金融等领域所实施的保护消费者的种种规章制度是相似的。高等教育应该使消费者获得巨大的回报,但是,这种回报却很难衡量,也并非短时间就可以觉察或意识到的,所以很容易受到口碑和"光圈效应"的影响。在政府眼里,无论公立大学还是合法的营利大学或非营利大学,学生和家长都可能很容易被大学的不负责任的承诺所误导,被大学以各种形式所利用。因此,所有国家都有某些机制,对大学尤其是刚成立的大学,进行合格鉴定和资格认证。

管理模式

最后,"公有"和"私有"可能指某些预设的管理模式,这与其他私有或公有的界定标准是不同的。比如,与私有相关的模式有:

- 机构成员的管理决策能力、韧性、团结以及其他"硬"数据,甚至包括不讲情面(为了赚钱有时候就需要这种能力);
- 渴望变革,渴望这些词语:重组、更新、重设;
- 密切关注顾客或消费者(学生、家长、校友、可能的捐赠者)的需要;
- 密切关注形象、宣传、公关。

这些"私有"的模式和传统的大学(包括公立大学和私立非营利大学)管理方式很不相同,后者的管理模式如下:

- 参与式、开放式管理;冗长的协商过程;追求共识;
- 扁平化的组织结构;对权威反感;蔑视管理,特别是对长期占据管理位置又没有学术竞争力的领导;
- 感到整个学术界被大多数人误解了,政客和商人无论如何也不能理解他们;
- 感到大学具有一种与众不同的高贵或高尚,这一点可以解释为什么大学经常和纯粹的商业模式和政治模式产生矛盾;
- 非常注重学术自由,往往把大多数对工作保障的威胁看做是对学术自由这条异常高尚的原则的威胁。

从这种意义上看来,向私有化方向前进就等于远离第二套管理模式,而向第一套模式靠拢,很难以以往的使命(不管其性质是公有还是私有)、所有权、收入来源等标准来衡量。

第三章 转型中的大学：俄罗斯高等教育私有化、分权、大学自治政策探析

分　权

各国政府都施行一定程度的权力分化，把某些权力或服务机能下放给地方政府。政治上的权力分化也许意味着联邦政治，该制度为国家权力的分化提供了宪法保障——也就是说不能轻易废除或修订——使地方政府有一定的权力，可以塑造"自己的"治理模式，也能够选出自己的议会代表进入中央政府或国家政府。以瑞士、美国、加拿大为代表的联邦国家从宪法上限制了中央政府的权力，剩余的一切权力（最大的权力是国家主权）则交由地方政府有效地行使。在德国和巴西这样的联邦制国家里，真正的国家主权只掌握在中央政府手里，地方政府的权力只体现在某些（可能是相当广阔的）领域（参阅 Elazar 1987，p. 40 and ff.）。

另一方面，权力分化反映的可能不是历史问题或种族问题，也不是自然地理特点，而是为了政府便于管理国家，或者是区域地理更能体现民主机制。这种权力分化政治敏感度较低，也与主权无关，所以阻力较小，尤其是像司法、财政、教育等执行不同行政功能的地方部门也不会有反对意见。而且这也不会违反其他与领土、环境相关的规章制度。

地方政府拥有某些权力，都在争夺对重要的公有机构（比如高等教育机构）的掌控权。各地区在种族、宗教、语言群体、历史渊源、与首都城市的地理距离等方面都存在着显著差异，这必然加剧地方政府之间的争夺。富裕程度和占优势的经济活动也会促使地方政府倾向于关注本地的机构，强调本地的政策。（在俄罗斯、中国、印度、印尼、加拿大等国家可以看到地方政府的合力带来的结果。）

地方意识或地方主权意识在历史上是先于国家政治或国家政权而出现的。地方政府可能在整个国家的形成过程当中起着某种作用，正如13个殖民地（现在是州）在建立美国的过程当中所起的作用一样。地方政府也可能被强行纳入一个大的国家之内，苏联的成员国就是属于这种情况。也许最复杂的情况就像俄罗斯联邦一样，当中央政府试图把权力下放给地方政府时，各个地方政府的差别非常大：各地区有着相异的种族，操不同的语言，历史上主权的归属也不相同（有些地区的主权问题仍然是个谜）。有些地区的划分是出于行政管理的便利，有些则是为了施行更有效的掌控。

上述提到的情况,是由于自然和历史原因而导致的权力分化。还有另外的情况。20世纪80年代和90年代,政治保守主义在大多数成熟的工业化民主国家复活,有时候甚至占主导地位。保守主义主张精简政府机构,减少规章制度,缩小国有企业的规模,削减税收。同一时期的美国、英国、德国、法国、加拿大等国在政治上偏向右倾——虽然不很稳定,但右倾的表现是很明显的:在美国和英国,左翼政党有着悠久的历史,但此时两国的中间派的数量却是历史最高。反对"大政府"或中央政府就意味着赞成下放中央权力。不管对错,人们认为地方(州、省、成员国、地区等)政府更了解民众的需求,也比较不会像人们心目中所反感的政府那样做对民众不利的事情(比如滥用权力、态度傲慢、漠不关心等)。许多民主政府的议会代表来自单一选区,这使得国会议员和国家立法机关人员倾向于保护地方利益,而不是为国家的整体利益考虑。

还有两个因素也影响着地方化、权力分化的发展。第一个因素是,人们逐渐意识到,大多数机构或部门的决策,无论是公立大学、中小学,还是卫生部门和公共事务部门,都更能为本地的群众着想,也更适用于为大众服务的管理人员和专业人员。因此,地方化、权力分化与"好政府"、"政府改革"是相关的,也就是说,在政府和民众之间、政府和机构(或大学)之间,只说不做又令人窒息的官僚层级相对较少。

另一个因素是税费征收的困难。中央政府不愿意下放太多的权力,移交给地方部门更多的是经济责任。让俄罗斯这些曾经中央集权式管理经济的国家感到最困扰的是它们再也不能从国有企业身上拿走任何收益。征税是件困难的事,因为企业第一次清楚地看到税收被强加在自己身上,新兴的私营企业的收入和交易很容易逃脱政府的审查。比如,1997年俄罗斯政府只征收到了税款总额的52%左右。莫斯科人口约1,000万,却只有12,000人按时交税。这样一来,中央政府就感到非常有必要把公共财政的责任交给地方政府。中央政府部门对地方政府的管辖进一步宽松,私有化也从多方面(比如所有权私有、私人收益、个人行为模式)得到发展。

分权:分哪部分的权力?权力给了谁?

中央政府要下放对高等教育的权力,却用不着下放所有的权力,也用不着仅下放给地方政府(或省政府、成员国、州政府)。中央部门还是保留对不同的权力对象——指的是高等教育体制内的重要的东西——的管辖权,但把权力移交给下属的各级政府部门(或一些有公信力的单位),或者

第三章 转型中的大学：俄罗斯高等教育私有化、分权、大学自治政策探析

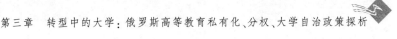

移交给大学，使大学自治得到巩固。其中，对于高等教育机构来说，重要的权力有：

- 生存和管理的权力（除此之外，还有学位授予、课程开设等权力）；
- 要授予的学位和要开设的课程；
- 课程教学内容以及相应的学位和教学计划；
- 教职员工的聘用、留任、解雇；工资福利的确定；
- 学生的招收，包括入学条件、就读、年级划分；
- 有权获取（并拥有全部的所有权）和处置不动产，包括因此而产生的负债；
- 有权与人签订合同，购买或出售劳务。

对于各级政府、其他权力分化了的公共部门和权力部门来说，理论上中央政府可能移交给他们的重要的权力有：

- 其他部门——尤其是财政部门，但是，有时候也（特别是在"转型"国家）包括支持基础研究的科学部或科学院，或者拥有"自己的"高等教育机构的生产部门；
- 地方部门（国家级部门、省、州、成员国）；或者
- 准政府中介机构。政府在政治上通常与这些机构没有发生联系，但它们的成立（至少理论上也可以撤销）及其公信力要么来自政府，要么直接来自选民的意愿。

起缓冲作用的机构反过来也拥有管辖大学的权力，包括校长的遴选（最有力的例子是美国的公立多校区大学的校长遴选）。政府下放给缓冲机构的权力可能只局限于几所大学和几个高等教育机构的预算拨款。（这就是大学拨款委员会的作用，借鉴了英国的做法。）最后，一个具有公信力的机构会得到授权，对大学进行资格认证，发给办学执照，审核大学的课程或学位。在美国，资格认证，亦即正式确认该大学符合基本的办学标准是由一些有组织的机构自愿负责执行的，它们充当了国家和联邦政府的"缓冲器"，负责对高等教育机构进行公共监督和质量管理。

从上面的论述不难看出：权力分化，亦即政府权力的下放，如果没有详细界定权力分化的对象，没有说明权力下放给哪一级政府部门、准政府部门，还是下放给有公信力的缓冲机构，那么这种权力分化就没有任何意义。

俄罗斯联邦的权力分化

俄罗斯政府是否愿意、是否有能力把管辖大学和其他高等教育机构的权力移交给下属部门受到了上述各种因素的影响。俄罗斯下放权力的首选可能是俄罗斯联邦的89个成员。根据1993年12月制定的《俄罗斯联邦宪法》，其成员包括21个自治共和国，6个边疆区(省)，49个州(地区)，2个联邦直辖市(莫斯科和圣彼得堡)，1个自治州，10个民族自治区。这些成员的差异很大，主要体现在以下方面：疆域面积、自然资源、有效生产力、民族、语言、历史和领土完整感。这些成员在基础教育方面起着关键作用，在高等教育方面作用却很小。

中央政府掌控着许可—评定—认证的权力，同时也把管辖新兴的私立高等教育机构的权力牢牢地握在手中。也许将来确实能够把一些优秀的高等职业院校或中等技术学校纳入高中后教育体系，并由联邦成员的机构或部门管辖。但是，目前在俄罗斯联邦的成员中，似乎还没有出现一些真正的机构或部门，能够挑战中央政府对全联邦578个国立高等教育机构的所有权、权威和管辖权。

虽然没有明确的规定，中央政府还是希望联邦成员国(地区)政府帮助中央政府，把大学教育和地方经济的发展需求"结合起来"。因此，1997年9月的部长级政策提案认为，地方议会可以建立并加强高等教育机构、地方商界要人、地方政府首长三者之间的联系。提案还指出，这种联系可以制度化，成为大学托管的一种形式，把某些管辖大学的权力交给企业雇主和成员(地区)的议会代表，这也许可以补偿中央政府拨款不当所带来的后果，同时也希望企业和地方政府成为中央政府的新的收入来源(Asmolov, Dmitriev, Klyachko, & Tikhonov, 1997, p.13)。不过，提案里提到的地方议会的具体的权力范围还没有详细的界定，也没有相应的政策用来保护学术自由或预防国立大学的资源被用于谋取私利。许多大学领导和公共部门的领导人反对这个提案，认为这是国立大学私有化的一种策略。无论如何，直到20世纪90年代末，还没有迹象表明俄罗斯高等教育已经采取重要举措进行权力分化，把权力下放给联邦成员。也许世界经合组织(OECD)的评论更为确切，即俄罗斯中央政府要下放权力，似乎更可能把权力交给大学，或者交给一些制度体系尚未确定的大学。此外，它的89个成员(边疆区、州、自治区)目前在高等教育中的作用非常有限，而它们应该扮演什么角色还是个悬而未决的问题。

大学自治

自治与权力分化和私有化密切相关。公立大学的自治意味着大学的自我管理,或指大学脱离了国家的控制。大学的自治程度越高,国家就越可能允许它们自己制定相关政策和教学大纲,自主开支(不管资金来源是公有还是私有)。但是,随着权力分化的深入,大学要自治,应该拥有哪些领域的决策权变得至关重要。最容易获得的权力——实际上,国家很难不把这些领域的管辖权移交给大学——课程设置(课程是学位与学制所必需的,也是教学所必需的)、教学方式、学术研究的对象。另一方面,国家不太可能授权给大学管辖的领域是大学的使命(也就是说,要成为什么样的大学:综合研究型大学、侧重教学与应用的理工大学或者其他种类的大学)。国家也不太可能放弃对高校的最终监督权和质量监管权,尤其是对那些国家财政扶持的高校。另外,为了保护作为消费者的大众权益,国家也可能不会放弃对私立大学的最终监督权和质量监管权,尽管有些政府部门愿意把这些权力交给具有公信力的缓冲机构。

一直以来争议较大的领域——但是在这些领域,全球的主要趋势是给大学更多的权力,或者实行更大程度的大学自治——有:

- 如何任命大学的最高层领导(校长、副校长)——并特别规定大学教师和大学董事会在校长、副校长任命过程中的作用;
- 如何根据大学的使命确定学位和学制;
- 如何确定学生的入学条件和攻读某些学位的标准(并间接地确定学校可以或必须招收的学生数);
- 如何聘任大学教师,制定聘用教师的条款,包括提供学术自由和工作保障;
- 如何管理高校的开支,涉及课程设置、人事安排以及其他方面开销的拨款和再次拨款的权力。

也许还有另一个重要的问题。自治程度不断加深的"大学"究竟是指谁:(1)校长;(2)校董会(如果有的话);(3)院系管理机构;(4)全体教员——大学评议会可以作为教师的代表?然而,教师们可能意见分歧很大。实际上,有些教师会觉得"大学"就是指校长或管理层,还会觉得能够为他们提供工作保障的不是他们"自己的"校长和院系负责人,而是相关政府部门,所以他们可能会反对大学被赋予更大的自治权。同理,如果校长认为大学自治仅仅是为了帮助政府减少经济投入,或者认为自己所在的大学学术水平不够,无法在这个竞争激烈、以市场为主导的世界上与其他大学一争高下,或者认为扩大的自治权并不是由他们管理层自己行使,而是由教师行使(也许更糟糕的是,自治权落入了一个由政府授权的,由教职工、学生组成的管理委员会手中),那么,校长们可能也会反对扩大大学的自治权。

对于任何旨在加强大学自治的国家政策来说,准公共缓冲机构可能起着关键作用。每向大学自治迈进一步,就意味着政府部门的权力少了一分;立法机构或国会也不例外。理论上,缓冲机构把公信力和大学自我管理联系起来。如果缓冲机构代表的是"公众",反映的是传统,照顾了各所大学的利益,那么当政府部门把国家的权力移交给某一缓冲机构,比如公共管理委员会、大学拨款委员会时,这和把国家赋予它们的权力移交给大学是相似的。最理想的缓冲机构还应该把自己当成"和蔼可亲的政府部门",为大众服务,并在必要的时候采取措施,防止大学的管理层或教师为了满足私欲而误入歧途。(风险肯定是有的。机构自身的利益与公共利益之间的平衡点很关键,也很难把握,而缓冲机构恰恰不具备这种能力。此外,缓冲机构可能也缺乏保障公信力和廉正的文化及程序,因而可能会变成干预者或腐败分子,甚至两者都有可能。)

因此,当某个中央政府部门宣称要"加强大学自治"时,问题的关键是该部门到底打算下放哪些权力,又将保留哪些权力。同样重要的是,中央政府或国家政府部门是否真的允许大学自治,或者更准确地说,是否真的分权给下一级政府或某个准政府机构——无论是下一级政府还是准政府机构,和中央政府相比,它们更容易干预大学事务。

俄罗斯的大学自治

俄罗斯政府部门可以有效分权的对象是各成员的政府部门和成熟的缓冲机构。但在 20 世纪 90 年代中期和后期,这些对象都是不存在的,所以,真正的分权对象似乎只能是大学了。当时俄罗斯对大学课程的意识形态控制已经失效,中央政府也不再需要大量额外的财政收入(这些收入来自大学和教师的商业活动)。俄罗斯大学的自治程度大大加深,这在很大程度上是不可避免的。此外,还有众多大学的所有权和管理权都掌握在各个政府部门而不是教育部手中。对于政府来说,这些大学已经成为非常棘手的问题:很多大学规模太小,发展空间狭小,效率不高。有些大学越来越差,既没有学术成就,学校的规模和资产也差强人意。可是,采取合并或

第三章 转型中的大学：俄罗斯高等教育私有化、分权、大学自治政策探析

关闭的方法会导致政治动荡。如果作为"大学的所有权人"的政府部门互相争斗的话，就更可能引起动荡。尽管中央政府部门仍然牢牢把持着大学的评定和认证程序，有着界定学位性质的权力和学位授予权，决定着"正常"和"自费"学生的招生数，但是其他本来属于中央的权力，尽管是明文规定的，还是逐渐失控。举个例子，俄罗斯中央政府有权规定高校教职工的基本工资和工作量，可是现在这种权力已经几乎没有任何意义了，因为规定的工资根本不适合实际情况，所有的高校都自谋出路，为教师们增加经济收入。

俄罗斯的大学自治，与苏联甚至成立初期的俄罗斯联邦相比，已经有了相当高的水平，但还是不够成熟(Bain, 1999)。表 3.1 描述了近来（20 世纪 90 年代）俄罗斯大学自治的一些重要变化(Bain, 2001)。

表 3.1　俄罗斯的大学自治运动

苏联的集权模式	当前（1998 年）的俄罗斯模式
领导层、管理模式、教师的地位	
校长由国家政府部门任命。	校长由教职工代表和学生代表选举产生。
政府"自上而下"管理高校；权力掌握在校长和政党领导人手中。	由选举产生的大学评议会是主要的管理机构；按规定，校长担任大学评议会主席。其他管理机制由大学章程确定。
教师的聘用实行终身制。	教师的聘用实行合同制。
大学经费的划拨	
国家确定工资数目。	国家规定工资数目、劳动部门保障基本工资和基本工作量；大学可以自筹资金，作为工资的补充。
国家规定支出项目预算，以每单位的平均支出比率为准。再次拨款的权力很有限；没有财政年度亏损预报措施。	实施整数预算，拥有给大学再次拨款的很大的权力；但是，对于工资、税收、学生生活津贴等需要重点"保护"的项目还是没有再次拨款的权力。
一切经费来自国家政府。	非政府资金（目前大约占 25%）来自：（1）学费；（2）开展对外培训和研究服务以获取收入；（3）出售或出租学校资产；（4）征收各种杂费（比如开设特殊课程、提前举行入学考试、颁发证书）。

续表

	苏联的集权模式	当前(1998年)的俄罗斯模式
课程设置	每门课的内容和学时都由国家规定。	已经获批的课程由教师确定课程内容。国家进行评定和鉴定,保证可比性,并确认符合标准。
入学标准和学生数	每所高校的每个专业的入学条件和招生总数由国家规定。	每一所大学有条件获得国家大学补助金和生活津贴的学生招生数由国家规定。自费生的招生数则由大学根据国家的配额自主招收。
	国家入学考试由大学负责执行。	国家入学考试由大学负责执行。
学位授予	国家只颁发少数几个既定学科的学位。	学位仍然由国家颁发。学制更短,更接近欧洲和北美的标准。

结　　论

　　私有化、权力分化、大学自治是相互联系的,产生的影响也很大。但是,这些复杂而多维的思想正在改变着政府和大学之间的关系。任何一方面都或多或少体现出把高校建设得更加高效和反应更灵敏的需要。这些概念可能意味着:

- 反应更灵敏的大学——对学生、企业、政府部门的招生需求和研究需求快速做出反应;
- 管理更完善的大学——这样的大学合理地赋予每个教师更多的权力,使教学和学术影响取得最好的成果;
- 更开放的大学,从而促进平等和社会团结。

　　然而,同样的概念(私有化、权力分化、大学自治)在北美、欧洲、俄罗斯以及其他转型国家中得到应用时,也可能导致不一样的结果:政府的财政投入越来越少,相关机构的参与程度更低,学术滑坡,国立大学无所适从,大学所起的团结作用也随之丧失,因而无法很好地满足社会需求。这两种情况的差异可能在于政府推行私有化、权力分化、大学自治的目的:是为了建设高效的、有能力的、反应灵敏的大学,还是为了掩盖政府试图减少对高校的财政支持或者国家权威的瓦解。

参 考 文 献

Asmolov, A., Dmitriev, M., Klyachko, T., Kuzminov, Y., & Tikhonov, A. N. (1997, September 9). Everything is decided by human capital (Reform Porposal). *Uchitel'skaya Gazeta* [Teachers' Newspaper], pp. 11—14.

Bain, O. (1998, March). *Cost of higher education to students and parents in Russia: Tuition policy issues*. Paper presented at the Annual Meeting of the Comparative and International Education Society, Buffalo, NY.

Bain, O. (1999). Reforming Russian higher education: Towards more autonomous institutions. *International Journal of Educational Reform*, 8 (2), 120—129.

Bain, O. (2001). *University autonomy: Case studies of four Russian universities*. Unpublished doctoral dissertation, State University of New York at Buffalo, NY.

Elazar, D. J. (1987). *Exploring federalism*. Tuscaloosa: University of Alabama Press.

Geiger, R. L. (1987). *Private sectors in higher education: Structure, function, and change in eight countries*. Ann Arbor: University of Michigan Press.

Goskomstat [The Russian Federation State Committee on Statistics]. (1999). *Regiony Rossii* [Regions of Russia], Vol. 2. Moscow: Goskomstat.

Johnstone, D. B. (1993). The costs of higher education: Worldwide issues and trends for the 1990s. In P. G. Altbach & D. B. Johnstone (Eds.), *The funding of higher education: International perspectives* (pp. 3—24). New York: Garland.

Johnstone, D. B., Arora, A., & Experton, W. (1998). *The financing and management of higher education: A status report on worldwide reforms*. Washington, DC: The World Bank.

Johnstone, D. B., & Shroff-Mehta, P. (forthcoming). Higher education finance and accessibility: An international comparative examination of tuition and financial assistance policies. In H. Eggins (Ed.), *Higher education reform*. London: Society for Research into Higher Education. Also available from the Center for Comparative and Global Studies in Education, State University of New York at Buffalo, or online at http://www.gse.buffalo.edu/org/IntHigherEdFinance/index.html.

Levy, D. (1986). *Higher education and the state in Latin America: Private challenges to public dominance*. Chicago: University of Chicago Press.

Organization for Economic Cooperation and Development (OECD). (1998). *Reviews of national policies for education: Russian Federation*. Paris: OECD.

van Vught, F. A. (1994). Autonomy and accountability in government/university relationships. In J. Salmi & A. M. Verspoor (Eds.), *Revitalizing higher education* (pp. 322—362). Oxford: Pergamon Press.

World Bank. (1994). *Higher education: The lessons of experience*. Washington, DC: The World Bank.

Zernov, V. A. (1998). Non-state higher education: Problems and prospects. *Magister* (Newsletter of the Russian Research Institute for Higher Education), 3.

Ziderman, A., & Albrecht, D. (1994). *Financing universities in developing countries*. Washington, DC: The Falmer Press.

第四章　逃离自由：巴西联邦
直属大学抵制院校自治

戴维·普朗克
罗伯特·维尔海恩

　　1999 年 7 月 27 日，巴西教育部长保罗·雷纳托·索萨在接受采访时披露了一项立法草案的内容，该草案建议授予全国 39 所联邦直属大学财政自治和管理自治的权力。草案的提出是为了真正贯彻 1988 年《巴西宪法》确立的一项一直未能施行的法案，提出以整笔补助金制度为联邦直属大学得到财政拨款提供保障，使每一所大学都能够自主制订关于开支和人事方面的政策。教育部长很自信地宣布，他将于一周内把立法草案提交给国会，当年年底就可以成为真正生效的法律条文。

　　众多联邦直属大学对这个提倡大学自治的草案表示莫大的愤慨。巴西全国高等教育教师协会（ANDES）把该草案称作"法西斯主义的"、"违宪的"，并宣布如果该草案被提交给国会，那么协会就将号召人们举行一场全国大罢工。巴西全国学生联盟（UNE）也有类似的举动，公然抨击这个草案，认为它只是一种伪装，其目的在于向联邦直属大学的学生收取学费。该联盟还警告说，如果该草案得以实施将最终导致公立学校的私有化。巴西全国高校校长协会（ANDIFES）也对教育部长的言论感到愤慨，并公开发表言论说，草案中提议的财政拨款（其根据是 1997 年的预算体系和大学的生产力状况）完全不适合高校的实际需求。许多德高望重的学者在全国性媒体撰文反对这个草案，认为这就是备受公众批评的新自由主义经济政策和社会政策。面对这些呼声，曾经是某所公立大学校长的教育部长自己也退缩了。一方面，他表示同意在把草案提交给国会之前先公开讨论自治问题。另一方面，他像上演脱口秀一样，不断出现在谈话节目上，在网络上引发了一系列争论，并分发了一些小册子为该草案辩护。但这些举动都是徒劳。一年后，这个当时信誓旦旦的立法草案还是没有提交给立法机构。

发生在巴西的关于大学自治的争论凸显出了一个关键的问题：在一个几乎每个人都认为有必要改革的体系里，改革是否可能实现呢？为了回答这个问题，我们力图找出巴西高等教育相对落后的根源，解释为什么这个国家的联邦直属大学没有能力采取有效措施应对面临的问题，并争取对当前巴西政府推动改革的做法做出评价。

巴西的社团主义

一般说来，我们认为导致联邦政府产生上述棘手问题的原因在于巴西政治的社团主义(corporativism)。这种政治思想在大学管理中得到了实际反映。考夫曼(Kaufman, 1977)说过：

> 要理解社团主义这个概念，最好和竞争做比较。竞争指所谓的以"自由多元主义"为主要特征的团体之间自发形成的、完全自主自愿的关系。社团主义预示的是由国家官僚机构监督的、以官方批准的组织为代表的非竞争性的利益垄断。
>
> (p. 111)

巴西的知识分子长期以来已经意识到社团主义是根植于巴西社会的一大特性。早在20世纪20年代，学者们就试图用当时流行的文化主义理论(The Theory of Culturalism)解释巴西文明。文化主义的倡导者认为，在巴西公共部门占主导地位的社团主义可以追溯到巴西作为殖民地时的寡头制度和商业主义。他们还认为社团主义是深植于"家产制"（这个术语是马克斯·韦伯首先使用的）的特性。在家产制中，政治权力深受珍视，因为那些控制国家的人"拥有"公共资源，并用来牟取私利。20世纪30年代的巴西在热图利奥·瓦加斯的统治下，按照社团主义构建国家—社会关系的努力达到了顶点。20世纪30年代，一些负责确立和协调社团和政府的关系的机构成立了，新兴的组织及其成员得到了越来越多的特权和奖励，这使得工会和主流行业协会等主要社团与国家政府站在了同一边(Malloy, 1979)。在社团主义模式下，国家是斡旋各种机构利益冲突的仲裁者，每个社团只能向国家权力机关，并只能通过国家权力机关表达自己的诉求。

第四章　逃离自由：巴西联邦直属大学抵制院校自治

巴西和其他国家一样，国家在不同时期对主要社团的管辖权的大小是不一样的。在瓦加斯时代，国家能成功地适应主要社团的政治要求和经济要求，社团主义模式也相对运转正常。1964年至1985年军人政权统治期间，巴西继续对关键群体采取奖励和鼓励政策，目的在于平定异己势力。但是，近年来，要求组成社团的群体急剧增加，而国家政府部门在制订社团组织条款、处理矛盾冲突、采取有效的奖励和鼓励政策等方面已经力不从心了。结果，国家和主要社团之间的磋商比以往任何时候都形势严峻。尽管如此，负责把社团的要求传达给国家并要求国家作出调整措施的社团主义传统还是在巴西的政治体系里继续发挥为主要社团确定目标和策略的作用。

当我们在分析巴西联邦直属大学所遭遇的政治僵局时，我们的思维框架主要来自博弈论。我们认为社团主义传统通过双方博弈得到体现。在这场博弈中，两个主要的社团（全体教职工和学生）都发现自己身陷于一场以教育部为对手的永不停息的争斗中，目的是为了帮助本社团成员获取更多的利益，或者为了避免损失。这种博弈必然带来矛盾冲突，原因在于联邦直属大学像老人一样，正处于年老体衰、功能失常的状态，使得每个社团感到有充足的理由争取额外利益的保障。与此同时，这场博弈没有带来任何的变革，博弈的双方也没有能力让对方损失一分一毫。矛盾冲突要么使双方陷入僵局，要么使无关的局外人（即纳税人）蒙受损失，要么使高校的工资预算减少，即便还没有影响到其他方面的预算（比如建设图书馆、实验室、楼房等的预算）。巴西的公立高校要生存下去，打破这种政治僵局是关键所在。我们认为，要打破僵局就要改变博弈的结构，而不仅仅只是调整博弈者的策略。

我们首先讨论巴西高等教育的历史，然后论述目前巴西的联邦直属大学所面临的危机。我们进行分析的依据是社团主义和国家依赖性这两个相互关联的现象的表现及其产生的结果。我们讨论的重点是巴西联邦近来试图通过推动大学自治以改革联邦直属大学体系的种种做法。我们将讨论大学自治的立法草案以及相关的措施如何影响博弈者——起关键作用的大学，并阐释这些措施所遭遇的强烈而有组织的抵抗。最后，我们对政府策略可能导致的结果进行估计。我们认为巴西高校的旷日持久的改革必然需要一系列的调停措施，才能改变目前阻碍高等教育系统变革的社团主义的博弈结构。

巴西高校系统的演变历史

巴西里约州教育部主任亚尼西尔·德西拉（Anisio Teixeira）说过，巴西的公共教育不仅仅出现得晚，而且"一出生就已老化"。巴西的高等教育就是一个恰当的例子。巴西高校的出身和传统俨然成为改革创新的巨大障碍。

拉丁美洲的其他国家早在16世纪就出现了大学。巴西的第一所大学的成立并没有经过政府的认证，直到1920年巴西政府才开始对以前成立的大学进行认证。葡萄牙和西班牙统治者不同，他们只想使自己在南美洲的殖民地完全成为其附属。再加上巴西的奴隶制种植园经济，葡萄牙统治者认为把钱用于高等教育不仅没有必要，而且也达不到预期目标。到了19世纪，在巴西获得独立的1822年前后，才先后成立了一小部分办学目标单一的职业学院，目的是为了培训医药、法律、经济、工程等领域的专业人员。然而，巴西的立法者一直反对成立一所国立大学，因为传统的寡头政治统治者和进步人士认为大学和他们的利益毫无关系，或者甚至可能与他们成为敌对关系。

联邦政府于1920年颁布了三条法令，合并了三所大学，将三所大学置于同一个行政部门的管辖之下，最终成立了里约热内卢大学。巴西第一所大学的成立具有显著的特点，这与随后的高等教育系统的许多发展特点相似，同时可以看出统治政权力图继续迫使全国高校与作为先锋的里约热内卢大学保持一致的组织结构和管理模式。最重要的特点是自上而下、联邦控制的传统。大学的成立和管理都摆脱不了教育部（MEC）附属品的身份。其他的特点包括：大学由一些半自治的院系组成，有一个势力微弱的集权管理机构；办学的重点几乎全部放在专业人员的培训上；通才教育和科学研究的重要性几乎被忽略。

一直到了1945年，巴西还只有5所大学，高校招生总数只有大概25,000人。不过，在接下来的20年，高校系统得到了显著扩张。到了1964年（军事政变的那一年），巴西有了37所综合性大学，564所职业学院，近150,000名学生。在这一时期，联邦政府继续扮演着关键的角色，把国立大学、市立大学、私立大学置于联邦政府权力之下，使三者形成一个统一的整体。为了应对来自不断壮大的中产阶级的压力，教育部也缩减了公立大学的学费。到了20世纪50年代初,就读于联邦直属大学的学生开始不用缴纳学费。

也是在这个时期,学生成为一支重要的政治力量,不仅在大学系统内,而且在整个社会都发挥着一定的作用。巴西全国学生联盟(UNE)于20世纪30年代后期成立,获得了瓦加斯政权的支持,因为该组织符合瓦加斯政权的社团主义政治策略。但是,越来越多的学生逐渐站在政府的对立面。到了50年代,学生们组建了一支政治经验丰富、异常强大的军事力量。从一开始,UNE就把重点放在高校改革上,竭力使学生的入学民主化(比如提供更多的入学机会;减免学费;降低入学考试的苛刻程度),提高学生在高校决策过程中的参与程度。比如,一些学生组织呼吁采用"1/3原则"。根据这条原则,高校管理应该以社团主义为指导,由学生、教师、学校负责人平均担负管理高校的责任。

20世纪60年代早期,批评巴西高校的不只是学生,还包括其他社会各界人士。当民族发展意识越来越深入人心时,大学却与国家和民族的目标与抱负毫不相干,因此受到了猛烈的抨击。有一派人认为大学必须满足现代劳动力市场的需求,而另一派人则提倡大学应该成为社会批评和最终的(如果不是直接的)社会改革的中心。因此,当1964年的军事政变发生时,要求大学改革的呼声非常强烈。军事政权为了推动国家发展,保障国家安全,在政治上实施独裁,在经济上与国际市场保持联系,同时试图把高等教育纳入现代化进程,开始分散和控制以高校为基础的政治力量。从1966年开始,政府颁布了许多法令,给高等教育系统带来了重大的变化。1968年11月通过的一部改革范围极广的法律使改革达到了高潮。

这部新的法律(Lei 5540/68)规定,所有公立大学和私立大学都必须做出重大改革。不是教师,而是各院系、各部门被指定为基本的管理单位,每一所大学都必须推动教学,还必须推动科研和学校规模的扩大。其他改革措施包括:引入学期制和学分制;按照学科招生;鼓励聘用全职的教师;确立职务级别晋升标准;开始硕士研究生和博士研究生学位教育;开展循环基础研究,并开设专业课程;大学入学考试变成统一考试。

军事政权要求的改革从多方面应对了高校现代化的种种需求,这是几十年前校内外的各种群体所没有做到的。不过,这场改革也的确具有社团主义与权力主义的特点,和右翼军事政府维持社会秩序的目标相一致。对于联邦政府部门来说,某些人事权力从大学转移到了中央政府手中。巴西联邦共和国总统得到授权,有权任命校长和院系主任,而且每一所大学的管理委员会都必须给教育部派来的代表一个席位。联邦教育委员会的权限在20世纪30年代只能对大学进行评定并规定课程设置标准。到了60年代,委员会的权限得到了扩展,它有权干预任何一所大学的事务。此外,学生和教师参加任何政治活动都属于违法行为;联邦政府的情报机构也潜入了大学校园。学术自由严重受限。解聘教师和开除学生变成家常便饭。许多大学弥漫着惊慌和猜疑的气氛。

1964年军事政变的一个理由是军方相信自己有能力加速巴西的经济发展。短期内,他们做得非常成功,"巴西奇迹"制造了快速的经济增长速度,在不到10年的时间里经济总量翻了一番多。伴随着经济增长的是一种自愿在高等教育领域多投资的观念。1964到1974年间,高中后教育机构的招生数量增长了5倍。增加的主要是私立大学的学生,因为联邦政府推出了鼓励性政策,其中规定放松对新成立的大学、课程设置、特殊免税地位、学分、财政援助等领域的标准。另外,教育部还启动了学生贷款项目,援助对象是私立大学的学生。联邦所属高校的学生数量在这个时期快速增长,但是私立大学的学生数量增长得更快。结果,这10年间私立大学与公立大学的招生数比率发生了明显的变化:私立大学的招生数从1964年的40%上升到了1974年的60%。私立大学的学生数量的增长主要集中在那些较差的目标单一的职业学院。很多学生从学费较低(有的免交学费)、声誉较好的优秀的公立大学落榜后就上了这类职业学院(Levy,1986)。

1973年,由于第一次"石油恐慌"和"巴西奇迹"的结束,高校招生数的增长速度开始减缓。公立大学的招生数在接下来的20年只增加了大约35%。高校扩张速度之所以降低,究其原因在于开办研究型大学需要很高的成本——1968年的相关法律只承认这一种类型的大学。根据雅克·施瓦兹曼(Schwartzmann,1998)的深入而细致的分析,联邦直属高校系统在1973至1989年间的总成本增加了超过500%,生均开支也增加了3倍多。这不仅是由于教师(117%)和职工(142%)数量的大幅增长,而且是由于高校越来越多地聘用全职教职工和教师个人资历的提高。联邦直属高校聘用的全职教师在这一时期占全体教师的比例从20%上升至80%,其中拥有高学位的教师比重从不到14%上升至50%多。与此同时,资本投资和其他非工资开支减少了,因为巴西连续经历了几次经济危机。因此,人事开支占高等教育开支总量的比例从81%上升至96%。

自20世纪70年代开始的政治民主化导致了高校系统内部权力的

重大改变,社团主义政治传统得到了巩固,引发了复兴的社团与中央政府的矛盾冲突。一个全国性的教师协会(ANDES)于1981年成立,同时成立的还有一个类似的(尽管力量较为薄弱)组织——高校行政技术人员协会(ASSUFBRA)。巴西全国学生联盟(UNE)在被军事政府镇压了二十年之后也再次出现在公众视野。这三个团体为自身成员的利益而奋斗,已经取得了一些成绩,但是他们的行动同时也在很大程度上阻碍了大学改革。比如,巴西全国高等教育教师协会(ANDES)在20世纪80年代号召的罢工虽然有助于为所有公立大学的教师赢得了标准化的职业规划和工资制度,也为教职工和学生争取到了选举院系主任和校长的权力,但是也严重影响了正常的学术生活和学术规范,占用了校舍,浪费了大量上课时间,也使大学的校风深深刻上政治的烙印。更严重的是,由于是全校范围内的院系主任选举,所以经常有很多竞选宣传活动,这通常也有国家政党的介入。

20世纪80年代后期,全社会讨论的热点围绕着巴西的联邦直属大学。高等教育成为1987—1988制宪大会中最具争议的问题,引出了各个政治领域大量的修正案。面对着一批主张收取学费和加大对私立大学扶持力度的人,现有的公立高校模式的拥护者摆出自卫的架势。后者显然是胜利者。1988年的宪法规定,大学必须以研究为导向,公立大学不能收取学费,联邦直属大学的教师享受工作保障和退休的权利,这甚至比联邦公务员享受的特殊待遇还要好些。联邦直属大学和其他公立教育机构一样,得到"民主管理"和"教诲的、科学的、管理的、财政自治的"承诺。这部新的宪法就这样重新肯定并巩固了公立大学的传统模式。这种模式是从1920年成立的巴西的第一所大学的管理模式演变而来的。

巴西的联邦直属大学目前存在的都是些历史遗留问题。我们认为最重要的问题是,20世纪30年代社团主义政治文化一直以来都把大学分在不同的选区进行管理。1968年的高校改革立法重新肯定并巩固了社团主义传统,其继续统治着巴西的高等教育。此外,公立大学仍然是国家的附属物,几乎没有管理或财政方面的自治权。所以,一切政治矛盾最终都表现为主要社团和教育部的直接对话。一方面,大众认为国家应当提供适当的条件以解决矛盾冲突,另一方面,巴西利亚(巴西的新首都)的命令也遭到地方的抵制,这些都可以清楚地解释发生在巴西当代高等教育领域的政治斗争。

巴西高等教育当前面临的危机

教育部把高等院校分为几种：综合性大学、大学中心、多院系大学、单院系大学("独立的大学")。大学的管理者可以是联邦政府、州政府、市政府或者私人机构。在这一章节，我们将重点讨论高等教育系统最重要的组成部分，即39个联邦直属大学(每个州至少有一个)。1998年联邦直属大学招收了40多万名学生，聘用了4万多名教师(Brasil, 2000b)。尽管联邦直属大学的招生数只占高校总招生数的大约19%，但是它们聘用的拥有博士学位的教师却接近教师总数的一半。因此，联邦直属大学虽然规模不大，但却在研究成果、学士学位授予、高等教育的经费开支方面占据相当大的比重。另外，它们往往容易招到全国最好的(而且经常是出生于最有社会地位家庭的)学生，因为它们有着相对高的教育质量和免交学费的优势。

从表4.1可以看出，巴西高校的招生数在1980—1996年间有了显著的增长(85%)，但是联邦直属大学招生数的增长却是最少的。公立大学的主要增长点在于国家系统的扩张，通常是多校区高校把自身的教育重点从科研转向了教学。

表 4.1 巴西高校招生数的增长(1980—1996)

高校类型	增长百分比 (1980—1996)	招生数 (1980)	招生数 (1996)	占总招生数的百分比 (1980)	占总招生数的百分比 (1996)
联邦直属	23	305,099	373,880	47	31
国立	151	81,723	204,819	12	17
市立	179	17,019	47,432	3	4
私立	139	248,359	583,269	38	48
总数	85	652,200	1,209,400	100	100

引自：克劳福德和赫尔姆·尼尔森(1998)提供的INEP。

高等教育规模的扩大并没有改变下述事实：巴西和其他大多数拉美国家相比，国民接受高等教育的机会还是相当少。正如表4.2所描述的，与其他拉美地区的国家相比，巴西高等院校的招生数只占适龄组的一小部分。不容乐观的是，巴西和相邻国家之间的差距近年来越来越大。不久以后，高等教育覆盖不够的问题可能会更加显著，因为中学的招生规模快速发展，这就要求大学招收更多的学生。1998 年的中学招生数比 1991 年高出 85%,而且据估计这个数字还将以每年 12% 的速度增长。豪普特曼(Hauptman,1998)预计,在接下来的 10 年里,巴西全国高校的招生数必须再增加 50 万人,才能满足基本的需求。

阻碍高校招生规模扩大的一个主要因素就是联邦系统高昂的成本开支所导致的财政拖累。联邦直属大学在 1997 年的开支超过了 70 亿美元,生均费用大约 14,500 美元。这两个数据有点夸大,因为计算时把退休人员的福利和高校医院的成本开销也包括在内。不过,即使不计算这两项开支,按照国家标准,这些数据还是偏高。从表 4.3 可以看到,巴西用于公立高等教育的费用和德国、法国、意大利等比其富裕得多的国家相比还要多得多。目前巴西用于教育的公款,超过 25% 花在了高等教育领域,尽管高等教育的招生数还不到公立学校总招生数的 2%。总的说来,公立高等教育的开支大概占巴西 GDP 的 1.3%,占国家公共部门开支的大概 4%。

表 4.2　拉丁美洲高等教育覆盖率的增长

国　　家	适龄组毛入学率 (%)(1980)	适龄组毛入学率 (%)(1993)	覆盖率增长百分比 (%)(1980 与 1993 相比)
巴西	11	12	9
阿根廷	22	41	86
智利	12	27	125
哥伦比亚	9	10	9
哥斯达黎加	21	30	43
墨西哥	14	14	0
秘鲁	17	40	135
乌拉圭	17	30	77
委内瑞拉	21	29	38

引自:世界银行(1997)与克劳福德和赫尔姆·尼尔森(1998)引用的联合国教科文组织的数据(1995)。

表 4.3　巴西和一些国家公立高等教育的生均支出

国　　家	生均支出(美元)
瑞士	12,900
加拿大	12,350
美国	11,880
日本	11,850
英国	10,370

续表

国　　家	生均支出(美元)
荷兰	8,720
巴西	8,505
瑞典	7,120
德国	6,550
澳大利亚	6,550
法国	6,020
意大利	5,850
西班牙	3,770

注：巴西的数据不包括退休人员的福利和高校医院的成本开销。
引自：达拉莫(1998)引用的世界经合组织的年度教育报告(1995)——《教育一瞥》。

根据以往的历史记录来看，这些高昂的开支与其说是为了维持高水平的学术研究而发生的费用，不如说是低效率导致的后果。联邦直属大学开支的90%左右用于支付工资(含退休人员)。教师和行政技术人员的工资是通过联邦政府的文官体制支付的。这些人享有许多福利：几乎百分之百的工作保障；以较低年龄退休的权利；退休后每年都享受相当于在聘期最后一年全数工资的退休金，并且退休金随在职人员的工资增加而增加相同的数额。对于整个联邦直属大学系统来说，每位教师平均只有约9名学生，每位行政技术人员只有约5名学生。如表4.4所示，巴西公共教育的生师比在全球高等教育领域里是最低的一个，但是初等教育和中等教育的生师比在全球范围内却是最高的一个。低效率的其他例子还包括：约40%的在校生无法完成学业，而大部分最终能够毕业的学生在校就读的时间超过了官方规定的时间。

表4.4　巴西和一些国家公共教育系统的平均生师比

国　　家	初等教育	中等教育	高等教育
巴西	30.2	35.4	9.4
加拿大	17.0	19.4	17.3
墨西哥	28.8	18.1	9.6
美国	17.2	16.5	14.4
法国	19.4	13.1	19.0
意大利	10.6	9.9	29.1
西班牙	16.4	14.5	21.3
土耳其	27.9	23.7	21.5
OECD平均数	18.2	14.4	14.4

引自：卡斯特罗(1999)。

第四章 逃离自由:巴西联邦直属大学抵制院校自治

巴西教育部原则上规定了人员聘用政策、预算拨款、在校生的数量。任何一所大学都无权制订教学人员和行政技术人员的岗位、工资、职务晋升等方面的政策。聘用人员的数量和级别由教育部确定,整个联邦公共系统的工资都是一样的。由于联邦拨款的大约90%被用于支付工资,所以工资这个由文职立法机构严格控制着的因素,是决定财政拨款数目的真正原因。限制高校甚至教育部的人事管理的一个主要因素是1987年的《权利平等法案》,该法案规定了全国354个联邦岗位(含联邦直属高校岗位)拥有一模一样的工资,并确定了职务晋升政策,工龄越长越容易晋升。这一法律条文的产生,主要是由于一场旷日持久的罢工,也被认为是代表着教师和行政技术人员团体的重大"胜利"。巴西全国高等教育教师协会(ANDES)目前正在竭力游说政府为教师确定一个统一的适用于所有公立(联邦直属、国立的、市立的)高校的职业规划。

由于联邦直属大学全部是官方认可的研究型大学,所以学校的教师每周只需上课8小时。另一方面,并没有有效的机制可以保证教师的剩余时间会花在有价值的学术研究上。联邦直属大学系列里不到1/3的教师拥有博士学位,每位教师的出版物的平均数量低于国际标准。一份最近的世界银行报告在评论巴西高等教育时称,"缺乏学术活力,没有对学术能力进行系统评估,图书馆已经过时,科研设备不够"(Crawford & Holm-Nielson, 1998, p.20)。

支持大学自治的一个有力论据是,高校需要某种动力来解决效率低下的问题。现在的情况是:采取高效措施后的盈余并没有使某个大学受益,所以大学并没有动力厉行节俭。那些成功地削减了开支的校长经常遭到下一年预算减少的结果。同理,联邦政府转给各高校而当年没有用完的款项会自动被相关的中央政府部门收回。这样一来,校长们不会致力于提高效率,而往往会做完全相反的事情;节约成本使他们在政治上吃亏,也得不到任何经济利益。同时,对于学生的辍学或延长就读年限,由于没有处罚措施,所以学生没有规章制度可循,学校在解决这些问题时也就没有任何压力。

因此,要解决高校系统的低效问题,就需要扩大学校在管理和财政方面的自治权,这意味着在实际操作中,凡是涉及高校管理的问题,都应该给予高校更大的回旋余地和更多的责任。然而,我们却发现,许多关键的局中人把未来的大学自治看成是一种威胁。那些在较差的高校工作的人员和感到自身岗位不够牢固的人员感觉更甚。这就需要设计出一套逐渐扩大自治权的方案,使利益相关的参与者都能欣然接受。联邦直属大学现有的体制也许完全不利于高校采取敏捷而高效的措施,但是这种体制却被认为是最理想的制度,因为它为教职工提供了有利的工作保障。

很明显,巴西高等教育体现出来的入学机会和教育质量问题不能简单地归咎于经费的缺乏。从表4.2的数据可以看出,问题的关键不是为什么巴西对高等教育的投资太少,而是为什么巴西政府花了这么多的钱却获得如此小的回报。我们在下面的章节将会提到,增加经费于事无补。事实是高校不可能争取到更多的联邦预算,它们非常需要找到新的资金筹集渠道,或把再次划拨的可用经费用于除了支付工资外的其他用途。不过,这就需要高校的某些主要机构做出牺牲,而且也要努力和统治着高校政治的社团主义传统相博弈。为了更好地理解巴西联邦直属高校系统这次意义深远的改革所遭遇的种种阻力,需要更深入地审视社团主义和国家依赖性这两个相互关联的因素。

社团主义、国家依赖性、政治僵局

和巴西联邦直属大学所深陷的危机相比,同样引人注目的是巴西政府没有能力找到一种在政治上行得通的解决方法。人们普遍认为,无论是在高校系统内部还是其他机构,当前这种状况不能再持续下去了。但是呼吁在政府占主导地位的权力和资源配置领域作出重大改革的提议和要求却总是遭到强烈的反对,比如罢工,甚至暴动。在下一节,我们会探讨联邦直属大学遭遇危机的原因,试图解释为什么那些一成不变的管理措施和财政政策不利于改善公立高校的状况,也不利于高校的生存。

社团主义

如上文所分析的,任何真正想要解决巴西联邦直属高校的财政危机并为大学改革走出一条路来的努力都需要大学内部的一个或几个主要机构做出牺牲。如果这些社团被要求相互之间进行协商和沟通,那么它们可能会寻找某种共同牺牲的基础。然而,实际上每个社团的直接交涉对象都是教育部。在这种情况下,没有哪个社团已经准备好牺牲自己成员的利益,而去扶持那种抽象的"大学"利益,也不可能为彼此做出任何牺牲。结局就是政治僵局的产生,最终阻碍了一切重要的改革建议的提出。

需要克服的一个基本障碍可以用博弈论的一个经典问题来描绘。博弈的一方首先行动,为共同的利益做出牺牲,从而赢得了"愚蠢策略"的美名。学生(及其家长)在没有得到任何补偿,或者无法确信其他各方也必然承担类似的损失时,是不大可能接受学费缴纳制度的。教师会反对减少自己的工资和种种特殊待遇,除非他们已经身陷绝境,或者他们的其他待遇有所提高。高校的职工也会反对增加工作量或失去工作保障。不幸的是,联邦直属大学目前的财政危机设置了一个几乎无法超越的障碍,使得那些应该做出牺牲、提供补救措施的人不愿意那样做,这就意味着这种牺牲短期内是得不到回报的。要回答谁应该准备好牺牲自己的个人利益,为共同利益着想这个问题,最简短的答案是"一个也没有"。在下面的讨论中我们将引入联邦直属高校领域内的主要博弈者,并重新审视他们各自的社团利益。

教师

教师是联邦直属大学系统里最强大也是最活跃的利益群体。他们组建了一个极其好斗的全国性组织(巴西全国高等教育教师协会)。该协会自 1981 年来就一直组织定期的罢工和停工斗争。尽管这通常是些全国性的罢工,但未必所有的大学都会参加,而那些参加罢工的大学,学术界的参与程度也往往很不相同。其实,巴西的联邦直属大学的学术群体水平很不平均。卡斯特罗(Castro,1989)多年前就宣称,巴西的学术界由三个不同的群体组成:老卫士(成员是上了年纪的知识分子,1968 年改革之前是大学生活的统治力量)、研究新生代(成员是刚毕业的博士研究生,潜心致力于科学研究)、平等主义激进分子(成员是几乎没有学历、资历、成就等背景的教师,试图通过努力反抗精英领导标准来弥补学术上的不足)。施瓦兹和巴尔巴切夫斯基(Balbachevsky,1996)最近的一项研究沿用了卡斯特罗的分类标准(没有使用容易引起争论的专门用语),并增加了第四类群体。这一群体的成员大都是那些只有硕士学位而没有博士学位的教授,他们是在显示自己的专业成就还是通过团体活动和追求集体理想达到身份认同之间进退两难。施瓦兹和巴尔巴切夫斯基认为,正是最后这个群体成为现在的全国高等教育教师协会及其分会的中坚力量。相比之下,研究新生代(其实也并不那么年轻了)倾向于献身科学事业,更愿意通过学术写作、个人契约、参与学术团体等发挥影响力。他们对全国高等教育教师协会领导的罢工不太投入,但是他们通常不会公开反对,而更愿意把业余时间放在非教学的学术追求上。

尽管有不同类型的教师群体,当涉及下列三个问题时,联邦直属高校教师的利益还是趋于一致:工作保障、工资福利、既得权利。全体教师一致抵制针对个人或高校进行评估,反对将工资和评估结果挂钩。这些都成为巴西高校提高效率和效能的巨大障碍。

退休教师的平均工资比在职教师还高,而那些快速壮大的副教授生力军的工资却少得可怜。在这种情况下,增加全体教师的工资显然无法改善巴西联邦直属高校的状况;事实上,只提高教师工资而没有事先改变高校人员聘用制度,就不能充分利用教育资源,反而给高校带来不利影响。

另外,巴西慷慨的文职立法机构是公立大学教师的保护者。教师不可能被解雇,联邦直属高校也没有制订评价教师的有效机制,所以能力和生产力往往得不到任何回报。在一个宽容而又表面上欣欣向荣的环境中,"自信逻辑"也许可以成为教育机构管理的一种受人欢迎又便于维持的基础。

既得权利都是些私人权利,和高校的利益最多也就是沾边的关系。比如,请进修假只能在退休前;提前退休的退休人员还可以再次聘用。显然,教师如果不充分利用这些有利条件争取个人利益,而让其他人夺得先机,那就是傻瓜。同样一目了然的是,在高校看来,这些既得权利以及其他类似的权利的永久性重复浪费了巨大的稀缺资源,原因就在于教师个人越来越多地利用高校的教育资源谋取私利。

工资平衡的原则规定某一被聘用的阶层或团体的所有成员应该领取相同数额的工资。尽管这个概念是文职聘用制度的常见现象,把它推广到高校教师身上却使联邦直属高校系统产生了三个问题。其一,在每所大学,这意味着具备同样条件(学位、服务年限)的教师可以拿到一样的报酬,与能力或生产力无关。结果教师几乎没有动力多花时间或精力去做学术工作,也没有足够的动力促使教师把大部分的精力放到其他没有报酬的兼职工作上。其二,对于大学之间,这意味着拥有同样资历的教师拿的是同样的工资,与他们所在的州或地区无关。巴西各地的生活费用差异很大,尽管名气较高的大学一般都位于较富裕的州,但实际上生活在比较贫穷的州的高校教师的实际收入要比生活在比较富裕的州的高校教师高得多。其三,整个高校领域的工资保持不变,这就意味着在私营企业工资较高的领域,比如医药、法律、工程等就很依赖兼职的高校教师。

学生

学生们长期以来都是国家政治舞台上的一支有组织的军事化的力量。西蒙·施瓦兹曼(Schwartzmann,1998)指出,学生现在的要求比以前要少得多,只注重诸如降低饭菜的价格和不用考试等事情,而不看重社会革命。这场改革运动脱离了过去以意识形态为主导的政治激进主义,原因有好几个,比如:军事镇压时期的遗留问题;随着招生规模的扩大,更多曾经的学生现在已经参加了工作。不过,学生们的重要利益还是没变:维护"免费的"高等教育,继续抵制缴纳学费。免费教育实际上意味着对中层阶级和上层阶级家庭儿女的一项巨大的津贴,这些家庭中有半数以上的孩子曾经在必须缴纳学费的私立中学就读。这项津贴的数额惊人,因为来自最富裕家庭的学生通常就读于最著名、最耗成本的院系,比如工程和医药等院系,而那些能够进入公立大学的穷学生往往就读诸如教师教育和护理等专业。还值得注意的是,绝大部分被联邦直属大学招收的公立学校的毕业生来自著名的联邦技术学校,而不是来自拥有绝大部分学生的州立或市立学校。

如上所述,现在的学生不再像过去那么好斗,只不过偶尔策划几次罢工以达到他们的目的。但是作为一个群体,他们往往公开支持由教师团体发起的罢工,即使他们最终是损失最大的受害者,既失去了上课时间又只能在罢工期间上些低质量的课。吉阿诺提(1986)把学生对教师的支持称作"不说出来的约定"。学生用自己的"声援"换取教师在评分和其他方面给予他们的慷慨大方的优惠。

行政与教辅职员

和教师一样,行政与教辅职员的利益主要在工资福利和工作保障领域。这些是很重要的问题。按照国际惯例,巴西许多高校的工作人员已经严重超编。超编的政治意义非常重大,因为照顾就业是巴西长期以来获取政治支持的策略。联邦政客一直以来都把联邦直属大学作为安插自己的朋友和支持者的据点。这种现象在20世纪80年代尤为明显。在那个时期,巴西的选举政治重新复活,随之而来的是政治支持者的欢宴,因为他们也得到了经济和其他方面的好处。联邦直属大学的行政与教辅职员的数量在这个时期急剧增加,无一例外。近来,大多数行政与教辅职员只有先通过官方的文官录取程序才能被聘用,但是超编导致的高昂成本和低效率的后果将会持续下去,直到政府采取积极而痛苦的政治措施。假如行政与教辅职员的总数变小，那么就意味着那些在职的员工必须更加努力地工作，所以有时候甚至连工作人员的正常减少也会遭遇强烈的抵制。

领导这些抵抗运动的是一个全国性组织（高校行政技术人员协会），近几年来已经变得越来越好战。过去通常是由全国高等教育教师协会发起全国性的罢工，但是现在换成了高校行政技术人员协会。高校行政技术人员协会愿意领导罢工的一个原因在于，从1995年起，尽管巴西的通货膨胀率已经累计超过50%，但联邦政府只提高了教师的工资，工作人员的工资还是一成不变。另外，由于政治原因和立法原因，现有的法律使得开除任何的高校雇员都异常困难，所以在大罢工期间工资几乎从来没有停止甚至推迟发放过。"为什么不罢工？"的答案是不言自明的。对于教师，他们将会在罢工尾声的谈判中一致同意缩短自己的假期，把所有失去的课堂时间补回来。然而，工作人员从来没有做出这样的决定，主要是因为他们做的是经常性的日常工作，用不着通过多加班去弥补失去的时间。

除了超编和经常性的罢工，另一个问题是工作人员没有职务等级的区分。因此，岗位的晋升和工资的增长几乎是不可能的事情，表现再好也很难得到回报。此外，由于只允许横向调动而不允许向上晋升，许多公立高校的工作人员从参加工作到退休，所从事的工作都与他们原来接受过的培训和被聘用的目的无关。再加上缺乏一套明确的人力资源发展战略，工作人员的效率很低，这也成为困扰大多数巴西联邦直属高校的主要问题。

高校的集权管理

根据已有的法律，联邦直属高校的校长由共和国总统从大学管理委员会提交的一份三人名单中挑选一人来担任。不过，从20世纪80年代初开始，惯例是举行教师、工作人员、学生参与的全校性选举，最后的结果再由管理委员会批准。官方于1995年通过一部法律，改变了校长的遴选程序（Lei，1992）。该法律规定教师在大学领导人选举中占有70%的席位。许多大学不遵守这条法令，仍然沿用1/3原则（或其他稍微不同的方法）。结果，在全校范围内的校长选举成为极其政治化的过程，经常把整个大学分成不同的社团或意识形态群体。当然，由于选举完全是咨询式的，所以竞选活动将持续到选举结束后很长一段时间。游说活动首先把重点放在负责提交三人名单的高校委员会身上，之后转移到巴西总统身上；总统在参考教育部的意见后再决定最终的人选。

让总统从三人名单中挑选出一名校长是为了达到两个目的。其一，这将有助于确保候选人就是自己学校里的具备校长条件和领导能力的人。其二,政府也可能挑选出可以代表大众和本校利益的人。不过,这种任命方式也有缺点。比如,其中有个规定,即校长候选人应该由候选人所在学校的教师选出。这成为高校改革的一大障碍。一方面,这条规定严格限制了合格候选人的范围,不利于高校管理系统的专业化。另一方面,该规定使校长变成了本校内部政治体系的人质,因而他们能够制造重大变革的可能性就非常小。校长候选人在竞选过程中为了胜出,必须限制自己的行动自由,因为想要损害其他社团利益的候选人不太可能获得多数人的支持。

联邦直属高校校长由几位副校长辅佐。副校长直接负责具体的管理事务和学术事务。只有校长才有权决定副校长的人选。校长通常根据副校长候选人在校长选举和其他政治事务中的表现来确定副校长的人选。许多副校长是从完全没有管理经验的教师岗位提拔上来的,而且这些人的任期不长,所以这往往容易造成高校最高管理层的能力真空。因此,许多大学校长和副校长在面对教育部提出的大学自治的立法草案时,争辩说自己的学校还没有准备好承担新的责任,但是如果实施循序渐进的大学自治,他们一定会支持这样的改革。妨碍高校改革的不仅仅有政治因素,低水平的管理能力也是一种障碍。

对国家的依赖性

我们认为,巴西联邦直属大学的社团主义文化使主要的社团和联邦政府处于动态博弈之中,这是社团主义文化带来的主要结果。大学是联邦政府的附属物,教职工是教育部的雇员。每个主要的社团都不是和本地的政府部门交涉,而是直接和国家交涉,尽力争取本社团成员的利益。这种协商方式的结果,就是即使本校的人都做出某种牺牲,也不可能实现共同的目标或维护所有高校的共同利益;一个社团也不可能通过充分利用自身的优势和国家交涉就达到维护自身利益的目的。

一方面,这种状况导致了不断的矛盾冲突。另一方面,这使得地方政府让出自己的职责,因为没有一所大学有能力确定集体目标或安排共同牺牲。另外,联邦直属高校和地方上的社团(比如,雇主)也没有或几乎没有任何联系,因为所有重要社团的注意力都集中在巴西利亚而不是其他地方。

联邦直属高校的政治文化和职业文化反映了它们对国家的依赖。一方面,高校内的主要社团耗费了大量时间和精力,要求联邦教育部给予更多的扶持和改善工作条件。比如,大学教师分别在1998年和2000年发起两次罢工,每次罢工都持续了三个月左右,要求联邦政府提高工资和其他福利。另一方面,它们经常谴责教育部在解决地方问题时会"干涉"高校的各种事务。在1998年,由于反对教育部任命了一名没有获得多数教职工和学生支持的校长候选人作为校长,里约热内卢联邦直属大学关闭了近四个月。

联邦直属高校对国家的依赖还带来了其他的后果。其一是工资平等现象。其二是地区平等和国家平等(来自国会和其他部门的政治压力也巩固了平等)的原则要求,高等教育的投入必须合理分配,不能只集中扶持最好的学校或最有效益的学校,而应该使所有的州都受益。比如,1988年《巴西宪法》获批后,四个新的州产生了,每个州都有一所联邦直属的大学。这种稀有资源配置方式在一个永远面临着财政危机的体系里是否是最合理的呢?这至少是一个有争议的问题。

然而,国家依赖性最重要的后果是,当高校里的主要社团需要更多的教育资源,需要得到解决地方政治矛盾的援助时,依赖性会促使它们经常向巴西利亚求助。联邦直属高校的相关人士不会承担起解决地方问题的责任,他们被鼓励用自己的问题责备联邦政府,并坚持要求教育部为他们解决问题。这主要导致了两个结果。首先,这制造了我们在开头所提到的徒劳的双人博弈。其次,这使同一个地区的主要社团更加团结,进一步减小了高校改革的可能性。每个社团在与教育部的博弈中都暗中互相帮助。比如,教师支持学生对缴纳学费的抵制活动,并不是因为他们自己也当过学生,也不是因为他们的子女将来也会成为学生,而是因为他们的政治导向通常是批判占主导地位的权力部门。主要的原因在于这些社团之间存在着一种天然的团结;某个社团获得利益就意味着所有社团都得益;其他社团无论如何都不会遭受实际的损失。损失的是局外人(也就是纳税人),这使得高校内部能够维持良好的关系,同时也肯定了每个社团的努力的重要性。

这是没有人能够取胜的博弈。上面提到的种种问题只会恶化,不会改变主要社团和教育部之间的社团主义关系。正如我们所说过的,每个社团为了维护自身的特权并将特权永远保持下去,绝对不会攻击或损害其他社团的特权(以免遭到报复),这些做法都符合社团的自身利益。结果造就了牢固不变的政治。在常见问题上经常重复出现的矛盾冲突阻碍了改革,而受到责备的不是高校里的相关人士,而是教育部。巴西联邦直属高校状况的改善是个长期的过程,必须有一种改革策略,可以改变博弈的结构,因为这种博弈现在耗费了高校系统的关键社团的全部精力。

改革的前景：谁来实现目标？

联邦直属高校改革成功的关键在于为教育部和主要社团的博弈找到出路,因为目前的博弈确实阻碍了所有重大政策的改变。教育部最近的行动试图通过加强处罚力度、增加博弈者、更改规则、改变矛盾冲突的领域等措施来摆脱那些徒劳的博弈。近几年来,联邦政府已经成功通过了一些重要政策改革的立法,但是阻力依然很大,只带来些零零星星、不均匀的变化。情况不容乐观。社团主义和国家依赖性这两个传统意味着一切改革的努力都将会遭遇深层的制度性的反对。这就要求联邦政府必须利用一切政治智慧营造合适的氛围,使这项意义重大的改革成为可能,甚至获得成功。

我们已经看到,现任政府的联邦直属高校改革策略的基本组成部分是确立大学自治制度。显然,目前的管理模式并不能解决巴西高等教育系统的严重问题。必须重新分配权利和责任,才有利于改革的开展。然而,同样明显的是,重新界定权责是种艰难的抉择,而且这并不能保证一定可以作出选择,也无法保证所作出的决定一定可以真正提高高校的能力。也许有些大学校长会站出来反对自治,采取富有创意而又成功的策略使自己的大学焕发生机,但是几乎没有理由让人相信巴西的高校的领导层普遍具有创新能力,也很难让人相信现有社团会减弱为了保护其成员的利益而作出的抵抗。大学自治改革过程中最可能产生的结果应该是这样的：对全国高校进行进一步的区分,那些具有非常高效率的领导层和教职工融洽合作的高校将能够利用越来越大的自治权解决本地区的问题,同时得到更多的教育资源,而那些缺乏这些属性的高校将会继续没落下去。

最后值得注意的是现在的巴西政府进行的基础教育改革无论在深度上还是广度上都是史无前例的。这也许可以为今后教育系统其他领域的重要改革创下先例,但是基础教育系统与高等教育系统有两个主要差别。首先,社团主义在基础教育系统里并没有那么根深蒂固。原因有很多,其中的一个原因是教师的地位相对较低,而且在晋升行政技术人员为学校领导人时,人际关系也变得越来越重要。其次,妨碍了高等教育改革的精英社团并不怎么涉足基础教育,因为他们的子女就读的是私立学校。这些差别表明,高等教育改革比基础教育改革要困难得多。现在的巴西政府已经取得了一些成就,但改革所必需的大学自治还没有浮出水面。因此,联邦直属高校的状况在变得更好之前很可能将继续恶化。

参 考 文 献

Brasil, Ministério da Educação, Instituto Nacional de Estudos e Pesquisas Educacionais. (2000a). *EFA 2000—Education for all: Evaluation of the year* 2000. Brasília: INEP.

Brasil, Ministério da Educação, Instituto Nacional de Estudos e Pesquisas Pedagógicos. (2000b). *Evolução do ensino superior—Graduação* 1980—1998. Brasília: INEP.

Castro, C. de M. (1989). What is happening in Brazilian education? In E. Bacha & H. S. Klein (Eds.), *Social change in Brazil*, 1945—1985: *The incomplete revolution* (pp. 263—309). Albuquerque: University of New Mexico Press.

Castro, M. H. G. (1999). O sistema educational brasiliero: Tendências e perspectivas. In J. P. dos Reis Velloso & R. C. De Albuquerque (Eds.), *Um modelo para a educação no século* XXI (pp. 35—117). Rio de Janeiro: José Olympio.

Crawford, M. , & Holm-Nielson, L. (1998). *Brazilian higher education: Characteristics and challenges* (LCSHD Paper Series—Department of Human Development). Washington, DC: The World Bank.

Durham, E. (1998). *Uma política para o ensino superior brasileiro: Diagnóstico e proposta*. São Paulo: Núcleo de Pesquisas sobre Ensino Superior, Universidade de São Paulo.

Giannotti, J. A. (1986). *A universidade de ritmo de bárbarie*. São Paulo: Brasiliense.

Hauptman, A. (1998). *Accomodating the growing demand for higher education in Brazil: A role for the federal universities?* (LCSHD Paper Series, Department of Human Development). Washington, DC: The World Bank.

Kaufman, R. R. (1977). Corporatism, clientelism, and partisan conflict: A study of seven Latin American countries. In J. M. Malloy (Ed.), *Authoritarianism and corporatism in Latin America*. Pittsburgh: University of Pittsburgh Press.

Levy, D. (1986). *Higher education and the state in Latin America: Private challenges to public dominance*. Chicago: University of Chicago Press.

Malloy, J. M. (1979). *The politics of social security in Brazil*. Pittsburgh: University of Pittsburgh Press.

Meyer, J. , Rowan, B. (1977). Institutionalized organizations: Formal structure as myth and ceremony. *American Journal of Sociology*, 83, 340—363.

Schwartzmann, J. (1998). *Questões de financiamento nas universidades Brasileiras*. São Paulo: Núcleo de Pesquisas sobre Ensino Superior, Universidade de São Paulo.

Schwartzmann, S. (1998). *Higher education in Brazil: The stakeholders* (LCSHD Paper Series—Department of Human Development). Washington, DC: The World Bank.

Schwartzmann, S., & Balbachevsky, E. (1996). The academic profession in Brazil. In Philip Altbach (Ed.), *The international academic profession—Portraits of fourteen countries* (pp. 231—280). New York: The Carnegie Foundation for the Advancement of Teaching; Jossey-Bass.

World Bank. (1997). *World Development Indicators* 1997. Washington, DC: The World Bank.

■ 老挝国立大学校园一角 (沈山丹 提供)

第五章 当目标发生冲突时：老挝的高等教育

戴维·查普曼

本章通过介绍老挝国立大学最近的经验，阐述老挝在面对下述三个难辨高下的发展目标时如何寻找出路：(1) 政府把高等教育当做国家身份和国际威望的象征；(2) 高校努力巩固和增加高等教育的经费；(3) 国际援助机构和某些高校领导人努力提高高等教育的质量和实用性。在老挝，这些因素出人意料地相互作用，最后却妨碍了这三个目标的实现。虽然这个个案研究的对象是老挝人民民主共和国(Lao PDR)，但是所得出的经验和启示对所有发展中国家那些面临相同压力的高等教育领导人来说有着广泛的适用性。

本研究的背景是发展中国家经常面临的挑战，即当资源很有限而不同机构的需求又经常发生矛盾时如何维持并加强高校的主要功能（教学、研究、服务）。本章认为，在发展中国家的许多高校里，大学教师的工资收入机制使提高教学质量、完善课程设置、鼓励研究、提倡服务文化的努力并没有取得多少成绩。高等教育的核心功能并没有发挥出来。要改变这种状况，现在就必须重新彻底审视高校和国家政府的关系以及高校教职工和高校的关系。

概述——老挝人民民主共和国的高等教育

老挝高等教育的招生数按人口平均计算是该地区最低的国家。只有大约4/5的适龄儿童在小学就读，只有1/50的老挝儿童从中学毕业并进入大学学习。尽管如此，高等教育的发展速度在老挝教育系统里还算是最快的。在1991—1992年和1997—1998年之间，攻读学士学位的本科新生增加了315%（从1,367上升到了4,305），总招生数增加了205%（从6,004上升到了12，296)。

一项于1989年进行的关于教育系统的重要研究证实,缺乏高级行政人员、管理人员、技术人员是老挝国家发展的巨大阻碍。该研究建议老挝政府在今后的五年计划中优先考虑发展高等教育(Asian Development Bank, 1989)。该研究还提出了争取达到这个目标的策略,即巩固现有的高中后教育机构,实现规模效益,提供一种新的制度框架,有针对性地开设新的高中后学位教育。

老挝教育部在亚洲发展银行的帮助下,以上述研究的建议为基础整合了三所高校,创办了老挝国立大学,目的在于把其他高中后教育机构也合并成类似的大学,并有针对性地开办提供重点学科教育的学院(ADB, 1989; Weidman, 1997, 1999)。

1995年成立的老挝国立大学(NUOL)合并了三所当时的高中后教育机构,即医学院、理工学院、教师教育学院,还有其他大学随后也被并入其中。到了1998年,老挝国立大学已经合并了10所大学。目前,老挝国立大学拥有9个院系(如表5.1所示)。老挝国立大学现在的招生数约占全国总招生数的45%。另外,特别开设的夜校课程的招生数约占全国总招生数的15%。剩下的40%的新生则就读于教师教育学院或其他由政府部门扶持的各种学院。

表5.1 老挝国立大学的院系构成

院系名称	课程
基础研究学院	为全校学生开设基础核心课程;1996—1997年开设了新课程
科学院	数学、物理、化学、生物
人文社科学院	历史、地理、老挝语、文化、外语(英语、法语、德语、俄语)
建筑工程学院	土木工程、电气工程、机械工程、建筑
医学院	医学、制药、牙科
农林学院	农学、畜牧学、林学
经济管理学院	经济、管理、规划
法学院	法律
教育学院	教育

引自:老挝万象,教育部高等教育、职业与技术教育司。

学生要进入大学学习,必须参加在各省举办的全国统一入学考试。老挝国立大学总是把总招生数的50%用于招收各省的学生,但总是招不满,剩下的名额最后只能按照考试成绩录取。

老挝政府采取合并高校、扩大规模等措施主要有三个原因。首先,政府意识到国家的发展之所以受制是由于缺少受过良好教育的劳动力,也非常缺乏高级管理人才和技术人才。其次,政府希望像其他的邻国一样拥有一所标志性的大学,既能作为国家和民族发展的国际象征,又能成为向国民展示国家进步的手段。最后,政府意识到高等教育也能吸引外资。这一策略真的奏效!在20世纪90年代,政府筹集到了两千五百多万美元的外资,促成了老挝国立大学(NUOL)的创建。

高等教育作为国家身份和国际威望的象征

发展中国家的高校就像在走钢丝一样,既需要成为展示国家团结的标志,又需要是国家进步的象征,同时也必须满足劳动力的种种迫切需求。老挝的高等教育就是一例。老挝国立大学在国家生活中扮演着非常重要的角色。政府利用高校从三个非常具有象征意义的方面树立国家身份和自豪感。其一,教学用语是老挝语,不允许用其他语言进行课堂教学(除了外语课)。老挝的本土语言和本土文化因而受到尊重,以保证走入政界和商界重要岗位的毕业生拥有一门共同的交流语言。在高等教育中使用老挝语等于向全世界表明,老挝语和其他国际高等教育的语言具有同样的地位。不过,老挝语的使用也给教学质量带来严重的后果,这是我们稍后要讨论的问题。

其二,免学费。政府实行"免费"高等教育的目的在于传递这样一种信息:学生的家庭背景或还款能力不会成为他们成功的障碍。尽管事实上学生还是有很多隐形的经济负担,这种象征性的信息还是非常有意义的。

其三,教育部实行的是一套旨在保障入学考试平等的复杂的程序。老挝国立大学每个院系大概有一半学生是由招生指标系统确定的,其中有某些固定的指标是专门为各个省预留的。要进入老挝国立大学就读的高中毕业生仍然必须参加一年一度的大学入学考试。然而,学生最终能否被录取,则由各省的教育主管根据考试成绩、推荐材料以及其他因素来决定。同样,这里所传递的是关于国家团结的信息——老挝公民,不论民族或地区,都有机会接受高等教育。

按省份划拨指标的招生指标制度如果得到很好的实施,确实能保证入学学生的地区代表性。根据指标录取的学生必须在大学毕业后返回家乡省份,如果需要的话,还必须在政府部门工作5年。但这项政策实施起来却没有那么顺利,原因如下:(1)从农业省份来的学生通常不愿意回家乡省份,而更愿意待在就业选择更多更好的城市里;(2)毕业生抱怨省级政府部门经常不让返回的毕业生从事与自己的专业相符的工作;(3)要求毕业生返回家乡省份的规定并没有得到切实有效的执行——那些不愿意回去的毕业生通常都不用回去。

确保了省份代表性的招生指标制度也是为了帮助不同民族的学生能够顺利接受高等教育。不过,由于老挝国立大学没有给出少数民族学生的录取数目,所以指标制度是否有效还是个问题。尽管如此,招生指标制度向老挝人民传递了"大学校门向所有人敞开"这样的信息。

高校努力拓宽高等教育筹资渠道

为了把几所大学合并成老挝国立大学,世界银行、亚洲发展银行以及其他国际援助机构支付了基础建设、整修已有设施、课程建设、教职工培训等费用。政府要为办学的常规成本(教师工资、物资设备等等)埋单。但是有两个因素严重危害着这所新兴大学的财政基础。其一,政府的预算不足以支付老挝国立大学的常规性办学成本(工资、设备、物资、后勤、维护保养)。其二,这所大学创办之际恰逢老挝的地区经济和国家经济的低迷时期,进口物品的价格极其高昂。仅在1998年的10个月间,通货膨胀率就达到了100%。由于该大学的许多物资、设备、人员培训都是舶来品,需要坚挺的货币,这使老挝国立大学损失惨重。

面对着飞涨的物价,老挝国立大学的教师——也是公务员——陷入了困境。虽然大学教师需要有相当高的学历,但大学教师的工资却一点也不高,平均年收入(1996—1997年是739,200基普)大概比小学教师(1996—1997年是589,696基普)高25%,比中学教师(1996—1997年是719,830基普)高大概3%(ADB,1998;Mingat,1998)。对大学教师来说,有一些津贴可以聊为补助,但是他们的工资在整个教育系统中并没有拉开差距。况且,政府对通货膨胀无能为力,无法提高公务员的工资。实际上,大学教师的工资的真实价值仅在1998年就下降了50%还多。从经济角度来看,大学教师这个职位几乎没有任何吸引力,甚至越来越差。

因此,老挝国立大学面临着严重的财政问题,既需要平衡办学开支,又需要留住教师。为了弥补政府预算的缺口,老挝国立大学允许大学教师只

第五章 当目标发生冲突时：老挝的高等教育

要交纳一点管理费用，就可以使用校园设施，开展私人咨询服务或做点小生意。比如说，工程专业的教师可以为当地的工程公司或建筑公司提供咨询服务，也可以利用大学设施开办自己的工程公司。创办私人企业还是相当可行的，因为市场对大学教师这种劳动力的需求还没有达到饱和。按合同规定，老挝国立大学的教师每周上课时间 10～12 个小时（包括实验课时间）。同时兼任行政职务的教师的工作量也得到减少。教师一旦完成了工作量，就可以到校外自由兼职。

大学教师应对经济紧缩的基本办法就是开办一系列私人教育课程。他们在老挝国立大学开办夜校班，收取较高的学费（大约每年 150,000 基普），不设奖学金。开办的都是些热门学科的课程，比如市场需求很大的英语和用英语教学的工程和建筑课程。在 1997—1998 年间，大概有 4,000 名学生参加了英语课程的考试，但只招收了 600 人。这意味着那些参加入学考试的学生自意掏腰包接受高等教育，学习他们眼中的热门专业。

私人交纳的学费的 20% 上交给老挝国立大学，作为设备使用费，余额则留给教师。据老挝国立大学估计，仅 1998 年一年该校从夜校英语课程上所分得的收入就达到了八千万基普（约合 19,000 美元）左右。这意味着教授这些课程的教师创造了大概三亿两千万基普（约合 76,000 美元）的额外收入。教师有渠道创收成为老挝国立大学能留住教师的重要因素。学校对创收的提成也使学校有望完成政府提出的老挝国立大学每年自筹除工资外常规成本的 15% 的指标。

如果老挝国立大学不为教师提供创收的机会，那么它就不太可能留住教师，也不太可能满足学校的财政需求。这些私人企业的需求让教师找到一条一举两得的途径，既可以更新教师的专业技能，也可以使教师及时把握本专业领域劳动力市场需求的最新动态。

但是，这些拓宽收入来源的措施，至少在老挝产生了两个不好的结果。第一，并非所有的教师都有机会教授夜校课程或者提供咨询服务。由此而产生的工资报酬的不平等可能会使教师队伍道德沦丧。第二，教师花费不少时间和精力准备特别课程、私人咨询、企业经营，可能分散他们的精力，会影响学校的正常教学。老挝国立大学的领导层也确实表达过类似的担忧，即害怕教师不把时间和精力重点放在日常的学校教学中，而是全身心地投入到可以让他们获得额外报酬的夜校课程当中去（ADB, 1999）。

这种情况（即不那么专注于学校的日常教学）也不利于平等，因为老挝国立大学的办学经费不少来自国外资金。老挝国立大学的全日制学生（主要是面向全国统招的指标生)上的是质量较差的课,而那些家庭富裕的学生(主要来自省会城市)则通过夜校课程接受了质量较高的教育。这种安排强化了已有的优势群体,来自富裕家庭的学生比其他人接受了更好的教育。国际组织扶持老挝国立大学,本来是为了通过招生指标体系使大学招生实现平等,但是上述情况从根本上弱化了这些努力。

国际援助机构和高校领导人努力提高大学教育的质量和实用性

如果说老挝国立大学已经成为老挝的国家象征,那么世界银行、亚洲发展银行和其他国际援助机构为老挝国立大学提供经济援助的努力绝不仅仅是象征性的。这些机构的投资领域是人力资本发展。他们希望自己的投入得到回报,即毕业生学到了先进的技术和管理技能,能够成为政府、商业界、工业界等领域的领导阶层。为了实现这个目标,这些机构和组织在老挝国立大学开展了许多国际经济援助项目:提供大量资金为老挝国立大学进行师资培训;升级实验室和图书馆;开设直接与老挝经济发展相关的新课程(比如创办经济学院)。这些组织认为,师资的提高和教学设备的升级就能够创造优质的教育。

这些致力于提高大学教育的质量和实用性的努力遭遇了三个未曾预料到的困难。第一,由于老挝语是课堂教学的唯一语言,所以现有的教科书和教学资源实用性不强,很快就成为一个重大问题。许多学生、教师、管理人员都没有很好地掌握一门国际通用语言,这限制了他们对当代英文、法文和其他语言写成的教科书的利用。教师不具备必要的语言能力,不能引用以国际通用语言写成的文献,甚至备课时也用不上。老挝现有的教科书陈旧过时,对新教科书的翻译代价高昂。而翻译了的教科书会长期使用,通常的情况是书里的内容已经不合时宜了却还在使用。某些学科领域的学生现在还在学习早就已经过时的东西。

第二,使用老挝语作为教学语言大大降低了把老挝的教师送到国外培训(尤其是短期培训)的可行性。虽然出国培训的资金有了,但是培训的有效性却碍于当事人的语言能力而大打折扣。语言问题也严重影响了教学质量的提高,因为有时候可以请到外国来访教师,他们的授课也有助于帮助老挝国立大学的教师提高教学质量。

第三,常规性成本预算的不足意味着实验室没办法得到很好的维护,图书馆不能很好地更新书籍资料。比如,即将毕业的土木工程专业的学生从来没有做过混凝土应力测试,根本不知道如何实际操作(尽管他们已经在书上学过了)。原因很简单:学校的常规运行资金根本不够,没有足够的经费用于购买实验所需的消耗性物资。

上述因素综合在一起严重地影响了老挝国立大学的教学质量。使用老挝语等于限制了外国来访教师的作用,影响了本校教师到国外进修提高自己的能力,也等于强迫学生使用过时的教科书和教学资源。使用老挝语本来是为了巩固国家身份认同感,实际上却降低了教育质量和实用性。

对老挝高等教育现状的总结——象征作用和解决办法

从表面上看,国际组织对发展中国家高等教育的投入有相当充分的理由——经济发展因缺乏高素质的劳动力而受到了制约,那么提供必需的教育是消除这些制约的主要策略。发展中国家的国家政府也同意这个观点,而通常它们对这个问题的关注和对构建国家和社会团结的关注不相上下(Heyneman,2000)。高等教育的经济作用和象征作用未必不能相容——社会团结可以带来巨大的经济效益(Heyneman,2000)。经济发展依靠的是不同背景的人群为了同一个目标而共同奋斗。然而,这两种观点(经济困境和象征作用)的相互作用也埋下了矛盾冲突的种子。

老挝就是这样。国际援助机构之所以愿意从经济上扶持老挝国立大学,原因在于他们相信高等教育可以培养技术人才,从而解决与国家经济发展密切相关的人力资源问题。判断成败的主要标准有:劳动力市场实用性、成本分担和可持续性。老挝政府面对的是更迫切的问题——促进国家团结,确立全国人民的身份认同感(老挝的各民族之间、城市与农村之间、富人与穷人之间的关系都相当紧张)。高校领导人必须找到一个能够平衡来自这两个方面的压力的立足点,所以他们不择手段,并最终使老挝结构松散的高等教育系统陷于困境。

所谓结构松散的系统,指系统的组成部分从某种程度上说是彼此独立运转的。这种系统经常有这样的特点:组织计划和行动脱节,权责不清,各组成部分之间配合缓慢或缺乏协调合作(Chapman,1991;Firestone,1985;Nagel & Snyder,1989;Weick,1976)。尽管如此,结构松散的系统还是有其优点的。这种系统的组成部分不必赞同其他成员,不必与其他成员沟通,不必适应其他成员,几乎没有发生矛盾冲突的机会,所以这种系统通常可以减少成员之间的矛盾(Deal & Celotti, 1980; Meyer & Rowan, 1977)。

一些本质上相互矛盾的需求使老挝的高等教育处于进退两难的境地。老挝国立大学解决矛盾的办法是通过实际的工作交流消除矛盾,目的在于维持礼仪上的一致。老挝国立大学最终制造了预料到的矛盾。为了贯彻公共政策,老挝国立大学提供免费教育,保证全国各地的学生能够平等地被录取。但是它的优秀课程都采用英语授课,学生要缴纳高昂的学费,这些学生都来自省会城市的富裕家庭。意想不到的结果是,那些已经较富裕的学生获得更大的事业优势,就业也更灵活。

利用特别开办的夜校课程来弥补财力的不足使公立大学变成了事实上的私立大学。这些大学具有公立大学的结构,但在管理规则上却有很大的差异。夜校课程虽然成功地增加了教师个人的收入,有助于高校的生存,但是也不经意地耽误了教学时间的安排,扭曲了教学动机,破坏了招生的平等原则。高校在应对财政危机的同时基本上失去了对教师的时间和精力的有效控制。然而,另一种可能是教师为了拿到更好的报酬而为私营企业工作,从而迷失了自己。

更广泛的意义:经验教训

一个组织在外力的推动下会采取措施应对竞争,适应各种不同甚至矛盾的需求,这并不是什么新鲜事。就老挝来说,加强高校的融资能力被看做是提高教育质量的必经之路,但是种种努力却适得其反,并最终妨碍了高校竭力要实现的目标。开设夜校特别课程代表了老挝国立大学为了适应经济困境而做出的努力。这些课程只涉及学生愿意缴纳高昂学费的少数学科领域,所以这些课程也变成了对市场需求的有效反应。

老挝的例子用事实说明了要充分发挥高等教育的主要功能,使高等教育成为促进经济发展的手段也充满着风险。高校保持其象征作用的需求成了经济作用(比如使更多的人接受良好的培训)的障碍。加强高校的融资能力被看做是提高教育质量的必经之路,但是种种努力却得到了相反的效果,并最终妨碍了高等教育的核心功能的充分发挥。

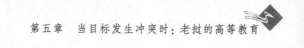

高校为了发挥象征作用和经济作用（比如发展支持）可能会遇到种种压力和矛盾，这些压力和矛盾也可能对高校产生一定的影响。这种现象并不是老挝所特有的。在老挝的例子里，各种难以预料的压力和矛盾交织在一起，恰恰体现了在许多发展中国家高校面临的一系列普遍问题。要解决这些问题必须重新彻底审视高校和国家政府的关系以及高校教职工和高校的关系。

重新审视高校和政府的关系

老挝的例子明显体现了重点大学所担负的国家象征作用和使大学正常运转的需要两者之间的压力和矛盾。关于免交学费和公平入学的国家政策并不总是能得到政府的财政拨款的保障来保证其得到实施。

国家目标和高校预算的不一致所产生的问题可能还会恶化。在发展中国家，高等教育面临着对公共资金全新而艰巨的竞争，因为政府通常会主要关照解决那些迫在眉睫的问题：污染、艾滋病、城市化（Chapman，2000；Lewin，1996，1998）。并不是因为高等教育不重要，而是因为其他问题更为紧迫。找到发展高等教育的新的融资渠道已经成为一个越来越迫切的问题。

重新审视高校教职工和高校的关系

在发展中国家，保证高等教育有足够的经费的一种非常普遍的方式是支付给教职工较少的工资，允许教职工搞个人创收。在多数情况下每个人（有时候也有学生）都成功了。教师在私营企业里获得了敬重，因为他们拥有学术头衔和学历。高校付出很小的代价就能够吹嘘本校拥有某位杰出教师。只要教师正常上课，准时上下班，那么他们就有很大的自由度，可以通过家教、咨询、经营小企业来增加收入。总之，这是件互惠互利的事情。

然而，发展中国家高校的低工资会导致一个后果，即高校的管理者几乎不能控制教师的时间。高校采取各种措施，希望教师多花点时间提高教学质量，但是教师为了获得最多的收入，往往会抵制学校的规定，从而使学校的努力白费。这样一来，教师的工资经常成为高校约束教师、促进教学质量提高的主要手段。

老挝就属于这种情况。特别开设的夜校课程是为了应对财政困境而作出的创举，但是却耽误了正常的教学时间，影响了高校的日常教学质量。

寻 找 答 案

要找回教师的时间,最有可能成功的方法是提高教师的工资,在校园里为教师提供发挥自己才智的平台和机会,然后限制教师的校外兼职。接下来,高校可以把教师的教学和研究作为产品,为个人和企业提供有偿服务。老挝的困境是国家还没有资金足够强大的私营企业可以购买老挝国立大学的教学和科研服务。

另一种弥补工资不足的办法是让老挝国立大学向学生收取适当的学费。事实上,许多国家的政府都希望学生为自己的高等教育支付更多的费用。这种转变的动力来自两个方面:一是政府感受到了经济压力,因此希望减少对高等教育的投入;二是许多国际组织的推动。这些组织认为政府对高等教育的长期投入自然会使大众受益,而那些受益最多的人群应该支付最多的费用。

在目前的老挝,老挝国立大学的正常课程是不收取任何学杂费的,指标生的膳食也是免费的。教育部正在采取措施,准备收取适当的学费。这是个循序渐进的计划,预计最终保持在每年五万基普左右。教育部官员担心这个计划不会受到学生及其家长的欢迎。他们担心唐突地收取学费可能招致抗议,既会给学校带来不好的影响,也会使政府面临尴尬的处境。这颇具讽刺意味:很明显,老挝国立大学开设的夜校课程提供了充分的证据,表明很多学生愿意支付高昂的学费学习他们认为值得的、实用的课程。

收取学费有助于减轻高校的经济压力,但也违背了政府赋予高校的象征作用,即高校是开放式的,每个公民都有机会接受高等教育。夜校课程提供了一种向学生收取学费的委婉手段。这拓宽了教师所必需的增加收入的渠道,但是也给高校的主要功能带来了相当大的负面影响。

总 结

老挝国立大学被迫在困境和矛盾中寻求一条出路,这是许多发展中国家的高校所面临的共同问题。每个国家的具体情况都不一样,存在的问题也有本质的差异,但问题的症结都在于高校必须同时为几个利益群体服

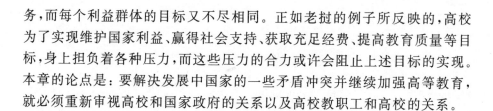

务,而每个利益群体的目标又不尽相同。正如老挝的例子所反映的,高校为了实现维护国家利益、赢得社会支持、获取充足经费、提高教育质量等目标,身上担负着各种压力,而这些压力的合力或许会阻止上述目标的实现。本章的论点是:要解决发展中国家的一些矛盾冲突并继续加强高等教育,就必须重新审视高校和国家政府的关系以及高校教职工和高校的关系。

参 考 文 献

Asian Development Bank. (1989). *Education sector study*. Manila: Asian Development Bank; Vientiane: Lao Ministry of Education.

Asian Development Bank. (1999). *Laos education sector study and education investment plan* (1999). Manila: Asian Development Bank; Vientiane: Lao Ministry of Education.

Chapman, D. W. (1991). The rise and fall of an education management information system in Liberia. *Journal of Education Policy*, 6(2), 133—143.

Chapman, D. W. (2000). Trends in educational administration in developing Asia. *Educational Administration Quarterly*, 36(2), 283—308.

Deal, T. E., & Celotti, L. D. (1980). How much influence can (and do) educational administrators have on classrooms? *Phi Delta Kappan*, 61(7), 471—473.

Firestone, W. A. (1985). The study of loose couplings: Problems, progress, and prospects. In A. Kerckhoff (Ed.), *Research in sociology of education and socialization* (Greenwich, CT: JAI Press.). Vol. 5, pp. 3—30

Heyneman, S. P. (2000). *From the party/state to multi-ethnic democracy: Education and social cohesion in Europe and Central Asia*. Arlington, VA: International Management and Consulting Group Ltd.

Lewin, K. M. (1996). *Access to education in emerging Asia: Trends, challenges and policy options*. Manila: Asia Development Bank.

Lewin, K. M. (1998). Education in emerging Asia: Patterns, policies, and futures into the 21st century. *International Journal of Educational Development*, 18(2), 81—118.

Meyer, J. W., & Rowan, B. (1977). Institutionalized organizations: Formal structure as myth and ceremony. *American Journal of Sociology*, 83, 340—363.

Mingat, A. (1998). *Assessment of some basic education policy issues in Lao PDR from a cost and financing analysis*. Institute for Research in the Economics of Education (IREDU): CNRS & University of Dijion, France.

Nagel, J., & Snyder, C. W., Jr. (1989). International funding of education development: External agendas and internal adaptations—The case of Liberia. *Comparative Education Review*, 33, 3—20.

Weick, K. W. (1976). Educational organizations as loosely coupled systems. *Administra-

tive Science Quarterly, 21, 1—19.

Weidman, J. C. (1997). Laos. In G. A. Postiglione and G. C. L. Mak (Eds.), *Higher education in Asia: An international handbook and reference guide* (pp. 165—172). Westport, CT: Greenwood Press.

Weidman, J. C. (1999). Restructuring the university pedagogical institute of Laos: An outsider's view. In P. L. W. Sabloff (Ed.), *Higher education in the post-communist world: Case studies of eleven universities* (pp. 269—287). New York: Garland.

第三部分

迎接自治权扩大的挑战

■ 南非开普半岛理工大学校园一角 (周　静　提供)

第六章 非洲高等教育的复兴
——目前的挑战和未来的希望

基拉姆·雷蒂

发展中国家高等教育机构所面临的重要使命是为实现人类社会的可持续发展创造人力资源。然而,如何完成这项重任,这些机构却面临着很多错综复杂和充满挑战性的问题。本章开头主要讨论影响发展中国家高等教育机构的几个重要因素。然后,本章对几个非洲国家的高等教育现状进行了描述,重点探讨改革的可行性。最后本章根据全球不断发展变化的教育形势和非洲实情,为复兴非洲高等教育提出建议和策略。

重要趋势和现实特征

下述几个重要因素影响着非洲高等教育机构的现状和未来的发展:

高等教育大众化

在过去的几十年里,全球高等教育发展趋势的显著特征是学生入学人数大幅度增加,这一过程被称作"高等教育大众化"。1960年全球注册学生1,300万,到1970年增加到2,800万;而1980年是5,100万,到1995年则达到8,200万(UNESCO,1998)。这一现象是由许多相互联系的因素造成的,比如:全球人口的增长,中学教育范围的扩大,辍学率的减少,人口的社会流动性,人们的期望值,经济和劳动市场的需求,对多重技能和再培训的需求以及在信息和知识社会里对见多识广和有批判眼光市民的诸多需求的增加。这种快速增长的趋势对全球高等教育体系的方方面面带来巨大的挑战,例如,学生上大学的机会、经费、教学质量、课程改革、教学与科研、管理与自治以及复杂体系的组织管理等。

依据马丁·特罗(Martin Trow,1973)的描述,高等教育的迅猛扩展带来了这样的变化:从"精英教育"(20到24岁人群中多达15%的人注册入学)体制转为"大众教育"体制(15%到40%的适龄人口入学)和"普及教育"体制(入学率超过40%)。高等教育所面临的主要困难是如何用不断减少的国家经费来应对这种教育扩展。

高等教育私营化

在这个21世纪的转折时期,私营化高等教育是中学后教育发展最快的形式之一。然而,有关这一现象的文献资料却相当缺乏,私营化高等教育的真正含义往往被人曲解(Altbach,1999)。私立教育发展的关键原因是社会对高等教育需求的空前高涨,而政府不愿意或没有能力满足这种需求。社会的意识形态和文凭观念则促进了教育私营化的发展。在肯尼亚、津巴布韦和南非,私立高等教育是发展最快的教育形式。在非洲的许多国家,教育私营化没有得到恰当的控制和管理,其教学质量也参差不齐。

如上所述,南非试图加强对私立高等教育机构的管理,在不阻碍其发展的同时保护公立高等教育机构免受非法侵害。因此他们采用了私立办学者的注册体制,并给予质量监控。一方面私立高等教育机构提供的专业和课程多种多样,另一方面其学位授予却集中在本科文凭和本科文凭以下的某些专业,例如企业管理、计算机和文秘等领域。有人怀疑,这些私立机构如何承担社会责任?如何均衡私立和公立高等教育各自的优点?私立机构能否灵活地为学生提供负担得起的高等教育?他们能否保护教职员工追求科研和学术兴趣的自主权利?他们能否提供促进高等教育教学质量的基础设施,例如,藏书丰富的图书馆?

非洲私立高等教育的快速发展,尤其是那些以营利为目的的机构带来了一些严重的问题:为什么这一趋势在发展中国家,包括以前的社会主义国家里尤为突出?政府应该采取怎样的措施来加强对财政问责和质量控制的管理?这些私立高等教育机构是否应该得到政府的资助,比如,学生奖学金和科研经费?应如何摆正私立和公立高等教育机构之间的关系?

高等教育全球化

全球化是在此讨论的第二个背景特征,也是正在席卷全球的新型社会经济体系的指代用语(Castells,1998)。其核心特征是:全球金融贸易的规模、复杂程度和速度在显著增加。科学与技术是全球化的关键组成部分,也是推动世界经济发展的首要因素。但是,全世界目前只有3%的人口能够上网。全球化在很大程度上取决于高技能的工人和互联网的构成,这些互联网包括跨国公司之间、公司与非政府机构之间,以及公司和政府之间的网络。这些网络既互相包容又互相排斥。虽然世界上一部分人的生活水平有所提高,但80%人口的生活水平却不断恶化。

批评家提出,全球化对高等教育意味着管理机制逐渐在教学与科研的组织过程中占主导地位。科研越来越多地被用于满足政府和工业需求(Carnoy, 1998; Castells, 1998; Halsey, 1992; Slaughter, 1998)。此外,在为行政和技术专家不断扩大的中产阶级提供服务的过程中,教师和教授将成为有酬或计件劳动者。法人管理取代了院长选举,也淡化了职工大会和学术委员会,从而导致学术单位联合领导体制的瓦解。教育全球化还包括以下方面的内容:科研商业化,知识实用化和高等教育国际化。全球化将对高等教育带来巨大冲击:吸引高价外国留学生,将智力成果出售给相关产业,通过外包服务创建学习新结构等(Halsey, 1992; Slaughter, 1998)。

政府与大学的关系不断变化

不断变化的政府与大学关系是第三个重要特征。大学自治(自我管理的能力)与大学职责应该得到平衡,从而完成对社会的使命。大学自由和自治意味着学校有义务培养优秀人才,有责任推动知识进步。正是由于高等教育大众化、全球化、私营化和分权化,以及为了达到教育质量的期望,大学面临比以前更复杂的社会关系。大学的自由与自治必须由与外部利益相关的责任和回应来调节(Neave, 1998)。非洲高等教育机构所面临的挑战应从以下两个方面来寻求精妙的平衡:一种是历史上殖民地时期之后通过军事专政对传统大学自由的颠覆;另一种是多元民主的出现,这些民主形式旨在推进国家社会经济的发展。

非洲政府和大学在协商时出现三种立场(National Commission on Higher Education, 1996)。第一种观点坚持高等教育机构自治,反对任何形式的国家干预,这种观点在20世纪60年代尼日利亚阿西比委员会(Ashby Commission)的报告中有所提及。第二种观点于1972年由非洲大学联合会在阿克拉提出,他们认为大学在非洲占有举足轻重的地位,因此不能完全由其自身决定其优先发展策略和目标,应该接受政府的调控(Yesufu, 1973)。

第三种观点将高等教育视为社会变革和社会流动的核心力量,因此它必将在教育本身和与教育相关的社会领域促进平等。莫亚(Moja)、穆勒(Muller)和科勒特(Cloete)(1996)提出了标志政府与高等教育关系的三种模式。

- 国家掌控模式。国家创建教育体制并且几乎完全由政府提供资金,官僚或政客控制其核心部分。这种模式在西方民主国家(如法国)、东方国家(马来西亚和新加坡)以及一些非洲国家运作。
- 国家监督模式。国家的任务是监督高等教育体制,确保教育质量和履行一定的义务。政府提供构架,在此范围内机构的管理者采取措施实现政府的预期目标。这种模式在以下国家因地制宜:美国、加拿大、澳大利亚、英国和荷兰。
- 政府干预模式。当高等教育机构与国家发展道路不一致时,政府干预模式旨在实行政治管制,而自治仍是官方的政策。这样的国家有津巴布韦和种族隔离时期的南非。在这个环节中还没有建立政府专制。当然,其重要特征是脆弱的公民社会、软弱的官僚政治以及政府与教育机构之间缺乏调解机制。

第一、三种模式在很大程度上代表了非洲政府与大学的相互关系。政治家对高等教育干预的趋势使许多机构在有些政府面前形同虚设,使选拔学生、教职工聘任和晋升、课程设计以及其他决定取决于政治的需要而不是择优选拔的理念。

发展中国家高等教育面临的其他挑战

目前,世界上接受高等教育学生的半数在发展中国家。面临着需求的增加和资金的缺乏,发展中国家的高等教育体制承受着巨大的压力。高校的教师本身通常没有足够的学历,工作缺乏动力,薪酬不高,教学质量不好,课程不完善。许多学生所受的中小学教育质量较差,无法为高等教育打下良好的基础。加上缺乏补救措施,这一问题进一步恶化。发展中国家高等教育机构所面临的困难源于资源的缺乏,其用于每个学生的资源远远少于发达国家。作为教育机构收入之一的学费收入要么没得到重视,要么根本没有。经费预算是由政府官员议定的,而他们基本不了解具体学校的具体目标和能力,从而导致大量的资金花在人事和学生开销上,留给设施维护和科研方面的经费寥寥无几。因此,发展中国家的高等教育机构面临严峻的现实,即设施日益损坏、图书资料不足、由于缺乏配套器材而使科研设备闲置。

南北(发展中国家与发达国家)科技发展差距很大,并不断拉大(World Bank,2000)。从人均水平来看,工业国家所拥有的研发专家和技师是发展中国家的10倍,他们占有84%的科学论文出版和97%的注册专利。在过去20年里,工业国家所占有的科技出版物的比例明显增加。如果按人均出版物排名,前15位里没有一个发展中国家。

发展中国家急需最新的书籍、电脑以及更广泛地接入互联网。1996年以来,工业国家人均电脑的数量是中等收入国家的20倍,互联网主站甚至比很多国家高出一百多倍。发展中国家高等教育无序的迅猛扩展导致公立大学缺乏资金,而私立大学除了提供满足短期市场需求的课程外无力提供高质量的教育课程。

非洲国家独立后高等教育的发展

非洲其实有着值得称道的传统的高等教育,比如位于开罗的阿尔阿扎尔清真寺大学(Al Azar),摩洛哥菲斯的凯鲁因大学(Kairouine),位于阿克苏姆的布勒达摩修道院大学(Debre Damo of Axum)和马里廷巴克图的桑科尔古兰经大学(Sankore of Timbuktu)等。塞拉利昂的佛拉湾学院(Fourah Bay College)成立于1827年。100多年后的1947年在加纳成立了黄金海岸大学;1948年尼日利亚成立了伊巴丹大学;埃塞俄比亚的阿迪斯·阿巴大学学院建于1950年;乌干达的麦克雷雷大学(Makerere)建于1950年。后来各地也纷纷建立了大学,如:内罗毕,肯尼亚,达尔伊萨拉姆,坦桑尼亚,谢克·安塔·迪奥普(Sheick Ante Diop)和塞内加尔(Mehrutu & Ogundimu,1999)。20世纪60和70年代被视为黄金时期,高等教育得到了政府的大力支持,也有大量资源可以利用(Oniang & Eicher,1999)。大学为各国培养了多方面的高级人才,如公共服务、专业人才、商务、工业、贸易和农业人才等。非洲的大学数量从1960年的20所增加到1996年的160所,同期的学生人数也从12,000人增加到2,000,000多人(Beintema, Pardey, & Roseboom, 1998)。

非洲大学联合会于1972年在阿克拉举行了有关"创建非洲大学"的学术讨论会。会议强调了两个方面的内容:(1)反思过去的历史;(2)满足培养高水平人才的实际需求,提出运用知识和技能创造财富使非洲国家现代化。

在20世纪60年代到80年代期间,许多非洲国家纷纷独立。因此,大学的数量、学生入学人数以及开办的课程迅猛增长。1962年有关"非洲高等教育发展"的塔那那利佛会议提出了理想化的、雄心勃勃的使命。大学被视为国家发展的关键因素。

在殖民统治的晚期,除了在阿拉伯北部和南部非洲之外,非洲只有零散的几所大学。非洲高等教育的许多成就都是独立后取得的,例如,尼日利亚独立时只有一所大学和1,000名学生,而到了1991年则发展到31所大学和141,000名大学生。

在20世纪60年代到80年代期间,不管非洲的大学有怎样的不足之处,但它们还是成功地为行政事务、学校、应用医学、农业和社会科学培养出高水平的人才。然而,后来非洲出现了经济瘫痪、政府减少支持、腐败、管理不善以及政府干预大学事务的局面,这些因素破坏了教育机构的自治机制,并导致了非洲大学大幅度滑坡。因此,在20世纪80年代,非洲大学出现了危机。目前非洲高等教育的普遍特点是:有些设施年久失修,缺乏现代化的电子和科技的基础设施,图书馆书目混乱和管理不善。现在非洲的大部分大学只能"回忆以前的辉煌,痛心教职员工的流失,缺乏必要的设施和教学资源,仅有废弃的基础设施,校风日下,人心不稳,但同时却又面临着高质量服务和公共责任的越来越高的要求"(Sutherland-Addy,1993)。

最大的损失主要是因为大量高素质、高水平的学术人才流向了西欧和美国。据世界银行估计,每年大约有23,000个优秀的学术精英从非洲移民到其他国家,以寻求更好的工作条件(Blair & Jordan, 1994)。以下诸多因素共同导致了非洲的人才流失:入学人数增加,政府资助减少,工资待遇不佳以及政治家们干预或破坏学校自由和院校自治等。

以下部分主要讨论导致某些非洲国家出现高等教育滑坡和危机的情况。这些国家有乌干达、苏丹、尼日利亚、刚果民主共和国和法语非洲国家。

乌干达

直到20世纪60年代,麦克雷雷大学(Makerere)在科研、毕业生和引进高水平学术人才方面取得了骄人的成果,一直保持良好的纪录。在60年代末,乌干达总统奥贝特(Milton Obote)任命他的内阁秘书担任该大学的校长。"1971年阿明(Idi Amin)将军接替他任校长,而他竟然没读完小学,结果证明是个任性冷酷的暴君"(Ade Ajayi, Goma, & Ampah-Johnson,

1996，p120)。当前面提到的校长提出荣誉博士的要求并由参议院作出决定时，他被绑架并失踪了。随后继任者的腐败管理让这个曾经繁荣的大学萎靡不振，直到1986年穆索维尼(Musoveni)上任才开始好转，恢复了民主，也让学校的财政状况恢复了活力。

苏丹

苏丹有两种传统的高等教育形式：一种是以阿尔阿扎尔为模式的伊斯兰教，另一种是英式。为了控制越来越多的学生反对他的统治，阿罗德(Aloud)将军于1963年任命自己为大学校长，并将大学委员会归教育部长管理。据说后来在老师和知识分子的帮助下，巴歇尔(Bashir)将军经过一系列政变后掌权。这个新的政权强调学习阿拉伯语和伊斯兰教，而且政府国家委员会直接掌控高等教育，其目的是将"阿拉伯文化"强加于该国的所有民族，包括南边的非阿拉伯和非伊斯兰教民族。结果这导致政权不稳和内乱。

尼日利亚

尼日利亚1960年的阿什比报告帮助建立了三所地区大学和两所联邦大学。受到石油收入的刺激，国家大学委员会在没有周密考虑的情况下建了很多大学。新一轮的大学建立是由联邦和地方政府同时完成的。"众所周知，新的政府领导应该叫停建立大学，但这在已准备的发言中并未提及"(Ade Ajayi, Goma, & Ampah-Johnson, 1996, 141页)。因此，到底有多少所大学投入运行也无从知晓。学生注册人数也从1970年的14,500增加到1992年的200,000。罗姆格(Lomge)委员会早在1992年就指出，大学这样扩展会引发严重的问题：科研成果减少，书籍和设备数量下降，教职员工水平低下，教学质量下降。当国家领导当选校长后，依次任命了副校长，导致学生和政府之间关系紧张，学生暴力、酗酒冲突、秘密集会、校园内外群殴事件时有发生。

刚果民主共和国

刚果民主共和国在1960年摆脱比利时统治独立时有4,700万人口，同时有建立于50年代的两所大学，学生总数为2,000人。刚果政府成立师范学院旨在为中学培养教师，由于种种压力还建立了3年制学院和私立大学，提供以下学位的课程：医学，科学，经济学，国际关系，法律，政治，交际学，人类学和哲学。由于缺乏技术，所以科学与医学很受欢迎。整个国家能注册继续高等教育的人的比例相当小，14,000位刚果人中才有一位博士。大多数大学没有必要的基础设施保证教育质量。学生没有教材，多数大学没有图书馆，也没有电话和计算机。由于老师薪水很低，所以很多人选择在几个大学同时任教以保证收支平衡，或者为了高薪跳槽到一些公司。这些因素导致了腐败以及对学生的成绩评价太过主观。教师中仅有极少数受过大学层次的培训。另外的问题是，所有学生都是全职学生，因为几乎不可能边学习边工作。如果学生某门课考试未通过，那么全年的成绩无效。由于没有管理和财政自主权，很难实现良好的管理。这些普遍性的问题使得国家无法很好地获取高等教育所能带来的利益。

法语非洲国家的全国高等教育体系

20世纪60年代，法语非洲国家试图在以下国家设立高等教育机构：马里共和国，科特迪瓦，贝宁，多哥，刚果-布拉柴维尔，加蓬，乍得和中非共和国。这些努力取得了不同程度的成功，但也带来了两个主要问题：第一，持续的法国文化影响和经济支持引起的国家身份问题；第二，非洲小国如何利用有限的经济资源组建大学。

喀麦隆

事实上，喀麦隆不是典型的法语国家，由于领地的权属问题他们还受到德语和英语的影响。在联合国教科文组织委员会的影响下，喀麦隆1962年建立了一个综合性的双语教育机构，它包含了该国所有的专科院校。从法国的传统来看，高等教育应该由教育部来管理，但英式传统则需要一个中介机构来协调大学和政府。有时很难达成妥协，因为代表政府的首相同时又主持学校事物。校长作为首席执行官要同时对学校和政府负责。1972年成立了统一的共和国，学校更名为雅温德大学。该大学的学生人数迅速从1964年的676人增加到1984—1985年的14,000人。为了适应大学扩展的趋势，学校成立了职业培训中心，主要用于语言学习和口译、经济管理、农业和林学以及教学与技术。1977年这些培训中心获得了自治权并直接受部长领导；而一些专业性的中心，以及用于专业培训的学校和机构仍由首相负责，比如：医学、新闻、国际关系和高级教师学院等。医学中心由于其创新精神和有代表性的研究方法在非洲享有很好的声誉。

几内亚

1958年几内亚拒绝成为法语共同圈的一分子。而马里却接受了；马

第六章 非洲高等教育的复兴——目前的挑战和未来的希望

里采用了俄罗斯或者越南的方法而不是法国的方法来发展高等教育。几内亚成立了专门的国家研究机构来管理国家要案和国家图书馆与博物馆，负责社会与自然科学的研究，监督巴斯德研究所和两个农业研究中心。几内亚的主要高等教育机构是康纳齐（Conarky）工学院；该学院由苏联资助建立，其目的是培训专业和助手型的工程师和教师。

马里

在苏联的经济和顾问支持下，马里建立了大量的包含各种层次的职业学院，从高级到专业水平，以及全程的研究生教育。政府也开办了高级教师培训、农村工学院、国家工程学院、公共管理和医学院等。这些学校和高级培训与应用研究学院在 1986 年一起合并为马里大学。因此，由于受苏联高等教育体系的影响，马里和几内亚都能够用不同国家的高等教育发展模式进行教育试验。

塞内加尔

达喀尔大学后来发展成为塞内加尔大学，仍保留着法国的教育体制，所有学院向本科生开放，一些高等精英学校则用于专业职业教育。为了纪念一位著名的塞内加尔物理学家和哲学家，1987 年该学校更名为谢克·安塔·迪奥普（Cheikh Anta Diop）大学。学生人数剧增，1988 年竟达 14,789 人。基于这种背景，于 1990 年建立了另外一所大学——圣·路易斯大学。

科特迪瓦

阿比让大学的学生人数（包括以下学科：农学、公共建设工程、统计学、管理和教师培训）戏剧般地从 1972—1973 年间的 6,000 人猛增到 1993 年的 21,356 人。如果阿比让的学生与教师工会和其他工人联盟，他们将成为一股不可小视的政治力量。1991 年科特迪瓦政府实行大学重组，将该大学更名为科特迪瓦国立大学，所有的院系和机构由三个校区共享，即可克迪校区、阿勃勃-阿加密校区和布阿科校区（Cocody, Abobo-Adjame, and Bouake）。

为了迎接新千年的挑战，各国纷纷着手改革高等教育，非洲各国也不得不对不断涌现的新情况深入理解。这些挑战有：东西方冲突和冷战结束，共产主义遭到重创，苏联瓦解以及非洲国家不断的剧变（例如，卢旺达危机，阿尔及利亚冲突不断，苏丹、埃塞俄比亚/厄立特里亚、刚果共和国和安哥拉等各有各的危机）。其他问题有：为实现市场经济和政治多元化所产生的巨大力量；全球化市场的出现、知识更新和技术创新速度加快导致世界经济体系竞争激烈;行政事务减少、私有化经济的发展使很多毕业生就业困难。毕业生所学知识和社会需求脱节,信息技术和知识经济带来巨大挑战,在科技、工程学和电脑技能方面尤为突出。现在,经济优势已不再以原材料为基础,而是以技术管理能力和复杂的人力资源管理能力为基础的。

非洲高等教育的复兴

尽管面临巨大的挑战,以下三个例子还是可以表明非洲高等教育的发展标志着伟大复兴。

南非

新的民主政府于1995年挑选人员成立国家高等教育委员会(NCHE),为改革南非种族隔离时设立的高等教育体制提供理论框架。提出的建议大量浓缩在"高等教育白皮书"(1997)和1997年高等教育计划里。国家高等教育委员会提出要从种族、性别和学术(技能或职业)的角度改革那些极不完善的体制。旧体制的特征是学校大但技能或职业部门非常小,白人和黑人学生参加活动的比例相差比较大(也就是说,12%是给非洲人的,但有近70%是给非洲白人的)。此外,学校培养的毕业生与商贸和工业的需求不一致。

1995年南非大约有21所大学(学生364,000人)和16所技术学校(学生174,000人),这些机构都直属于国家教育部。各地方教育主管部门下属有大约100个学院(150,000人)和大约175,000人的继续教育;这些学生中50,000人注册了高等教育课程。各地方教育部门的重点不同,有护理(保育)学院,农业学院,警察和军事学院。此外,一百多所私立学院招收了几百万学生,并提供不同水平的学位和证书课程。

在这种新的体制下,教育部门试图建立转变了的、民主的、没有种族和性别歧视的高等教育体制,这种观点建立在政府的长远目标之上——让所有南非人都过上不断改善的生活,实现经济增长,分享民主文明。改革高等教育的框架是在以下原则基础之上进行的:平等、民主、发展、质量、高效、自由、学校自治和公众监督。支撑这一体制的三个基本特征是,更多的参与、对社会利益和需求的积极响应以及增进合作和建立伙伴关系。

第六章 非洲高等教育的复兴——目前的挑战和未来的希望

1997年白皮书和高等教育计划提出的主要建议包括：组建由大学、技术学校和学院构成的统一协调体系；建立全国资格框架(NQF)；成立高等教育质量委员会(HEQC)；拟订三年发展计划；搭建监管私立高等教育机构的构架；优化师范教育；促进高等教育机构的发展；将研究经费分发给有竞争力的研究项目和新的研究领域；发展科研能力；为合作管理模式建立名为高等教育委员会(CHE)的分支机构；学术自由和机构自治意味着越来越多的责任；划拨专项基金，资助已批准的高等教育课程；指定专款为基础差的学生补课，帮他们赶上进度；以及国家学生助学金计划。

然而，南非高等教育部门内部又面临新的挑战。从1997年以来，历史上条件较差的学校的招生人数急剧下降，越来越多的优秀学生和教职员工流向有优势的学校。条件较差学校所面临的不仅是管理和财政问题，而且是生存危机。虽然黑人学生的入学比例和人数显著增加，却少有学生选择科技领域，研究生人数也没有增加，教育机构与地方几乎没有实质的合作。基于以上情况，在教育部的要求下，高等教育委员会(2000)提出了因材施教和分类高等教育的设想。委员会还建议通过高校合并的形式减少教育机构的数量。

麦克雷雷大学——乌干达的和平革命

在过去的七八年里，乌干达麦克雷雷大学经历了显著的变革和复兴(Court，1999；Mwiria，1999)。虽然国家支持减少，但是学生入学人数却翻了一番，实行学期制，并制定了新的课程、新的学位，成立了新的院系，并招收了新的员工。同时值得一提的是大规模的、从根本上进行的财政和管理改革。麦克雷雷大学的重建包括三个重要而相互联系的因素，即不同的财政策略、按需设立的课程和新的管理框架。

不同的财政策略

有些院系招收自费学生，并开办夜校课程供学生学习法律和商贸。不到三年，这种缴费学生人数已超过了公立学校的学生人数。目前，在招收的15,000名学生中，缴费学生超过一半。大学的运作也实行私营化，包括书店、面包店和打印室。大学还成立了咨询办公室，其51%的股份由大学员工持有，其余部分由大学拥有。该咨询办公室为私营部门、政府、基金会和其他机构提供广泛的服务，如饮水卫生和公共健康等。

按需设立的课程

麦克雷雷大学决定,开设一些缴费学生愿意学的课程。例如,为以下科目开辟新的学位和证书:经济管理、护理(职业性的保育)、旅游、城市规划、实验室技术以及戏剧音乐和舞蹈等方面的专业教育。这些课程有日班、夜班和周末班。1989年学校收入中,政府津贴占预算的69%,31%为私人赞助。职员工资也由过去的每月\$30增加到\$1,300。这就在一定程度上阻止了人员流失,丰富了图书馆资源,促进了教师的发展、设施的维护和学校的建设。

新的管理框架

麦克雷雷大学制定了全面的战略计划,通过最佳利用机构配置和组织机遇来促进学术发展,推进研究计划,力争人尽其才、物尽其用。

自治

目前,教育机构的自治越来越大,由学生、教师和管理人员组成的委员会很具有代表性。管理权限下放,实行了院级财政管理。学校每周出版一期报纸,让全校师生员工了解学校的主要大事;院长、系所主任和行政人员之间每三个月举行一次会议。

实施了外部评价体系,保证教学质量不会下降。然而,有些院系的退学率仍然很高;科研主要依靠社会捐赠;科技方面的毕业生十分紧缺。

在过去的10年中,国家的经济增长一直保持在6%到8%左右,乌干达的企业家活动也很活跃。人们实际收入增长了,更愿意投资教育。随着1992年穆索维尼上台掌权,国家政局空前稳定。他支持给大学更多的自治权,但也需要大学对资金的利用有更强的责任心。

学校管理的承诺、能力和思想应该对大部分改革负责。麦克雷雷大学的改革过程为该地区公立大学的改革树立了榜样。肯尼亚的一些大学就为自费学生引进了类似的培训课程,以此扩大学习机会和补充财政来源。麦克雷雷大学改革的主要成就是增加入学机会,促进机构自治,提高内部管理和效率,同时使人们接受了学生与政府共同分担教育费用的理念。此项改革也促进了大学教师的工作,完善了学校的学习和评估机制,使学校教育更多地适应国家需求,也改善了行政管理、教师和学生之间的关系。

尽管麦克雷雷大学的复兴取得了显著的成效,但有人也对改革表示担

第六章　非洲高等教育的复兴——目前的挑战和未来的希望

忧。比如，没有人帮助解决以下这样的问题：设施过于拥挤，员工工作过量，大学的研究角色地位降低，与科技有关的学术项目发展不平衡。观察人员同时指出，学生退学率太高，担心学生支付学费的能力。虽然政府的财政支持情况令人担忧，但是政府对高校给予的自主权还是值得赞誉。因此，非洲地区的这种普遍趋势——高度自治和较低的资助——值得审视和借鉴。

尽管尚有一定的担忧，乌干达麦克雷雷大学的改革历史还是为非洲高等教育的复兴带来了一线希望(Court,1999)。20世纪50年代它创建时曾经非常优秀，后来随着民主的瓦解而衰败。随着民主文明的出现和经济的发展，通过有效的管理、改革、创新及处理好公私关系，非洲高等教育显示了逐步的复兴。

尼日利亚

尼日利亚目前有43所高等教育机构，其中有29所联邦的，11所国立的和3所新近成立的私立大学。联邦大学中有5所的招生人数在16,000到30,000之间，8所少于10,000人。这些机构的所有注册学生总共将近400,000人，相当于每100,000人中有395人入学，这个数字相当于发展中国家平均入学人数的一半。在20世纪90年代，由于每个学生的平均花费从1991年的700美元减少到1998年的362美元，学校招生人数的增长远远超过预算。这导致了教师待遇下降、教师人才流失和教师招聘困难等诸多问题。想上大学的人数高于高校所能容纳的能力。1998年400,000个申请者中有35,000人获得录取。为了让更多学生有机会接受高等教育，国家采取了三种策略：(1)国家大学委员会计划建立一个VSAT(甚小孔径终端)网络，用于远程教育、学术互联和科研合作；(2)鼓励建立高质量的私立大学；(3)每所大学扩大招生，最多可达30,000人。

政府基于全职学生数为高校提供95%的经费，其中10%的经费预算指定用于图书馆建设，5%用于科研。但是，仅靠政府资助不足以维持课程评估处于高水平。政府正考虑划拨专款并减少对学费款项使用的限制。据估计，大学能筹得所需资金的30%。

在过去20年里，政府政策的频繁变化也引起教育体系不稳定。未来的重点放在战略规划上，把相对的优势发展成更专业的学术能力，放宽使用学生学费的规定，分散大学委员会的管理责任。

尼日利亚全国43所教师培训学院只发挥了35%的作用，他们的院系能容纳 300,000 人,但只招收了 105,000 人。教师待遇低,教师这个职业也被视为地位低下的工作。国家技术教育董事会视察了 125 所技术培训机构,其中包括 49 所专门技术学校(17 所联邦学校,27 所国立的和 5 所私立的),36 所农业学院和 12 所专业培训机构(石油工程和医疗卫生等)。虽然政府政策要求 70% 的学生主修科技与工程学,但实际只达到 40%;这主要是由于大多数学校缺乏足够的科学教育。教学计划还有必要增加相关培训课程来满足目前劳动力市场的需求(Court,1999;Mwiria,1999)。

非洲大学重获新生

非洲大学在科研、评估、教学、信息传递和技术发展方面对于社会进步和经济增长所起的作用至关重要。但是,由于学校招生人数增加引起资源减少,因此大学教育质量面临大幅滑坡。导致这种滑坡的因素有:国家经济不景气,管理结构不合理,政治干预,内部管理不善以及校园能力有限。那么,随着我们进入 21 世纪,非洲高等教育体系如何满足穷困人口的需要以及如何应对全球化的挑战呢?高等教育能像卡斯泰尔斯(Castells)指出的那样成为"发展动力"吗(Castells,1993)?

根据这些情况,非洲大学联合会、世界银行、非洲对高等教育感兴趣的组织和高等教育集团共同为非洲大学的复兴提出了战略方针。下面列出了这些方针中和振兴非洲高等教育有关的建议(促进非洲教育发展协会 ADEA,1999)。

- 战略规划为大学领导和利益相关者提供了分析情况、表达发展愿景和明确奋斗目标的方法,从而系统地促进了教育机构的发展。教育机构讨论的关键问题包括预算的分配过程、管理、机构自治,以及对政府和公众的责任。
- 先进的管理信息体系是强大的工具,能帮助管理者做出明智的决定,能促进对机构的评估和管理。教育技术也同样是有用的策略工具和认知工具。学院和大学要成为当代有效的组织机构,他们对于教育技术的战略议程应着重于创造智慧,而不是只用于随机地存取一些很快就过时的信息(Privateer,1999)。
- 为确保教学和科研质量与能力达到国际水平,应该成立全面的质量保障机制。这些质量保障机制的最低要求应包括机构审计、学科评审、课程评估和教学评估。这些评估应和提高质量的计划相辅相成。

- 应该为学校领导和管理人员(包括院长和部门领导)提供管理培训课程。
- 政府在许多方面面临社会经济发展的巨大压力,对如何给大学提供充足经费也胸中无数。非洲高等教育机构的经费 90% 来源于公共资金。其实,高等教育资金的 70% 应出自政府,20% 应来源于私人(例如学费),其余 10% 应由创收活动筹得,比如承担横向科研项目和出租学校设施。通常,国家应该将 15% 到 25% 的教育预算投入高等教育,而总的教育预算应占 GDP(国内生产总值)的 7%。生均花费应该是质量的衡量标准,生均花费如低于 1,000 美元,教育机构就很难保证良好的教育质量。因此,筹集资金的方式应该多样化,包括学费、继续教育、为公司和企业提供合同服务、出租学校设施和筹集社会捐款。
- 所有的教育机构都应承担相应的责任,并恰当处理外部事务。而政府应该尊重学校的管理自主权、积极主动性和学术自由。由学校筹得的经费应当作为学校资金的补充。应该评估学校的教学并审计学校的财政状况。
- 由于历史的原因非洲高等教育大都沿袭英式教育的体制和标准,有时会显得有些不合时宜。例如,医学院会将大量本应用于基本医疗的资源重点放在先进的外科技术方面。曼达密(Mamdami,1994,第 4 页)曾指出:"具有讽刺意义的是,某些过时的想法阻碍了创新和破坏了思维的独立性。"曼达密还进一步强调了科研和教学必须和实际需求相结合的重要性。
- 私立教育机构在发展中国家的发展已成为事实,他们在满足高等教育不断发展的需求方面做出了积极的贡献。这给公立高等教育和政府带来的挑战是如何为私立教育机构的建设和发展营造良好的空间,例如,如何实施保证教学质量的措施,以及如何规范私立高校使其与国家的发展目标相一致。
- 由于教学和经费的原因,高等教育多样化应该是改良高等教育体制优先考虑的事情。有不同种类和不同缴费水平的学校才能满足不同学生的需求。综合性研究型大学是一种"金字招牌",非洲的所有国家都渴望建立这样的大学。但也应该考虑建立有别于研究型大学的高等教育机构,例如,有影响力的师范学院、理工学院、社区大学或技术学院等。
- 国际办学经验显示了区域合作的巨大潜力,比如可以在以下方面进行共享:技术、昂贵的设备、交换师资和学生以及科研合作。这样的合作团队可以是国内的,也可以是国际的。尤其是一些小国,在医学、工程或建筑方面建设昂贵的专业化设施是不可行的。非洲大学联合会就为讨论如何建立地区专业学校和在重要学术领域创建"精英中心"搭建了平台。
- 从历史来看,国际援助机构是独立运作的,不受优先发展非洲高等教育的影响。但他们应该充分认识到投资高等教育对社会和经济发展的重要性,并资助一些活动,如制定战略规划,帮助建设图书馆、管理信息系统和通信技术,机构联系和管理培训。

非洲大学所面临的挑战相当严峻。那些高等教育机构的领导者应该得到激励和支持,因为他们的工作对非洲的发展至关重要。一个高效的、复兴和变革的高等教育体制将通过提供科研、技术和专业技能为非洲大陆带来全新的面貌。只有受过良好教育的非洲公民才能应对瞬息万变的复杂世界。

参 考 文 献

Ade Ajayi, J. F., Goma, L. K. H., & Ampah-Johnson, G. (1996). *The African experience with higher education*. The Association of African Universities, Accra in association with London: James Currey and Athens: Ohio University Press.

ADEA (Association for the Development of Education in Africa). (1999, December). *ADEA Working Group on Higher Education Report*. Abuja, Nigeria.

Altbach, P. G. (1999). Private higher education: Themes and variations in comparative perspective. In P. G. Altbach (Ed.), *Private prometheus: Private higher education and development in the 21st century* (pp. 1—15). Westport, CT: Greenwood Press.

Beintema, N. M., Pardey, P. G., & Roseboom, J. (1998). *Educating agricultural researchers: A review of the role of African universities* (Discussion Paper No. 36). Environmental Production and Technology Division. Washington, DC: International Food Policy Research Institute.

Blair, R., & Jordan, J. (1994). *Staff loss and retention at selected African universities: A synthesis report* (AFTHR Technical Note 18). Washington, DC: The World Bank.

第六章　非洲高等教育的复兴——目前的挑战和未来的希望

Carnoy, M. (1998). *Sustainable flexibility: Work, family and community in the information age*. New York: Cambridge University Press.

Castells, M. (1993). The university system: Engine of development in the new world economy. In A. Ransom, S. M. Khoo, & A. M. Selvaratnam (Eds.), *Improving higher education in developing countries*. Washington, DC: The World Bank.

Castells, M. (1998, June). *Possibilities for development in the Information Age*. Paper prepared for the United Nations Research Institute for Social Development, Geneva, Switzerland.

Council on Higher Education, South Africa. (2000). *Towards a new higher education landscape*. Pretoria, South Africa: Council on Higher Education.

Court, D. (1999). *Financing higher education in Africa: Makerere, the quiet revolution*. Unpublished Paper. Washington, DC: The World Bank.

Griffith, M., & Connor, A. (1994). *Democracy's open door*. Portsmouth, NH: Boynton/Cook Publishers.

Halsey, A. H. (1992). *The decline of donnish dominion*. Oxford: Oxford University Press.

Higher Education Act. (1997). Department for Education, Government of South Africa, Pretoria.

Mamdani, M. (1994, July). *A reflection on higher education in Equatorial Africa: Some lessons for South Africa*. Paper presented at the conference entitled "The Future Role of Universities in the South African Tertiary Education System," Columbia University, New York.

Mehrutu, A., & Ogundimu, F. (1999). *Revitalizing the African university and the challenge of the future*. Background paper presented at Michigan State University African Studies Center, East Lansing, Michigan.

Moja, T., Muller, J., & Cloete, N. (1996). Towards new forms of regulation in higher education: The case of South Africa. *Higher Education*, 32(2), 129—156.

Mwiria, K. (1999). Case II: Makerere University, Uganda. In S. Bjarnson & H. Lund (Eds.), *Government/university relationships*. Commonwealth Higher Education Management Service. London: Association of Commonwealth Universities.

National Commission on Higher Education. (1996). *Final*. South Africa: Ministry of Education.

Neave, G. R. (1998, October 5—9). *Autonomy, social responsibility and academic freedom*. Paper presented at the World Conference on Higher Education in the Twenty First Century: Vision and Action, UNESCO, Paris.

Oniang'o, R., & Eicher, C. (1998, October 19—23). *Universities and agricultural development in Africa: Insights from Kenya*. Paper presented at the "Transforming the Agricultural Research System in Kenya: Lessons for Africa" conference, Bellagio, Italy.

Privateer, P. M. (1999). Academic technology and the future of higher education. *Journal of Higher Education*, 70, 60—79.

Slaughter, S. (1998). National higher education policies in a global economy. In J. Currie & J. Newson (Eds.), *Universities and globalization* (pp. 45—70). Thousand Oaks, CA and London: Sage Publications.

Sutherland-Addy, E. (1993). *Revolt and renewal: Reflections on the creation of a system of tertiary education in Ghana* (AFTHR Technical Note No. 10). Washington, DC: The World Bank.

Trow, M. (1973). *Problems in the transition from elite to mass higher education*. Berkeley, CA: Carnegie Commission on Higher Education.

UNESCO (1998, October). *World Statistical Outlook on Higher Education: 1980—1995*. Paper presented at the World Conference on Higher Education, Paris.

White Paper on Higher Education. (1997). Department of Education, Government of South Africa, Pretoria.

World Bank. (2000). *Higher education in developing countries—Peril and promise*. Washington, DC: The Task Force on Higher Education and Society.

World Development Report. (1999). *Knowledge for development*. New York: Oxford University Press.

Yesufu, T. M. (Ed.). (1973). *Creating the African university—Emerging issues of the 1970s. Oxford: Oxford University Press*.

第七章　蒙古高等教育现状：民主化转型的困境

约翰·维德曼
雷格苏仁劲·白厄丹

本章以与苏联很密切的蒙古为例，来阐述那些正在经历从计划经济到市场经济、从社会主义政府向民主政府转变国家的高等教育的改革动态。蒙古有其独特的环境，也与东欧和中亚新兴独立国家的高等教育改革经历有相似之处。

本章将从财政、招生、管理和评估方面的机构活力与自治等方面着眼，重点阐述国家政府和高等教育之间关系的转变。具体来讲，本章将追溯由于立法导致的中央政府与蒙古高等教育机构关系紧张的原因。立法本是为了给教育机构提供更大的管理自主权，但是，高等教育机构获得了更多自主权，并不是所有对国家高等教育体制感兴趣的集团都能理解实践中这些变化的意义。为大学管理的某些方面给予的政策（例如，财政、招生、管理和评估），并没有充分考虑到这些政策对大学运转的其他方面所带来的相关反应。这就导致了政策与新规定含义之间的冲突和错位。在某些情况下，有些领导者利用这种含糊其辞来达到自己的目的。有时，有些个人和团体用意良好，但由于以不同的速度和从不同的角度尽力解决问题也会造成一些矛盾和不协调。本章将阐明高等教育改革的系统特征，以及在授予（接受）更多自主权的过程中由于没有料到的矛盾和不协调所带来的尴尬。

政府与大学的关系就是在这种背景和历史条件下形成的。要了解目前的紧张关系，有必要了解有关蒙古现状的几个重要方面。文中提供了一些相关数据，包括人口统计特征、全蒙古教育体制中的资金和招生模式。目前，有机构正在对政治、社会、经济和教育转变的特征进行评估，目的是找出那些影响高等教育发展的突出因素。文章的结尾提出了一个总体的概念性模式，包括如何从世界范围的角度理解高等教育改革。

蒙古的历史背景

蒙古是一个位于俄罗斯和中国之间的内陆国家,俄中两国中分别有蒙古少数民族 50 万和 350 万。到 1998 年为止,蒙古 156 万平方公里的土地上居住着 242 万人口,是世界上人口最稀少的国家之一,但仅有三分之一(35.6%)的人口在 15 岁或 15 岁以下。蒙古首都乌兰巴托(Ulaanbaatar,Ulan Bator 是常用的英文拼写形式)有 668,800 人口,占全国总人口的 27.7%;各地中心城市占总人口的 21.3%。其余约半数的人口是游牧民族(Mongolian Statistical Yearbook,1998,pp. 17,22,25,29)。

蒙古 1998 年的人均 GDP(国内生产总值)为 437 美元,因此是世界上最贫穷的国家之一(Bray, Davaa, Spaulding, & Weidman, 1994,Mongolian Statistical Yearbook,1998,pp. 22,54)。据报道,1998 年蒙古全年 GDP 的增长为 3.5 个百分点。从事各项工作的 809,500 人口中几乎一半(48.7%)主要从事农业、基础养殖业和饲养 3,300 万头家畜。

1921 年蒙古废除了佛教的宗教统治者,成立了人民政府。三年后成立了蒙古人民共和国,是当时世界上第二个社会主义国家,直到 1990 年一直实行一党制。蒙古政府与苏联保持着密切的政治经济联系,但不是苏联的加盟共和国。在蒙古与苏联关系交好的鼎盛时期,几乎三分之一的 GDP 来源于苏联的支持。这其中包括苏联对蒙古高等教育的一些重要资助,比如,书籍、设备、教师和研究人员的培训等(Bray, Davaa, Spaulding, & Weidman, 1994)。

转变中的政治、经济和社会

从 1991 年开始,蒙古经历了政治、社会和经济的迅速变革时期(Weidman, Bat-Erdene, Gerel, & Badarch, 1997; Weidman, Bat-Erdene, Yeager, Sukhbaatar, Jargalmaa, & Davaa, 1998; Yeager & Weidman, 1999)。蒙古政府由一党专政的单一意识形态向多党民主转变,国家也从中央集权逐渐向地方分权管理发展,逐渐放松了入境的限制,并允许蒙古公民出境旅游。到 1999 年,外国游客可以在蒙古主要的边境城市申请到 30 天的旅游签证。

蒙古在 1992 年通过了第一部民主宪法并在同年进行了一院制议会选

举(大呼拉文,Great khural)。蒙古人民革命党(主要成员来自前共产党)在选举的76个席位中占有72席,通过立法来指导新兴的民主,引进外资,与捐赠者合作资助各种类型的项目。

1996年第二次议会选举使权力彻底发生转移,五个民主政党组成的联合政党赢得了三分之二的席位。有趣的是,原有政策几乎没有发生改变,大部分在蒙古人民革命党统治时期的协议得以保留。但是到了1997年,联合政党开始分裂,原因是蒙古人民革命党的主席选举、一起腐败丑闻以及几位联合政党的成员过早去世,以及总理和内阁的严重混乱,导致1998年任命了三位不同党派的部长。缺乏妥协和合作直接动摇了本来就不稳固的民主,这不仅在反对党成员中,而且也出现在主要的联合派内部。2000年5月的议会大选导致政权发生了又一次巨大变化。蒙古人民革命党取得了大选的胜利,仅有4个席位被其他党派占有。

在过去10年里,蒙古经历了根本性的社会变革,从集体社会向个人应该承担更多责任的形式转变,其结果是政府将应当承担社会福利的责任转向个人,转变方式主要通过"分担",原本由政府免费提供的服务,现在要个人支付不同的数额。更多的重点放在个人成就和与集体相对的个人福利方面,这包括从"无阶级"到"以阶级为基础"社会的观念转变(Weidman et al., 1998)。

蒙古以前由国家掌控所有财产和企业的计划经济模式现在正在进行变革。来自捐款者、发展银行和国际货币基金组织(IMF)的压力迫使政府逐渐向市场经济转变。发展中国家的捐款者要求改变他们的经济现状,这种压力所带来的后果之一就是把所谓的"结构调整"政策作为捐款的一个条件(Weidman et al., 1998)。根据卡诺伊所说:"结构调整通常就是调整对外贸易与国内消费(包括政府赤字),以及经济公有制和私有化的矛盾。"(Carnoy,1995,p.653)这就会出现公有经济萎缩,从而在很多发展中国家加剧贫穷,并导致越来越多的收入分配不公的现象(Carnoy, 1995)。

随着蒙古经历着飞速的社会经济变革,也不可避免地会出现分配不平等的问题。蒙古收入最高的20%人群的收入与收入最低的20%人群的收入差距从1992年的1.6倍增加到1995年的5.6倍(Human Development Report Mongolia 1997,p. 64)。虽然来自蒙古人民革命党的议会成员强烈反对将政府资产彻底私有化,国有企业还是逐步私有化,财产的所有权也转向个人。为了适应市场定价,逐步减少国家对物价和服务价格的干涉,同时也推出了个人所得税和私营企业所得税的机制;但是,税收的征收机制还不很完善。

转型中的教育

教育改革的压力与上述政治、经济和社会压力相似。结构调整政策也对教育产生了影响,越来越重视通过合理化和分权提高所有级别的教育效果和效率。这使以前单独由中央政府承担的资助压力逐渐转向由当地政府、学生和家庭几方共同承担(Weidman et al.,1998)。就多方资助的压力而言,在蒙古最重要的反应就是卡诺伊(Carnoy,1995)所说的经济驱动下的改革。例如,将公共资助从高等教育转向基础教育,推动高等教育私有化,以及所有学校减少每个学生的支出费用。

在1992年以前,蒙古的高等教育完全由国家掌控。政府拥有、运行和资助所有的高等院校,还任命学校校长;由教育部发布学位管理和课程方面的指令(Task Force,2000,p.53)。

从1990年开始,蒙古政府放松了对学校课程的管理,把精力放在根据地方社区需要使课程多样化上。这包括删除过去通用的教学内容,包括以前人人都要学习的思政方面的内容。课堂教学由过去以教师为中心转变为以学生为中心。同时,各级学校实行了分权式管理,不再依赖国家计划给不同课程规定学生数。政府还采取了一些措施,让父母和学生也承担部分费用。从而减少了中央政府资助教育(尤其是高等教育)的压力。政府还立法准许各种级别的私立教育。最后,过去以俄罗斯模式为基础的、高度专业化和划分明确的教育体系逐渐转向一种更灵活的体系。目前,虽然蒙古的某些职业教育和小学教育仍有三年制的学位课程,但更普遍的是四年制包括公共基础课的本科学历课程。

虽然教学计划越来越灵活,但不管是公立还是私立的高等教育机构仍然保持专业化的特点。蒙古国立大学基本上算是一所综合性的大学,它有传统的艺术和理学,以及法律等几个院系。然而,就在乌兰巴托仅几步之遥的地方就有几所专业化的(医学、工程和文化方面)公立大学。其农业大学位于乌兰巴托郊区。

蒙古进入高等教育之前的基础教育是10年,这包括4年小学、4年中间教育和2年中学或专业性的职业教育。18～24岁之间的蒙古人中约有20%适龄青年接受了高等教育。1995—1999这4年蒙古教育体系的基本指数见表7.1。在这4年里,蒙古政府在教育方面的投入占全国支出预算的15%,占GDP的5.5%。1991年以来,私立学校(包括专科教育)的招生从零增长到全国高等教育总招生数的29%。专科教育在公立和私立学校都迅猛增加,国家报道的退学率也相当低。从历史的角度来看,蒙古扫盲率为85%,是亚洲最高的国家之一。这主要是由于共产党政府承担了学校的全部费用。比如,学校帮助有特殊需要的学生,为游牧家庭的学生提供住宿等(Weidman et al.,1998)。

表7.1 1995—1999年教育基本指标

	指标	1995—1996	1996—1997	1997—1998	1998—1999
1.	国家教育总支出预算(百万图格里克,目前价格)	23,525.3	31,188.4	42,161.0	47,815.5
2.	教育占国家总支出预算的比例(%)	15.8	14.8	14.7	14.7
	教育占GDP的比例(%)	5.5	5.3	5.6	5.5
3.	公立和私立学校的学生比例				
	公立学校(%)	78.0	74.0	72.0	70.8
	私立学校(%)	22.0	26.0	28.0	29.2
4.	投资(百万图格里克)				
	重建职业和技术学校	64.3	74.5	167.0	205.0
	设备和培训设施	20.0	32.5	97.0	135.0
5.	公立大学、学校和学院数量	29	29	29	33
	所有公立专科课程的学生人数*	29,167	31,391	35,229	46,185
	教师人数	2,693	2,683	2,799	3,261
6.	——私立大学、学校和学院数量	41	51	57	71
	所有私立专科课程的学生人数*	8,930	11,861	14,405	19,087
	教师人数	383	522	617	925
7.	技术和职业中学	34	33	38	38
	学生人数	7,987	11,308	12,320	11,650
	教师人数	495	767	742	656
8.	中小学数量	664	658	645	630
	小学(1~4年级)	83	79	89	96
	初级中学(1~8年级)	232	208	219	214
	普通中学(1~10年级)	349	371	337	320
	中小学的学生人数	403,847	418,293	435,061	447,121
	中小学的教师人数	19,411	20,090	18,511	18,118
9.	退学比例(%)	4.29	3.53	3.92	2.50
10.	幼儿园数量	660	667	660	658
	幼儿园的学生人数	64,086	67,972	70,035	73,955
	幼儿园的教师人数	2,004	2,998	2,985	3,015

备注:*该数据包括专科职业(证书)、本科学历和研究生学历。
来源:科技、教育和文化部(1999),表1.1;蒙古国家统计办公室(1999),表5.1和8.3。

表7.2主要体现的是过去20年蒙古学校的招生模式。普通中小学校在1992—1994的转型时期招生呈下降趋势，但越来越趋于平稳，在1998—1999期间达到1988—1989转型之前的高峰水平。有人推测，转型后牧民的私立教育以及寄宿学校需要缴费——这过去是为游牧家庭提供的——使许多家庭将小孩，尤其是男孩留在家里劳动，而不送他们去学校学习。

表7.2 1980—1981年不同级别学校招生增长情况

级别 年代	普通中小学教育 （1~10年级）		技术和职业教育 （9~10年级）		专业职业教育 （专科学历）		高等教育 （本科或同等学历）	
	总人数	增长率（%）（与去年相比）	总人数	增长率（%）（与去年相比）	总人数	增长率（%）（与去年相比）	总人数	增长率（%）（与去年相比）
1980—1981	372,618	—	18,651	—	17,391	—	17,152	—
1981—1982	379,444	1.83	19,464	4.36	18,518	6.48	17,731	3.38
1982—1983	387,977	2.25	19,409	−0.28	19,492	5.26	18,705	5.49
1983—1984	397,991	2.58	19,458	0.25	20,063	2.93	19,692	5.28
1984—1985	406,283	2.08	21,553	10.77	20,426	1.81	19,152	−2.74
1985—1986	415,726	2.32	23,236	7.81	21,612	5.81	18,487	−3.47
1986—1987	424,110	2.02	25,036	7.75	21,714	0.47	17,358	−6.11
1987—1988	430,540	1.52	28,269	12.91	22,336	2.86	16,482	−5.05
1988—1989	438,152	1.77	30,574	8.15	21,248	−4.87	15,074	−8.54
1989—1990	446,665	1.94	31,194	2.03	19,223	−9.53	14,101	−6.45
1990—1991	440,986	−1.27	26,431	−15.27	17,609	−8.40	13,825	−1.96
1991—1992	411,696	−6.64	17,961	−32.05	14,986	−14.90	13,223	−4.35
1992—1993	384,069	−6.71	11,491	−36.02	8,116	−45.84	16,917	27.94
1993—1994	370,302	−3.58	8,317	−27.62	5,566	−31.42	22,135	30.84
1994—1995	381,204	2.94	7,555	−9.16	5,849	5.08	26,490	19.67
1995—1996	403,847	5.94	7,987	5.72	5,584	−4.53	32,241	21.71
1996—1997	418,293	3.58	11,308	41.58	3,730	−33.20	39,157	21.45
1997—1998	435,061	4.01	12,320	8.95	4,426	18.66	44,864	14.57
1998—1999	447,121	2.77	11,650	−5.44	4,094	−7.50	59,444	32.50

来源：蒙古科技、教育和文化部。

由于不再由国家计划经济为毕业生决定工作类型和保证就业，许多技术学校、职业学校和培训学校（包括中学和专科水平）的招生也大幅度下降。1991—1992年的本科生低至13,000人，但在1998—1999年增至60,000人。

因为在迅速发展的经济形势下,学生更需要高级培训和未来就业所需的证书。

表7.3表述的是近10年来蒙古的招生情况:公立或私立学校招收不同级别和不同性别的学生。自1990年第一批私立学校成立以来,蒙古的私立高等教育迅猛发展;到1999年达到蒙古高等教育总招生人数的29%。与许多发展中国家一样(Altbach,1999),蒙古的私立高等教育机构已相当专业化,其以市场化方式运作,提供公立学校不能满足但学生亟须的相关领域的教育。比如,市场经济学、贸易、法律、外语及与计算机相关的行业。

表7.3　1997—1998年和1998—1999年不同级别、类型和性别的招生情况

级别	1997—1998						1998—1999					
	公立学校			私立学校			公立学校			私立学校		
	学校数量	总数 招生人数	% 女生比例	学校数量	总数 招生人数	% 女生比例	学校数量	总数 招生人数	% 女生比例	学校数量	总数 招生人数	% 女生比例
普通中小学	628	434,310	53.3	17	751	53.0	609	445,851	52.5	21	1,270	51.6
工人培训(夜校)	(87)	4,018	47.5				(107)	5,287	47.1			
技术和职业学校	34	11,990	51.5	4	330	67.3	34	11,461	55.3	4	189	71.4
高等教育机构	29			57			33			71		
专科技术(证书)		4,011	77.9		415	27.0		3,764	71.4		330	53.9
本科		31,218	66.5		13,646	71.5		40,696	61.9		18,748	70.4
研究生(硕士、博士)		1,657	61.9		14	85.7		1,725	64.1		9	77.8

来源:蒙古科技、教育和文化部。

在亚洲国家中,蒙古高等教育在招收女生方面的比例很特别,公立大学本科生中60%是女生,私立学校中70%是女生。即使在研究生阶段,女生对男生的比例也几乎是2∶1。表7.4显示了公立或私立学校里性别及专业的分布情况。表格中的数据显示,在"计算机运算"专业,也只有在公立高等教育机构的本科生中,男生人数才明显超过女生。

尽管蒙古的专科教育发展迅速,但在资源管理和决策方面,政府和高

等教育机构之间的关系仍然紧张。本章下一部分将把蒙古高等教育体系放到全球背景下分析并讨论一些仍待解决的问题,这些问题反映出蒙古高等教育在民主转型时期所处的困境。

表 7.4 1992—1993 年和 1998—1999* 年高等教育机构
"第一批大学学历或同等资格"(ISCED 第 5 级)按专业和性别的招生情况

联合国教科文组织研究领域**		公立学校 1998—1999		私立学校 1998—1999		公立学校 1992—1993	
		总人数	女生百分比(%)	总人数	女生百分比(%)	总人数	女生百分比(%)
1	教育和教师培训	6,048	79.3	3,635	76.0	4,775	73.8
2	美术和应用艺术	962	49.5	539	51.8	412	49.0
3	人文、宗教和神学	3,776	77.3	3,060	79.6	1,679	73.6
4	社会和行为学	2,774	65.0	2,451	75.3	255	65.9
5	新闻和信息	641	73.6			86	69.8
6	经贸管理	5,710	68.9	4,091	70.7	1,705	59.2
7	法律	999	61.4	2,539	65.3	282	46.5
8	生命科学	725	82.5	68	79.4	**	**
9	物理学	1,286	47.2			727	54.3
10	数学和统计学	777	63.8			**	**
11	计算机运算	644	30.3	229	50.2	455	41.1
12	工程学和工程贸易	1,819	77.2	30	90.0	1,973	40.3
13	制造和加工	7,432	41.0	296	65.2	241	49.0
14	建筑学	167	45.5			38	26.3
15	农业、林业和渔业	1,926	67.0	55	60.0	956	54.1
16	兽医						
17	卫生保健	2,295	83.7	90	75.6	2,748	79.3
18	社会服务						
19	个人服务	275	66.5	1,173	44.9	116	75.9
20	其他	2,440	15.2	492	63.4		
合计		40,696	61.9	18,748	70.4	16,917	63.8

备注:* ISCED 指的是国际教育标准分类,"授予一流大学学位或同等学位",1992 年的第 6 级相当于 1998 年的第 5 级。

** 1992 年"自然科学"既包括"生命科学"也包括"物理学";"数学和计算机科学"包括"数学和统计学"和"计算机运算"。

来源:蒙古科技、教育和文化部。

第七章 蒙古高等教育现状：民主化转型的困境

从完全国家管理转变为体系自治

最近的世界银行报告（高等教育和社会发展特别工作组，2000）总结了发展中国家高等教育体系几个"令人满意的特征"：充足的、稳定的和长期的财政支持，包括广泛的系统性资源；竞争机制；不被政治所操纵；支持性法律和可调整形结构；对标准的清晰定义；以及富有灵活性的特点。对于诸如蒙古和一些新兴独立国家而言，这些令人满意的特征必须与更广范围的社会、经济、政治和教育转型保持一致。这些国家的高等教育人士提出需要更多的自治权才能与整体的民主进程和经济转型齐头并进。不过，他们还是会遭遇来自国家政府的重重阻挠，政府通常有种种借口不愿意放权。在世界上其他发展中国家高等教育中大都在四个方面呈现出紧张关系：经费、招生、管理和认证，下面将以蒙古的经验从这四方面一一说明。

经费

1993年蒙古引入了学费机制，但是和大多数其他国家不一样的是，蒙古的学费需要涵盖几乎所有的支出：教师工资、教学费用和其他费用（Bray et al.，1994）。起初，政府为各种设施和建筑维修提供资金；1997年以后只提供暖气费、水电费。虽然有这样的变化，但1997年全年的学费仍与刚引入学费机制时一样高，大约是一位大学高级讲师或政府高级雇员4个月的薪水（Weidman et al.，1998）。

从经济的角度来看，蒙古公立高等教育机构在1993年就被有效地私有化了。但是就经费问题而言，政府从几个方面限制了高校的财务自主权。政府虽然减少了对高等教育的投入，却不允许公立高等教育机构提高学费来弥补增加的费用。虽然各机构每年都在提出增加学费的方案，但是科技、教育和文化部（MOSTEC）通常不按其要求同意上涨学费；只是允许各机构按学科专业收取不同的学费。蒙古的学费机制原本是以总体的教学支出为基础的，但现在也针对法律和商贸专业学生的需要：要求越高，学费越贵。学校在招生方面也有竞争，这是因为学校的收入来源于学生的学费，用于满足各种开支：教师薪水、管理和职员工资等。

政府仍然把所有的学校收入和资产视为国家财产，比如，电脑、家具和实验设备等。因此，如果没有国家资产委员会的书面同意，公立的高等教育机构不能处理那些过时的设备,也不能将收益用于购买新设备。直到政府银行财政出现波动,无法保证存款的安全,才允许高等教育机构将学费和其他来源的收入转到个人银行账户。大多数的高等教育机构开始与各类企业(包括商店、出版社、旅馆和家禽养殖者等)合作,从而扩大收入来源。同时,他们又不得不拒绝政府想在这些资金中占有较大提成的意图。

政府在支付学生贷款和奖学金方面仍然有很多问题。政府管理的学生奖学金要么一分不给,要么没及时划拨给高等教育机构。应给予奖学金资助的对象有:按地区招生计划招来的学生,政府官员家庭一名够资格的孩子,贫困牧民家的孩子和残疾学生。

招生

1992年以前,国家计划委员会与教育部共同协商,以计划经济下的就业需求为基础,按专业方向为所有公立高等教育机构设定招生名额。至今,政府仍然根据省份和专业为公立高等教育机构制订招生计划。现在政府还为政府奖学金和贷款拟定申请资格。政府还考虑到教师的学科和专业分布,确保招生不超过学科和专业可承担的范围。其实,在市场经济条件下,如果不对变化的劳动力市场进行系统的调查研究就不能确定社会对高学历雇员的需求。因此,按专业方向设定招生计划会带来很多问题。一方面,一些高等教育机构可以为那些缴费学生增加招生人数,但得不到许可为满足学生需求而增加不同层次的招生名额。

为了增加收入,蒙古国立大学设立了按申请者的入学成绩收费的入学缴费计划:分数越低,学费越高。这种入学开始时的一次性收费,专业不同收费不同,有的专业会达到正常学费的四倍之多。这样,如果学生的分数达不到申请政府资助或普通入学的标准,却能支付这笔弹性收费,那么他们也会被录取。

管理

蒙古的高等教育机构由蒙古科技、教育和文化部任命的校长和校长组建的管理机构共同管理。不同的学校教师参与管理的程度有所差别,但差别很有限。1998年颁布的《教育法修正案》要求为所有高等教育机构成立管理委员会。在公立教育机构中,由委员会选举他们的官员。多数高校委员会的主席是国家议会的成员。每个委员会应该包括教职员工和学生各一名。他们由各自选区决定。这样的管理模式保证了政府在管理教育中

第七章 蒙古高等教育现状：民主化转型的困境

的地位,同时也为越来越多的师生参与管理提供了途径。

至于对学费和其他非政府来源的管理,包括支付教师工资的责任,公立高等教育机构已经拥有越来越大的自主权。当中小学教师由于直接从政府领取工资,有时会面临工资拖欠的问题时,高等教育机构的教师却能获得相应的薪水,这使得高等教育机构的教职员工和管理人员对工作表现出较大的热情。

认证

为了与1995年《教育法》的条款一致,蒙古在1998年成立了全国高等教育认证机构。因为当时有人担忧,私立高等教育机构以相当快的速度扩展,不恰当的管理会导致不合格学校的出现。此外,人们也希望认证有助于提高蒙古国内高校的办学质量,并和国际高校的办学质量有所参照。虽然要求所有的高等教育机构都接受评估,但在第一阶段只有大部分公立学校和少数先进的私立学校逐步参与了评估。只有那些通过了政府认证的学校才有资格获得政府资助;学生也只有进入了通过国家评估的学校才有资格获得政府贷款。

1995年蒙古《教育法》明确规定,国家高等教育认证机构是一个非政府组织。然而,由蒙古科技、教育和文化部任命的认证机构的第一位主席就是教育部部长。后来,受委派出任国家高等教育认证委员会执行主任的是蒙古科技、教育和文化部的高级官员,负责评审申办高等教育机构的申请材料。而且,这个认证委员会的大部分成员都是各高校的校长。这就隐含着国家高等教育认证委员会要成为自治和自筹经费的机构,其收入的基本来源就是高校申请认证的费用。

亚洲发展银行为国家高等教育认证委员会的成立提供了资助,这包括对委员会成员和执行工作人员的培训,以及为那些正在评估的学校代表召开专题会议。第一批高校的评估是在1999年进行的。这个评估过程在"制度"方面(相对"计划"而言)产生了开始没有预料到的结果:几所刚刚通过认证的学校以此为招牌开办研究生学历的课程,其实在评估过程中他们就没有有效的机制能保证研究生教育的质量。由于蒙古科技、教育和文化部不能通过正规的检查或评估对学校的某些方面进行管理,通过评估的学校就会相对自由地在这些领域开办学位课程。蒙古国家高等教育认证委员会在成立时就采用了美国地方认证机构的模式,即根据各所学校的特点强调使用格式化的方式保证质量而不是以固定的标准进行累积性评定。

由于这是第一次认证,其中某些过程牵涉到在利用单位自评和评估组考察所获得的基本数据的基础上来建立适合蒙古背景的认证标准。

  对于那些过去一直由政府掌控所有公共资源的国家来说,建立一个非政府的监管机构很困难。然而,蒙古却沿着这个方向在高等教育领域取得了成功。学校委员会和国家高等教育认证委员会都是"缓冲机制"的雏形,目的在于平衡国家保护和推动公共利益与学校个体对自主权的要求。这种缓冲机制大体由一些法定机构组成:政府、高等教育机构、私立机构的代表和其他重要股东。(高等教育和社会特别工作组,2000,第3章)

新世纪的高等教育:构架

  为了应对政治、社会和经济变化而进行高等教育改革不仅仅是蒙古教育体制的特点,而且是全世界教育体制的特点。如前所述,地方分权和经济转型正是蒙古高等教育改革的核心动力。

  图 7.1 展现了新世纪对高等教育产生影响的诸多因素,包括重要的国际因素和蒙古的国情。图 7.1 中间的椭圆"高等教育"表明,所列出的新兴的模式——机构自治、以学生需求为导向、市场定学费和有

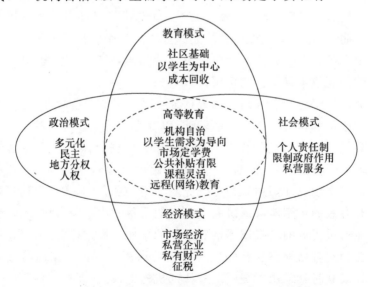

图 7.1 新世纪的高等教育:社会、经济、政治和教育的影响

第七章 蒙古高等教育现状：民主化转型的困境

限的公共补贴——与周围四种模式（政治的、教育的、经济的和社会的）有密切关系。图表中的椭圆采用虚线说明这些发展过程是非线性的、相互影响和相互依赖的。

在图7.1左侧的政治模式中，以民主原则为基础的转型观点强调利益多元化和人权，减少政府对市民的干涉。这就包括分权以及市民通过以下途径发表看法：公民社会团体、社区组织、地方商会、宗教机构和家长联合会（World Bank，1999）。由于蒙古政府的干涉减少，其教育的管理权力逐渐分散，社区的影响日益加强。更多的精力主要用来设计更适合学生的灵活的课程。蒙古的高等教育虽然仍有压力，但也获得了更多的自主权。

图7.1上方的教育模式反映出重点在减少集中的教育管理，增加社区的参与。这包括调整课程以适应当地的需要，教学模式从过去的以教师为中心转变为以学生为中心。当然，由于压力在以下方面实行成本分担：书籍费和实验室使用费，学生家长为学校设施和维护提供捐赠，比如，蒙古学校高额的暖气费。但自从1996年以来，蒙古学校的教材是免费的。

虽然有人考虑教育应该搬到蒙古偏远的地方，但公立和私立高等教育机构还是集中在乌兰巴托。公立高等教育机构在各省会城市都有教育中心，但这些实际上都是乌兰巴托各大学的分支机构；这些省会教育中心的招生在1993—1994年间增加了67%。公立学生的大部分（约占88%）和几乎所有私立学生都进了位于乌兰巴托的大学（Weidman et al.，1998）。

图7.1下方的部分表明了几种重要的经济模式。这部分的重点是向市场经济转变，包括鼓励私有经济的发展、国有企业私有化以及通过收费和税收的方式从受益人那里获得资本。正如世界银行（1999）所指出的那样，10年前市场经济只被30%的世界人口采纳；而现在非常流行，采用市场经济的国家占全世界人口的80%。其他的经济模式（如计划经济）在过去提供了很少的机会，但比较稳定；而目前的市场经济鼓励冒险、熟练和灵活，但又缺乏稳定和持续发展的环境。

私有化与市场经济是紧密联系的，这在很大程度上是因为它能促进竞争，使经济活动越来越合理、高效。然而，这会使政府在转型时期逐渐放弃国有企业的股份，从而调动私立高等教育机构的积极性，鼓励他们去寻求非政府的投资。同时，由于公有制和私有制难以区分，会使蒙古这样的从几十年完全的政府计划经济的国家转变成市场经济的国家面临诸多问题。

图7.1右边的社会模式全世界都存在，它体现了国家政府减少干预（尤其是在财政方面）的压力，并为市民提供产品和服务。这就重点强调让

社会个人承担个人福利而不是依靠政府。限制政府角色还体现在:从以前的政府机构直接提供各种服务转变为与私营企业家签约服务。

图 7.1 中间的高等教育说明了国内、国际、地区和当地条件下政治、经济、教育和社会所带来的影响。由于国家力图平衡国家利益和私人利益,所以机构自治就是全世界争论的焦点。在蒙古和世界许多其他国家中,私有高等教育的扩展主要是由于公有的机构不能满足学生在千变万化的经济形势下对培训和必要技能的需求(James,1991)。也许是为了应对越来越多的私立机构的竞争,有些公立的高等教育机构也在急需的专业开设了半日课程。同时,几所国外的大学也在蒙古开设了学位课程。

尽管蒙古政府对公立机构有强制管理,但其高等教育收费越来越市场化。蒙古国立大学招收那些没有达到常规招生标准的学生时要求学生交付"集资费"就是一个典型的例子。公立和私立高等教育机构的半日经济课程也以市场定价。在 1993 年,蒙古政府提供给公立高等教育机构的补贴大幅度减少,从以前的直接拨款转变成以奖学金和贷款的形式资助学生,这样能降低政府支出。例如,1998—1999 年间在政府的招生计划中,仅有一半以上的学生获得了政府贷款(Weidman et al.,1998)。

蒙古高等教育机构创造了很多条件开设个性化的学业课程,让学生能独立地阅读和学习,而不是完全依靠教师讲授和详细地记笔记。这样在学校之间和学校内部会有更大的灵活性;教师也会有更充分全面的备课,并将重点放在提高学习能力和鼓励独立学习上(Weidman et al.,1998)。理工大学和其他高等教育机构也正在努力发展远程教育,让远离乌兰巴托的各省会中心的学生也有机会学习。由于学校需要共享一些技术资源(如,互联网),所以远程教育会鼓励学校之间的合作。远程教育源于国外大学,现在蒙古也能实现。

转型国家中的高等教育改革

在过去十年里,蒙古实施了世界银行和亚洲发展银行所提倡的教育改革计划,也将重要的资助付诸实践。蒙古也利用这些资助在以下三个重要领域(世界银行指定为教育进行系统改革的核心领域)取得了示范性的成功:标准、课程和成绩评估;管理和分权;合理使用来自非政府机构的教育帮助和资金(World Bank,1999)。蒙古教育改革的经验值得其他采用市场经济的国家借鉴,但切记:每个国家有其具体的特点,必需调整这些成功的方法以适应不同的国情。

就像在蒙古进行教育改革一样,新兴的市场经济必定会不断与飞速发展的社会变迁(不同的社会因素和不同速度的变化)发生冲突。他们必须抵制来自资助者的外部压力,因为他们的要求可能与国家利益不一致;同时,为了获得保持和提高教育体系的必要资助,他们还要寻求贷款。政府教育权威与单个高等教育机构之间的紧张关系会影响转型经济的发展。虽然政府力图给学校更多的自治权力来实现民主化,学校还是面临着许多内部和外部的压力。但是,政治与社会紧张关系所留下的烙印仍会阻碍改革的发展,这种现象在那些人们习惯了政府完全掌控所有社会机构的国家里尤其突出。包括蒙古在内,一些新兴独立国家的政府由前共产党掌权;这些新政府是否会继续向已取得有限成绩的民主社会和市场经济转变尚不清楚。

注:本章有关蒙古教育的大部分数据来自于亚洲发展银行所资助的项目。但是,本文是作者的观点,并不代表亚洲发展银行或蒙古政府的官方政策。

参 考 文 献

Altbach, P. G. (1999). Comparative perspective on private higher education. In P. G. Altbach (Ed.), *Private prometheus: Private higher education and development in the 21st century* (pp. 1—14). Westport, CT: Greenwood Press.

Bray, M., Davaa, S., Spaulding, S. S., & Weidman, J. C. (1994). Transition from socialism and the financing of higher education: The case of Mongolia. *Higer Education Policy*, 7(4), 36—42.

Carnoy, M. (1995). Structural adjustment and the changing face of education. *International Labour Review*, 134(6), 653—673.

Human development report Mongolia 1997. Ulaanbaatar, Mongolia: United Nations Development Programme.

James, E. (1991). *Private finance and management of education in developing countries: Major policy and research issues*. Issues and Methodologies in Education Development: An HEP Series for Orientation and Training, No. 5. Paris: International Institute for Educational Planning (UNESCO).

Ministry of Sceince, Technology, Culture. (1999). *Analysis of 1998 education sector statistical data*. Ulaanbaatar, Mongolia: Ministry of Sceince, Technology and Culture.

National Statistical Office of Mongolia. (1999). *Mongolian statistical yearbook*, *1998*. Ulaanbaatar, Mongolia: National Statistical Office of Mongolia.

Task Force on Higher Education and Society. (2000). *Higher education in developing countries: Peril and prosmise*. Washington, DC: The World Bank.

Weidman, J. C. (1995). Diversifying finance of higher education systems in the third world: The cases of Kenya and Mongolia. *Education Policy Analysis Archives*, 3(5). http://olam.ed.asu.edu/epaa/v3n5.html.

Weidman, J. C., Bat-Erdene, R., Gerel, O., & Badarch, D. (1997). Mongolia. In G. A. Postiglione & G. C. L. Mak (Eds.), *Asian higher education: An international handbook and reference guide*. Westport, CT: Greenwood Press.

Weidman, J. C., Bat-Erdene, R., Yeager, J. L., Sukhbaatar, J., Jargalmaa, T., & Davaa, S. (1998). Mongolian higher education in transition: Responding under conditions of rapid change. *Tertium Comparationis*, 4(2), 75—90.

World Bank, Human Development Network. (1999). *Education sector strategy*. Washington, DC: The World Bank.

Yeager, J. L., & Weidman, J. C. (1999, Spring). Higher education planning in transitional countries. *Planning for Higher Education*, 27, 1—8.

第八章 面向 21 世纪的中国高等教育：扩招、调整和全球化

白杰瑞

本章主要从社会和经济角度探讨中国高等教育的改革与发展。与其他经历了高等教育迅猛发展的国家一样，中国高校所面临的最大挑战就是如何以较低的成本提高教育质量(Task Force, 2000)，特别是普通高校、省级大学、西部地区大学，以及越来越多的民办大学(Green Paper, 2000)。中国加入世界贸易组织使改革高等教育成为首要任务，这也会推动与国外大学的合作，包括越来越多的教育和培训服务，并可能会进一步改善教学和学术工作(Zhang, 1999)。本章还将回顾中国高等教育过去的发展、改革、扩展、巩固和全球化等方面，重点是大学发展中教师的潜在作用。

半个世纪的改革：从计划经济到市场经济

在过去半个世纪里，中国的高等教育体系经历了重大的变化(Pepper, 1996)。1949 年新中国成立后，毛泽东主席和周恩来总理成为国家领导人，当时的大学全部国有化，各种形式的私立高等教育机构不复存在。在 50 年代，苏联对中国的高等教育产生了重要的影响，其理念是高等教育应该保证教育与劳动需求之间的紧密联系，为工人和农民子女提供广泛的接受教育的机会。高等教育还要为社会主义建设提供意识形态的支持，强调专业化教育而不是通识教育；免除了学生学费，并将毕业生按国家需要分配到工作岗位。

中国大学由中央政府各部委以及省级权力机构负责管理。当时社会

生活的基础机构是"单位"。所有人都有"铁饭碗":包括工资、住房、医疗以及其他惠及一生的福利保障。单位还要掌管所有组织生活的方方面面,包括员工任命、确定组织机构的内容与形式。大多数的学术交流都是与社会主义国家开展的。采用传统的教学方法,社会主义的意识形态贯穿课堂教学。大学教授主要使用全国统一的课程计划和教材,非常注重科学与技术(Hayhoe,1996)。自从50年代末期与苏联的合作停止后,除了在"大跃进"(1958—1962)时期发展的速度有所加快外,中国的高等教育结构基本保持原样。

1966年"文化大革命"开始后,中国的高等教育一片混乱。招生人数减少,教师遭到批斗,标准受到忽视,教学与科研也由政治趋势所左右。大学教职员工和学生上山下乡,造成许多人才流失。虽然中国的基础教育体制为发展中国家提供了不错的榜样,但高等教育发展则相当薄弱。"文化大革命"结束后,邓小平提出的改革开放政策对高等教育的发展产生了非常积极的影响。

从计划经济向市场经济的转变给中国带来了翻天覆地的变化。学生和老师被派往国外学习,与国外的学术交流也蓬勃发展(Hayhoe,1989)。中国的高等教育体制又开始重视考试标准与学业成绩。为了促进高等教育的发展,从1985到1998年教育部改为国家教育委员会,负责实施高等教育改革(中国共产党中央委员会,1985)。大学有了更多的自主权,并开始向部分学生收取学费;1994年大部分学生都开始交纳学费。到1999年,中国高等教育开始了本世纪以来的最大扩招,向学生收费成为一个重要的考虑因素。

总之,此前为了保持社会稳定和考虑到发展基础教育可能有较高的投入产出比,中国高等教育的扩展曾经历了一个相对保守的时期。但1999年后,中国的高等教育开始了惊人的发展。大学的使命从在过去的计划经济下强调阶级斗争,转向在市场经济条件下重塑教育的发展,并实施对外开放(Min,1997)。新的高等教育委员会弄清了改革目标,并开始注重市场的影响与作用。此外,越来越多的人尤其是城市居民的子女完成了12年的学习(小学、中学和高中),迫使大学适应社会对高等教育需求的变化。在当今的信息时代,邓小平开创、江泽民进一步发展的社会框架迫切需要高水平的科技人才。

第八章　面向21世纪的中国高等教育：扩招、调整和全球化

扩展：财政、私有化和银行资助

下一部分将描述中国大学的发展。中国用相当于世界教育预算1％的成本教育了世界四分之一的学生(Zhang,1999)。用于教育发展的GDP比例从1997年的2.49％增加到1999年的2.79％(National Report, 2000)。而发展中国家应该达到的目标为4.0％。中国用于教育的政府预算总支出还低于大多数发展中国家，而且其中仅有13％投入到高等教育(Hu & Shi,1999, p.12)。

从1978年到1994年，中国的正规大学数量从598所猛增到1,080所，招生人数也从86万增加到280万(World Bank,1996)。到1997年为止，中国有1,020所正规大学，招生317万人，入学率为适龄人口的4％(Cai & Tian, 1999)。同时，中国有1,017所成人高等教育机构，学生273万人。在所有正规高等教育机构中，有52％的本科生，44％的人读的是短期非学历的课程，仅有4％的硕士或博士研究生。在成人高等教育机构中，仅有33％的学生进行本科学历的学习。

1999年中国高等教育机构总共招收280万新生，其中160万就读于普通高校（占高等教育总学生数的47.4％），其余的则进入成人高等教育机构。当年，高等教育入学人数是参加高考学生数的49％，比前一年增加了13％。1999年中国高校适龄人口入学率为10.5％(Li,2000)。

以前，超过25岁或已婚的中国公民只能进入特定的成人高等教育机构，现在25岁以上的人也可以读本科。从今年开始(2001)，中国取消了高考的年龄限制。这次变化只是中国高等教育改革的一部分，旨在让更多的大众有机会接受高等教育。另外一个为成人开放普通高等教育的原因是，成人学生相对会少消耗一些大学资源。由于招生的不断扩大和中央政府的资助逐渐减少使得教育资源紧缺，而成人学生有较强的能力支付学费，并且更少占用宿舍空间。在1999年，4,367,700名学生进入普通高校，3,054,900名学生进入成人教育机构。

2000年，中国的普通高校招收新生200万。一方面，高校扩招的原因是越来越多的中学毕业生所带来的压力；另一方面，政府决定扩招也有意让中国家庭把更多的积蓄用于消费，从而在亚洲金融危机后刺激中国经济的发展，并在失业增加的情况下让更多学生进入高校学习。城市居民的教

育储蓄是消费者花费增加最快的部分,每年的平均增长率为20%。平均10%的储蓄用于教育,比7%的住房储蓄还要高(Hu & Shi,1999)。例如,在上海附近的无锡对1,200个家庭进行的调查表明,从幼儿园到大学的平均教育开支为63,000元人民币(约合8,000美元)。学生每学期的平均花费为1,540元人民币(约合200美元)。每个大学生每学期的平均花费为3,949元人民币(约400美元)(《无锡日报》,2000)。

中国经济的全球化迫使中国的大学进行自我调整,竞争比以往任何时候都要激烈。由于市场经济的变化与不稳定性取代了计划经济的确定性,中国高等教育也像世界其他地方一样进行着相似的改革,比如,非政府的高等教育机构迅猛增加。中国的民办大学自1949年以来第一次进入历史舞台,其数量飞速增加。据报道,中国的民办大学已达到1,800所(1998)。官方认可的就超过1,000所,招生人数将近100万(950,000)。然而,民办大学的办学质量却存在问题,仅有37所民办高校获准颁发合格证书。在这37所民办高校中,仅有4所能颁发本科学历证书(Li,2000)。

相对民办大学而言,教育部下属的大学仍然具有优势,吸引(招收)了最好的学生。由于国家分配制度不能跟上高等教育的发展,所以迫使大学提高办学质量。大学管理者也在想方设法从国外获取帮助;银行也逐渐发现大学是诱人的投资对象。蔡(Cai)和田(Tian)(1999)曾指出:

> 银行对教育领域的探索还不够,投资高等教育将为高等教育开启新的商机。在日常用品进入买方市场的条件下,高等教育需求大但资源缺乏,所以是典型的卖方市场。也就理所当然地成为银行的未来竞争目标。
>
> (pp. 16—17)

有人认为,随着市场经济的发展,高等教育产业化是一种必然的趋势。他们认为根本不用担心需求。只要高等教育机构存在,投资那些机构就将是相当有利润的行业。他们还相信,把高等教育当做一种产业运作将为参与的银行解决很多问题(Cai & Tian,1999)。

因此,有人把高等教育视为一种新兴的稀缺产品,具有巨大需求的买方市场,许多企业部门都在投资高等教育,争取从中获益(Ji,2000)。在这种环境下,大学更需要重点关注其使命和核心任务。

鉴于中国经济释放出来的巨大市场力量,大学所能做的就是增加和提高服务价格,而这种成本又转嫁给消费者。然而,学生家长们很少要求大学提高质量;因为他们主要关心的是获取证书,从而找到收入可观的工作。随着家长们的受教育程度的增加,他们会要求提高教学质量。与此同时,教学质量与以下方面有关:待遇相当低的大学教授群体;重点在资助大学扩展的学校管理部门;以及将自主权和责任转交给单个学校的政府教育机构。虽然大学认证仍由政府掌管,但是评估过程在学校内部进行,很少有外部评估人士介入。

合并:规模经济、效率、可支付能力和贷款

面对社会经济的变化,中国的大学采取了各种各样的措施。例如,向二级财务管理转型,自主创收,经营(开办)企业,与工业和银行合作,收取更高的学费,招收成人学生接受继续教育,让合格的大学生毕业后自主择业以及为了提高办学规模和效益而合并小型的教育机构。

一方面教育部仍然直接控制了中国3%到4%的公办大学,这些大学亦即当今中国高等教育的名牌大学。另一方面,绝大多数的中央政府各部委已经将部属院校移交给省级或市级机构管理。有四百多所以前由各部委管理的高校已经移交给省教育厅或市教育局管理。

这样做是因为国家制定政策减少中央机关的官僚体制,精简国有企事业单位。各省通过将大学与其他院校合并以增强学校实力,全国有很多这种院校合并的例子。1993年出台了称之为211工程的政策,即在21世纪建设100所世界级大学。为此,中国的大学追求更高的目标和规模经济。中国普通高校平均在校学生人数从1990年的1,919上升为1997年的3,112;而在1990年,中国80%大学的学生不到4,000人,60%的大学还不到3,000人(《中国教育年鉴》,1990)。到2000年,全国由612所院校合并成250所(Li,2000)。但是有人反对说,规模经济本身并不一定能保证质量,尤其是合并了那些办事机构臃肿的院校。正如潘(Pan,1999)指出的:

> 由于中国高等院校合并成风,出现了所谓的"大学院",还称这是"与国际接轨"。这些措施真的对中国高等教育有益吗?我十分怀疑这一点……诚然,那些大学可能是世界上最大的,但并不一定是世界

级的大学。成为世界一流大学的条件是一流的管理体制。

(pp.6—7)

大多数人认为,一流的管理必须保证大学的核心任务和职责,并重视提高教学质量。合并只是提高中国大学水平的一个步骤,接下来,那些合并的大学应该建立一整套的改革制度,使(大学的)部门和院系能真正履行其重要的职能:教学,科研和服务。

中国的改革开放也给各所大学提出了挑战,即如何保证平等的入学机会和促进社会公平。国内的市场改革加剧了地区发展的失衡。中国几十年来一直在努力建立有中国特色社会主义高等教育的模式,实际上其体系已经具有西方高等教育的某些特点。例如,从高等教育扩展中受益更多的是城市居民,而不是那些贫穷的农村居民。这是因为有的大学不能提供足够的住宿,只能招收一些城市的走读生,而且这些学生比农村生更有付费能力。另外,北京市区学生的高考分数即使比农村学生的低,也能被大学录取;而农村学生就读的中小学的学习资源和优秀教师比城里学生的要少。当然,国家也给贫困的农村家庭提供了帮助。中国商业银行决定给大学生提供贷款,5%的利息由政府补贴。中国银行也制定了助学贷款计划,资助从小学到大学的教育,甚至包括出国学习。上海浦东发展银行也出台了留学贷款政策,最高可达50万元人民币,可分六年还清。也有人建议成立"教育银行",学生家长可以提前为孩子教育存款,而银行可以利用这些资源促进高等教育的发展。然而,城市学生在利用这些资源方面比农村学生更有优势。

新的学历分支:促进经济发展和创造社会机遇的社区大学

中国高等教育除了上述主要变化以外,还有低学历机构的改革;他们占第三级高等教育机构的一半,但不同于美国的社区大学。高中毕业分数不够上大学的学生可以进入以前所说的专业技术学校(大专),经过2年或3年学习获得毕业证书;当然也可以进入新兴的第三类职业技术学院学习(高等职业技术学院)。然而,最活跃的还是社区学院的发展,以满足经济转型所带来的越来越多城市失业人员的需要,也包括没能考上大学的高中

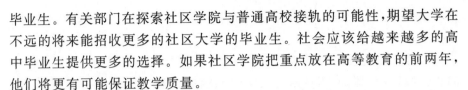

毕业生。有关部门在探索社区学院与普通高校接轨的可能性,期望大学在不远的将来能招收更多的社区大学的毕业生。社会应该给越来越多的高中毕业生提供更多的选择。如果社区学院把重点放在高等教育的前两年,他们将更有可能保证教学质量。

几十年来,中国对社区学院有着极大的兴趣。中美合作可以追溯到20年前,当时世界银行在中国挑选一些院校,资助他们学习美国的社区学院。80年代晚期,更多的是与加拿大社区学院之间的合作。然而,直到21世纪初期,中国的社区学院才开始持续发展。此时,福特基金会资助了中国至少四个地区社区学院的发展活动。到2000年12月,教育部部长宣布:鼓励在中国城市的各个区建立社区学院,社区学院的毕业生转到正规大学攻读学位课程将是未来的一种选择。与很多国家一样——如墨西哥、巴西、南非和其他国家——中国也将社区学院作为给越来越多的高中毕业生提供的另一种形式的第三级教育。社区学院与中国社区发展相吻合:重点发展职业教育,为作为WTO成员做准备,支持西部大开发,成为中国从精英教育向大众化教育转型时期出现的另一种第三级教育的模式。

事实上,中国所有高等教育机构的招生人数中约一半(300多万)的学生是两年或三年制。四年制毕业生的就业率约为70%,而两年或三年制毕业生的就业率仅为40%左右。这是因为提供两年或三年制学习学校的课程没有与经济发展的需求紧密联系起来。由于经济飞速发展,许多高中毕业生没有适应市场的长远的技能。《中国教育报》最近报道说,高中毕业生的职业教育一直都不成功。由于很难预测将来的社会需求,因此教师也对目前的中学和职业技能教育形式产生了怀疑。

香港和台湾也有社区学院。这说明社区学院不但适合中国内地的社会发展,而且还能在不稳定、不景气的东亚经济环境下发展起来。

在未来10年内,尽管办学质量仍有待提高,民办大学将在满足高等教育需求中发挥很大的作用。目前,中国有1,400多所民办大学,在校学生超过100万人。如果能将部分民办高校转为社区学院,将有助于优化它们的课程,提高其办学质量。

由于中国计划在2015年实现高等教育的大众化,到底什么类型的院校适合向社区学院转型呢?这其中包括传统的高等专业性的学院(大专)和职业技术学院(高等职业技术学院),其他教育机构也可以采用社区学院的特点。例如:民办大学,大学的成人或继续教育学院(大学成人技术教育),以及一些由中学升级而来的中等专业学院(中专)和中等职业学校(职业技术高中)。

社区学院正在中国寻求出路,如在北京和上海等大城市,在太原这样的省会城市,在那曲(Nakchu)这样的地级城市和绍兴之类的县级城市。但是,这些学院在多大程度上能让穷人、失业人员、民工和少数民族平等进入就读则仍需拭目以待。

核心职能:维持活力的投入

没有人怀疑过中国高等教育的主要职能。中国的权威人士也一致认为,高等教育必须科学地指引中国经济的发展,并成为科研的领导者。人们也意识到教学、科研与服务的重要性。然而,还应该有一种理念将这三者有机地结合起来。

虽然就当代大学的职能而言中国并不缺少有头脑的领导,但仍有许多问题有待解决。没有合适的教师工资待遇,就不能有效地激励教师为教育改革出谋献策。市场经济给大学教师提供了相当多的赚钱机会。有能力的教师可以在校外任教或提供咨询服务。在日益扩大并自负盈亏的成教院中兼职的很多教授都来自一些普通院校,他们在成人教育的教学中挣得与自己正常工作同样多的报酬,因此,他们会不再重视自己正规本科生的教学任务,连北京大学也免不了遭遇类似的窘境。政府出台一些奖励计划,争取在学术界留住高级人才,例如长江学者奖励计划,通过这样的资助,使他们成为学术界的带头人。大学教师还可以通过在高水平的学术刊物上发表文章获得补贴。

推动教学改革的因素有很多。许多人都认为大学教育存在问题。一些学术论文、政府报告和受欢迎的报刊都指出,中国的教学方法仍然很老套,还是应试教育。当代社会需要有创新能力的人,"海归派"尤其意识到这一点。定期的学术会议也在讨论世界各地的教学理念。比如现在已经达成共识,教与学是不同的活动,需要作为不同的过程具体分析。政府机关和大学校长也在努力弄清阻止教育良好发展的束缚和障碍。有人提倡"素质教育",并成立专门委员会来提高高等教育。

受国内外新理念的影响,学生的学习方法也在改变。把学习当做一种社会活动的观点取代了以知识为中心的教学方法。一位名牌大学的大四

第八章 面向21世纪的中国高等教育：扩招、调整和全球化

学生的话代表了一种普遍现象：

> 中国大学教育的最大问题是：不是启发学生思考。很遗憾现在仍在使用"填鸭式"的教学方法。很多学生甚至不知道如何问问题,更别说解决问题的能力。这完全是一种失败！

能够认识和提出这个问题,这本身就是一种进步,但需要寻找更有效的方式来解决这个问题。

学术关系的本质确实会影响教学和科研。正如沈红(Hong Shen,2000)指出的那样,中国的学术关系不像人际关系那么亲近。近几年,学术界的人际关系也日显重要。在某种程度上,教师有权处理与学生学习有关的问题。学生则可以通过课外活动提高成绩。但是沈红发现,学生的朋友,甚至领导和管理人员也企图与教师协商学生的成绩。教师对处理这种情况感到很为难。她还注意到,学者的确有自由向合适的机构提交研究报告,但是人际关系网在产生影响,甚至影响到同行评审和投票(一些较大的国家部门除外)。许多大学教师认为,在获得并进行科研项目上并没有真正的自由(Shen, 2000)。

政府划拨额外的经费用于促进世界一流大学的研究工作。1995年发起的"211工程"就是让中国的100所大学发展成为世界级别的研究型大学。时至今日,96所大学实施了涵盖众多领域的602项研究项目,包括人类学、经济学、政治学、环境和自然科学、工业和农业。例如,清华大学开发了辐射成像科技系统,并促进了中英两国的教育合作。"十五"计划(2001—2005)期间将进一步发展这些项目。为了通过教学与科研提高学术水平,一百多所大学还装备了先进的科研设备和高速的计算机网络(Cui,2000)。

许多大学建立了新的企业来为科研创收,这也是大学努力为科研筹集资金的一部分。然而,有人对此持怀疑态度：大学到底应不应该经营企业？随着知识产权得到更好的法律保护,大学可能出售自己的产品,并让其研究人员与市场形成良好的关系。然而,市场是一种需要慎重处理的东西。通常情况是这样的：市场力对教授的影响力越强,其学术责任感越小。许多教授是兼职的公司经理或者在企业中有其他职位,他们的第二或第三职业占用了大量的时间。

大学与企业的业务联系带来了丰厚的收入,这也打破了大学生活与世

隔绝的状况。但是,由于市场所带来的可观薪水,如果优秀的大学教授失去了原有的职责,那么商业化也将对大学的主要使命带来负面影响。在中国更发达的南方地区,有时一些新建的或更富有的院校会吸引著名的教授加盟。

中国大学的服务职能现在通常指的是运营校办企业。从传统意义上来说,这与学术毫不相关。在多数情况下,中国的大学教师很少用智慧来保护他们的权利,从而影响国家政策的制定。沈红在华中科技大学进行了调查,67%的教师认为,"他们的科研成果不会对国家的或者学校的政策制定产生影响。此外,被调查者中16%的人认为,那些研究成果也不应该对制定政策产生影响"。

总之,为了提高高等教育质量而采取措施的努力却面临这样的问题:教师待遇不高,并有机会从事第二份工作来提高收入。尽管如此,对高等教育的评估却越来越普遍。比如,上海的华东师范大学对570名教授和副教授进行了评估,不合格者限定在一段时间内自我提高,否则将取消其学术头衔。学校要求教授汇报他们的杂志出版文章、研究项目补贴和专业获奖情况,口头汇报自己在各自特定领域的工作情况。在此基础之上,评估委员会对所有教授和副教授分为优秀、合格和不合格三类(Wenhui,2000)。

两个城市的教师对比

有人对上海一流大学(STU)和北京一流大学(BTU)的教职员工做了调查,可以对收集到的数据进行对比分析(Postiglione,2001)。这两座城市无疑是中国最国际化的城市,因此,我们认为这对其大学教师的观念有很大影响。此次调查是以"卡内基高等教学发展促进基金会关于学术专业国际调查"的改编为基础的。在上海抽样了三所重点大学五个院系的276名教师,而在北京抽样的是一所一流大学的278名教师。

西方国家当代的学术观念中教学与科研没有区别。而中国大学对教师的评估将这两者分开。例如,香港一流大学的学术部门以下列因素为基础分配政府资源:科研创造能力,获取外界科研资助的能力,以及获得学位的研究生人数。而在中国内地,政府常常让大学将他们自己的产品带到市场上销售,从而为学校筹得资金。科研通常只有少量的研究经费,或者

第八章 面向21世纪的中国高等教育：扩招、调整和全球化

根本没有经费。在这种情况下，政府的资助仍是学校科研经费的最大来源。因此，政府对学校科研的方向和范围有很大影响。大多数的研究期刊和著作是以大学和研究机构为基础的，而不像西方一样与专业协会紧密联系。在被调查的项目中，对科研的态度比其他项目有更多的相似性。北京和上海一流大学中超过一半的教师认为，他们的兴趣主要在于研究，而不是教学。由于他们是一流的研究型大学，持这种观点也在情理之中。

来自北京和上海一流大学的几乎同样多的教师一致认为，在他们的大学里，较强的科研成果对教师评估十分重要。大学教师如果不发表文章，就很难在大学获得终身教职。当被问及那些用于升职的出版物是否只是用来统计而不是进行质量评估时，不到10%的BTU教师和不到14%的STU教师不同意这种观点。[在香港一流研究型大学中，23%不同意那种说法。然而，那些数字与最近一项国际调查中的多数国家（俄罗斯除外）相比还是比较低(Postiglione, 1997)。]

当谈及科研压力和社会期望时，BTU和STU的教师都认为自己比其他国家的大学同行面临更大的压力。在一次国际调查中，只有38%的智利教师和26%的香港教师感觉压力更大。44%的BTU教师和近50%的STU教师认为，他们常常感到压力大，要做的研究超过他们愿意做的量。导致这种结果的部分原因是，利用有限的资源开展研究很困难。此外，教师想方设法增加收入的压力也会占用他们宝贵的研究时间。上级也许并没有奢望教师开展长期的研究活动，但到评职称时，如果科研出版物太少将阻碍他们晋职，这给每一位学者都带来了压力。

BTU和STU都要求大部分教师搞科研，但是主要的制约因素是缺少资金和设备。仅有17%的BTU和10%的STU教师认为，现在比5年前更容易获得科研资金。此外，他们对科研设备和计算机设施质量的打分明显低于香港同行对本项目的打分，香港同行打分认为接近或达到国际一流水准，而BTU和STU教师的打分位于国际比较的末端。

不到一半的中国高校教师认为他们的研究领域正处于非常具有创造性和生机勃勃的时期，而来自其他14个国家的同行中，一半以上的人持相反的意见。值得强调的是，接受调查的中国内地高校都是一流大学。而调查结果是在将高校进行不同分类的基础上得出的。上海的情况尤为明显：半数以上的STU教师认为，如果再给一次选择的机会，他们仍然会选择教师这个职业。仅有42%暗示说，他们与自己学科的联系非常重要。虽然中国现在是市场经济，但中国高校还是"铁饭碗"。只有5%的STU教师

在两个以上的学校同时任教（这个比例小于其他国家高校教师在外校兼职的比例）。

国际局势：教师看法、服务贸易、国际流动和伙伴关系

高校之间的国际学术活动联系形式多种多样，某些大学的活动比其他大学更出色。衡量这些联系的因素包括国际学生和学者的往来和交流人数，有国际特点的课程，以及用不同语种出版的国际学术论著等（Postiglione,1998）。

近60%的BTU和78%的STU教师认为，他们大学经常或偶尔有外国留学生。这一数据比更有国际思想的香港三所一流大学所报道的32%还要高。但是，如果从另一个角度来看高校间的师生交流——从中国学生出国留学的角度——情况就完全不一样了。BTU和STU的教师指出，他们的学生仅有42%已经出国留学了。考虑到留学的高额费用，这种现象是可以理解的。至于高校教师出国学习和研究的问题，在抽样的教师中仅有10%的人在过去3年里曾经出国学习1个月或几个月。接受调查的教师中，有75%的人认为，他们的课程应该比目前更具国际化的特点。

在国际学术界交流方面，大多数BTU和STU的教师认为，与国外学者的联系对他们的教学工作非常重要。例如，95%的STU和57%的BTU教师说，在他们大学里进行的教师评估时，国际交流是很重要的。此外，90%的STU和57%的BTU教师认为，为了了解自己研究领域的发展近况，必须阅读国外出版的书刊。

国际的经济融合、国内的经济改革和日益频繁的国际学术交流等因素对中国高校产生着越来越大的影响，越来越多的人对国际联合办学产生了兴趣。美国坦佩尔（Temple）大学与中国政法大学联合的法学学位就是一例。如果建立教育特区的提议得到支持，就会促进更多的国际学术交流(Shen,2000)。我们可以借鉴中国四个经济特区和两个特别行政区的成功经验，建立教育特区，允许国外大学来华办学，从而阻止人才外流。这在中国加入WTO后尤为重要。与著名的国际大学联合还可以促进竞争，并能提高教学和科研水平（Hu & Shi,1999）。

第八章 面向 21 世纪的中国高等教育：扩招、调整和全球化

21 世纪中国高等教育：有国家特色的全球框架

在"文化大革命"期间，中国的大学成为阶级斗争的舞台。"文革"结束后，中国的高等教育体系经历了巨大的变化，主要动力有：国内经济改革、管理权下放和全球化的因素。高等教育的飞速发展既是国家发展的产物——经济发展需要人力资源，社会进步需要更多受过教育的平民，同时也是国际环境的产物——全球经济互相依赖和中国加入 WTO，以及参与国际事务、吸引外资和促进国际教育水平的提高。中国政府为了建设"世界一流大学"，将其资源投入到少数大学，而让其余多数高校自给自足。由中央政府支持的大学不但能获得更多的资金、关注和优待，而且日益成为全球互联网的组成部分。例如，北京大学、清华大学和复旦大学已经加入 21 名校联盟（Universitas 21），并准备开办联合网络学位课程。

中国高等教育体系应对全球化的方式与其他国家类似，比如：扩招，管理体系合理化，高校合并以实现规模经济以及鼓励民办大学的发展。此外，为了满足各类市场的需求，大学丰富了教学课程。高校还引入了学费和学生贷款制度，并鼓励高校通过与其他机构合资筹集更多收入。政府赋予了大学更多的创新自主权、更多的责任，为高校管理颁布一系列法规和提高师资水平。有全球眼光的大学加大了学术交流，提高远程通信能力和网络的潜力，加入了国际高校联合体，为提高教学质量引入激励和评估机制，提供更多科研资金和保障服务水平。

但是，诸如国家发展、学术传统、国家与大学关系和国际合作等因素会怎样互相影响呢？在哪些方面又与其他发展中国家相似呢？其实，中央政府对高等教育还是有很强的控制意识。即使给予自治权，大学也不可能完全自治。部分原因是大学对所处的社会要承担更多的责任。合并后的大学受到旧政治体制的束缚，因此并未达到预期的效果。而民办高校则受到低水平的教学和利润目标的困扰，教师谋求第二职业的想法和机遇使得用于提高教学质量的措施受挫。此外还有其他困难：缺乏资金和一时的偏见抑制了社会科学的发展，而性别和女性研究、人类学研究和环境研究对于解决日益凸现的社会发展问题是很有必要的。中国高等教育的扩展虽然取得了更多的成功，但是其中穷人、女性和少数民族所占的比例并没有改变。

中国高等教育所面临的困难在其他发展中国家也存在。全球经济组织和国际协议，像WTO等，将很快裹挟中国的大学加入国际化大潮。中国政府日益清楚地意识到，在这种全球化浪潮中，即使是国内一流大学，仅靠目前的资助体系就想赶上国际同行是完全不现实的。别无选择，只有默许高等教育以商业化的模式发展。为了阻止名牌大学过分追求利润而给其提供补贴是未来的发展趋势。知识商业化仍会持续发展。销售知识产品、与公司合作、教育产业化、学费增加以及私立大学猛增等将是中国高等教育应对财政危机的诱人手段。这将明显地改变和削弱大学服务大众的职能。

在东亚市场经济条件下，包括香港和中国内地在内的许多商界领导已在西方著名大学获得了学位。如果没有利益可得，他们将不会为所在的地方大学提供经济支持，更何况许多公司还没有从亚洲金融危机中完全恢复过来。在这样的环境下，发展中的教育体系将面临更大的阻碍。以有效的方式与亚洲其他国家（新加坡，马来西亚，韩国和泰国）的大学联合可以增强各自实力并建立知识经济，但这得花很多年，甚至几十年的努力（Postiglione & Mak, 1997）。当中国的有些大学还在为生存苦苦挣扎时，中国的一流大学则愿意与西方大学联合。中国高等教育的另一个特点是，全球化改变了人与地区的联系方式，也改变了身份固定的模式。中国的教授和从事研究的学生越来越多地在全球学术范围内来回穿梭。大学与这些学者的互动方式将在新的全球学术框架内影响其国家特色。

参 考 文 献

Boyer, E. L., Altbach, P. A., & Whitelaw, M. J. (1994). *The academic profession in international perspective*. Princeton, NJ: Carnegie Foundation for the Advancement of Teaching.

Cai Bin & Tian Yong. (1999, April 5). Gaodeng jiaoyu: zhongguo jingji zengzhang de liang dian [Higher education: The bright spot in China's economic growth]. *Gaige neican* [*Internal Reference Materials on Reform*], no. 7, pp. 15—19. Quoted from *Chinese Education and Soceity*, 33(1) (2000), 53—60. New York: M. E. Sharpe.

China Education Yearbook. (1990). Beijing: People's Education Press.

Chinese Communist Party Central Committee. (1985). *Reform of China's educational structure*. Beijing: Foreign Language Press.

Cui Yu. (2000, December 7). Extra funds promote university research. *China Daily*, p. 2.

第八章 面向21世纪的中国高等教育：扩招、调整和全球化

Green paper on education in China 2000. (2000). Beijing: Education Science Press.

Hayhoe, R. (1989). *China's universities and the open door.* Armonk, NY: M. E. Sharpe.

Hayhoe, R. (1996). *China's universities: A century of cultural conflict.* New York: Garland Publishers.

Hu Angang & Shi Zulin. (1999, January 20). Jiakuai fazhan jiasubiange woguo gaodeng jiaoyu [Heighten the development and reform of Chinese higher education]. *Neibu Canyue* [*Internal Reference Reading*], no. 4, pp. 11—16. Quoted from *Chinese Education and Society*, 33(1) (2000), 53—60. New York: M. E. Sharpe.

Jia Baocheng. (2000, December 22). Education must be reformed. *China Daily*, p. 4.

Li Jingwen. (2001). Jiaoyu xingzhi de bianhuan: Jiaoyu ji shi shiye you shichanye—jiaoyu zai ershiyi shijide fazhan chushi jiqi zhanlue sikao (xia) [The transformation of the nature of education: Education is both an undertaking (shiye) and an industry (chanye)— Development trends of 21st century education and its strategic considerations]. *Lingdao canyue* [*Leadership Reference Reading*], no. 11, pp. 16—18. Reprinted in *Chinese Education and Society* 33(1) (2000), 53—60. New York: M. E. Sharpe.

Li Lanqing. (2000). Guanyu shishi kejiao xingguo zhanlue gongzuo qingkuang de baogao [Report concerning the implementation of work strategies for the invigoration of the nation through science and technology]. *Zhongguo renmin gongheguo quanguo renmin daibiao dahui changwu weiyuanhui gongbao* [*Gazette of the Standing Committee of the National People's Congress of the People's Republic of China*], no. 5, pp. 533—543.

Min Weifang. (1997). China. In Gerard A. Postiglione and Grace C. L. Mak (Eds.), *Asian higher education* (pp. 37—55). Westport, CT: Greenwood Press.

Minban. (2000, November 20). Minban daxue mianlin de wenti [Problems facing Minban colleges and universities]. *Gaige neican* [*Internal Reference Materials on Reform*], pp. 39—40. Reprinted in *Chinese Education and Society*, 33(1) (2000), 53—60. New York: M. E. Sharpe.

National Report for Education for All: 2000 Assessment. (2000). Beijing: Ministry of Education and National Commission for UNESCO.

Pan Wei. (1999, March 20 & April 5). "Yi da er gong" bu yingshi gao jiao de gaige fangxiang (shang, xia) ["Large in size with a high degree of government administration" should not be the direction of higher education]. *Gaige neican* [*Internal Reference Materials on Reform*], no. 6, pp. 6—10, & no. 7, pp. 12—15. Reprinted in *Chinese Education and Society*, 33(1) (2000), pp. 53—60. New York: M. E. Sharpe.

Pepper, Suzanne. (1996). *Radicalism and educational reform in 20th century education.* New York: Cambridge University Press.

Postiglione, Gerard A. (1997). The academic profession in Hong Kong higher education within a period of profound change. In Philip Altbach (Ed.), *The academic profession: Studies from 14 countries* (pp. 193—230). Princeton, NJ: Carnegie Foundation for the Advancement of Teaching.

Postiglione, Gerard A. (1998, February). Maintaining global engagement in the face of national integration. *Comparative Education Review*, 42(1), 30—45.

Postiglione, Gerard A. (in press). Globalization and professional autonomy: The academy in three Chinese cities. *Education and Society*.

Postiglione, Gerard A., & Mak, Grace C. L. (Eds.). (1997). *Asian higher education*. Westport, CT: Greenwood Press.

Shen Hong. (2000). Academic freedom and academic responsibility in Chinese universities. In Organization for Economic Cooperation and Development (OECD) (Ed.), *Current issues in Chinese higher education* (pp. 21—35). Paris: OECD.

Shen Ronghua. (2000). Special education zone urged. *International Herald Tribune*, July 25. Based on an article by Kazer, W. (2000). Shanghai advised to open field to foreigners to stop flood of talent heading overseas. *South China Morning Post*, July 25.

Task Force on Higher Education and Society. (2000). *Higher education in developing countries: Peril and promise*. Washington, DC: The World Bank.

Wenhui Daily. (2000, December 6). As summarized in the China Education News Archive, http://www. hku. hk/chinaed/chinaed_news/chinaednews_index_highered. htm.

World Bank (1996). *China higher education reform*. Washington, DC: The World Bank.

Wenhui Daily. (2000, June 13). As summarized in the China Education News Archive, http://www. hku. hk/chinaed/chinaed_news/chinaednews_index_ed_and_finance. htm.

Zhang Baoqing. (1999). Zhonggong zhongyang dangxiao—Baogao xuan [Party school of the Chinese Communist Party—selected reports], no. 1, January 10, pp. 2—17. Reprinted in *Chinese Education and Society*, 33(1) (2000), pp. 53—60. New York: M. E. Sharpe.

第四部分

高等教育的规模扩张与公平实现

■ 达鲁玛纳卡拉大学校园一角 (钟玲玲 提供)

第九章 发展中国家高等教育的公平效应：入学机会、选择权与就读持续性

达瑞尔·刘易斯
哈利尔·邓达

几乎所有国家的高等教育都面临着困境，发展中国家尤甚。随着发展中国家高中毕业人数的日益增加，国民经济水平的进一步提高，民众对高等教育的需求也大幅增长。同时，除了高等教育领域对公共资源的需求外还有很多其他更紧迫的公共需求。其结果是，尽管大多数公立高校的入学率处于上升态势，生均财政教育资源却大幅下降。在过去的二十年中，发展中国家的大学生数增长了三倍多，而同期，高等教育所获得的公共资源却仅仅增长了15%至20%（World Bank, 1995）。据估算，大多数发展中国家实际的生均投入下降了超过50%（Albrecht & Ziderman, 1992; Winkler, 1990）。

生均财政投入的显著减少引发了人们对高等教育质量下降的极大担心。同时，高等教育的效率却未见提高。尽管大多数发展中国家的高等教育进行了大规模扩张，但鲜有证据表明这些发展中国家或转型期国家的高等教育体系在近期的改革中促进了社会公平。首先，我们将概要说明高等教育规模扩张对教育公平性可能产生的效应；然后，我们将简要分析几种用于扩大入学机会的策略；接着，我们将考察促进高等教育公平的一些解决方法，如增加入学机会、为学生提供更多的选择权、鼓励学生连续就读与完成学业；最后，我们将讨论通过调整供求政策争取高等教育公平的努力中尚未解决的问题。

高等教育规模扩张对公平性的影响

大多数发展中国家的高等教育规模扩张战略使其学生数获得了前

所未有的增长。在这些国家里,学生入学人数的年均增长率大多在4%到6%之间。在过去的二三十年里,这种扩张使高等教育入学人数增长了三倍,这毫无疑问增加了传统意义下弱势群体的入学人数。没有足够的入学人数就不可能提供更为平等的高等教育入学机会。然而,这种规模扩张政策只是促进高等教育入学机会均等的必要条件而非充分条件。我们有必要将影响高等教育公平的其他条件、因素和认识状况一一呈现出来。

几乎每个人都有自己对"公平"的理解。大多数人都认为它是指商品、服务或费用在分配上实现的"平等"度。但是人们很少对此有清晰的理念:哪些要素构成了此种公平或者怎样才能测量出公平的度?例如,公平是否意味着划分群体时基于"对同等的人同等对待"和群体内部人员给予相同待遇?这种观点经常被用作支持大学入学统考的"公平性",以及反对收费的论据。但是,即便是很小的群体内部,也会存在个体差异,这就使得向不对等的参与者实施的同等待遇反而会引起不平等的效应。大多数人认为,公平意味着不同群体(或个人)应该获得不同的待遇,弱势群体或个人应该得到额外帮助。这就出现了两个问题:一是必须界定需要获得额外帮助的群体与个人;二是必须界定"有差别的待遇"。

要解决以上问题就必须系统地考察高等教育供求双方对公平状况产生的影响。一般认为,高等教育的国家体系增加了传统弱势群体的学生的入学机会,如女子、处于社会经济地位偏低或偏远地区的学生,这可以促进入学机会的均等。部分国家已经有意识地将高等教育规模扩张的目标定位为这种平等。特罗(Trow,1974)将高等教育的这种变革过程看做是从"精英化"向"大众化入学"体系转变的一种运动。

在很多时候,这种高等教育供给方的规模扩张政策有助于增加接受高等教育的学生数。但是在大多数发展中国家,入学人数的增长并不一定能确立起"大众化入学"体系,也不一定会促进入学机会的均等。只有少数国家,如乌拉圭和洪都拉斯已经努力为所有中学毕业生提供"开放的入学机会"。在这两类情况下都存在着重要的平等问题,历史上处于弱势的学生群体仍然只有有限的入学机会(这很大程度上要归咎于未充分发展的中学教育所引起的瓶颈)。

高等教育入学机会、选择权与连贯性等主要公平问题在发展中国家一直存在。此外,高等教育的需求方也存在严峻的问题,许多因素对学生的中学学业成绩以及高等教育入学机会、选择权和毕业率等方面产生负面影响。人们仍在持续关心传统弱势群体接受高等教育的机会与连贯性。

在大多数发展中国家,来自弱势群体的学生在申请大学教育和给予入学机会方面一直低于适当比例。高等教育需求大于供给的国家一般通过竞争性考试选拔入学人员,而没有更好地考虑其公平性。尽管某些国家实行了入学考试制度,但高收入群体通过竞争性考试的可能性要比处于较低社会经济阶层的学生高出三倍之多。另外,来自高收入群体的学生可以获得私人辅导、进入高质量的私立或公立中学,这都会使他们比低收入阶层子女更有可能通过入学考试,并拥有更多选择高水平大学的机会。

高等教育供给方用以缓解高等教育社会压力的一些政策,经常被指责为引起了教育质量的下滑(Castro & Levy,1997;Williamson,1987)。人们经常认为,大多数大学,特别是那些在大都市之外新建的大学,教育服务质量低下。许多新建院校时常缺乏教学与科研所需的最基本的资源保障,人们还经常认为它们规模较小、成本较高并且资源没有得到合理运用,这导致其收取"高额费用"(Lewis & Dundar,1995)。对这个问题的长期关注在于质量与效率之间是否确实存在一个天然的平衡点。一个同样重要的问题是,随着教育质量的下降,公平与效率之间是否也存在一个平衡点。更具体一点,规模扩张策略是否可以为弱势群体提供更多的入学机会,还是仅仅增加了系统内部的无效并且仍持续着现有的入学不公?不幸的是,大多数发展中国家还没有系统地考察或公布这种"供给方政策"的效果。

从历史上看,大多数发展中国家的公共政策制定者都很少注意到该问题的"需求方"。尽管在过去的二三十年间这些国家的高等教育获得了空前的大发展,但每年仍有三分之一以上的申请者无法获得入学机会。公共政策经常忽视那些影响高等教育入学需求的因素,只是认为降低学费甚至免除学费以及实施低额财政补助政策(以及以补贴饮食、住宿、书籍、医疗保健等形式为学生提供财政补助)会为中低收入阶层提供更多平等的入学机会。

不幸的是,高等教育经济学的许多研究表明,当强烈的个人需求面对有限的高等教育供给时,这种资助政策很可能会加剧社会不公。简言之,发达国家(Hansen & Weisbrod,1969)和发展中国家(Brunner,1996;Carlson,1992;Psacharopoulos,1980;World Bank,1994)的大多数高等教育观察家都认为,对高等教育领域的学生进行巨额补助意味着缺少入学机会的贫困家庭要为特权阶层负担更多。公共补助支撑起的民主化入学并没有从实质上增加低收入家庭学生的入学机会(Ziderman & Albrecht,1995)。

在大多数发展中国家,高等教育入学机会均等问题的另一个方面在于许多中等学校投入严重不足,质量低下(World Bank,1990,1993,1995)。中小学教育质量的下降对高等教育入学机会均等有着很大的负面影响,由于竞争激烈的大学入学考试,这种负面影响尤为突出(Baloglu,1990;TUGIAD,1993)。土耳其高等教育委员会最近的一项研究(YOK,1990)表明,土耳其45%的中学毕业生因未能掌握"规定的最低学业知识"而无法通过大学入学考试的第一阶段考试。这在很大程度上应归咎于土耳其中等教育的有限供给和质量下滑。为了弥补中等教育质量的缺陷,许多学生参加了私人补习课程,其花费通常比接受高等教育的费用还要高。

发展中国家的大多数公立高校和政治家误以为低收费或免除学费可以为弱势群体提供更多的入学机会,从而促进教育机会均等。这种观点是错误的。发展中国家高等教育的发展大潮未必能撑起所有的航船。可以肯定的是,某些低收入家庭子女确实通过这二十年的规模扩张获得了接受高等教育的机会,但绝大多数公共补助已经并将继续使中高收入家庭的子女获益。

研究不断表明,低收入群体接受高等教育的比例并没有因为"免费"政策得到根本改善。事实上,免费体系通常会引发逆向收入再分配——如,缺少入学机会的贫困阶层支撑着特权阶层(Brunner,1996;Psacharopoulos,1980;World Bank,1994;Ziderman & Albrecht,1995)。世界银行和区域发展银行都不断指出,大多数发展中国家的中高收入群体以压倒性优势获取了最多的高等教育补助及附加利益。

这种补助的逆向效应源于以下几个因素。首先,许多来自低收入社会经济阶层和弱势家庭的学生或者在高中毕业前就已辍学,或者就读于较差的中学,或者在竞争性入学考试中落榜。这是因为他们成长于文化缺失的家庭和社区,并且接受着质量较差的中等教育,这些都是不断累积的不利因素。即使是在实行公立大学开放入学政策的那些国家(如洪都拉斯和乌拉圭),一多半的低收入阶层子女在毕业前就已辍学。其二,高等教育个人花费的大部分不是学杂费,而是交通、饮食与住宿费用。因为大多数公立

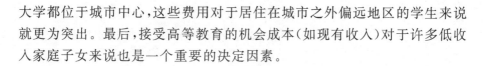

第九章 发展中国家高等教育的公平效应：入学机会、选择权与就读持续性

大学都位于城市中心，这些费用对于居住在城市之外偏远地区的学生来说就更为突出。最后，接受高等教育的机会成本（如现有收入）对于许多低收入家庭子女来说也是一个重要的决定因素。

提高学杂费，支撑高等教育规模扩张

发展中国家的部分高等教育评论家（Carlson, 1992; Ziderman & Albrecht, 1995）特别指出，处于较高社会经济阶层的学生相对来说对学杂费的增加不大敏感。有证据显示，许多中高收入家庭子女能够并也愿意承担高等教育学杂费。大多数观察家建议个人承担其直接教育费用的 20% 或 25%。

但是这种个人费用的增加会对低收入家庭子女产生怎样的影响？鉴于发展中国家与发达国家的大多数低收入家庭子女对这种收费增长（或价格弹性）的高度敏感，在缺乏有效的奖学金制度与助学贷款计划的情况下，就有可能使其中的大多数人失去进入大学的机会。在收费增加的情况下，针对低收入家庭子女设立奖贷项目不仅会增加院校收入，促进教育质量的提高，还能从根本上增加有学业能力的低收入家庭子女接受高等教育的机会（Johnstone, 1998）。当然，这种主张假设了这种贷款资助项目涉及广泛的受众，并且执行过程公平而准确，还假设存在一个适用各种贷款计划的有效资本市场。

尽管以上观点赞成通过提高收费进行教育成本补偿，但必须指出的是，学生个人并不是高等教育总成果的唯一受益者，整个社会也从中受益。高等教育的众多社会效益所产生的外部效应也同样需要对高等教育作出补偿。这种来自于许多发展中国家的高等教育研究结果十分重要。卡斯特罗（Castro）和列维（Levy）（1997, p. 5）指出，在发展中国家，高等教育政府补助政策的变化会遭遇激烈的政治反抗，但是一些国家通过提高收费进行教育成本补偿却取得了显著成效。例如，在智利，只有三分之一的高等教育资金来自政府拨款。近 40% 的拉美学生就读于私立高校，而这些高校通常没有公共资金来源或者是只有少得可怜的公共支持。

一些转型国家存在着一个重要问题，他们致力于教育资金来源多样化的努力可能会为教育公平带来负面影响。例如，波兰的高等教育机构为弥补政府投入的缩减而拓宽多种资金来源取得了显著成效。他们在向全日制学生提供免费教育的同时向校外课程（如夜校或周末班）学生收取学费。目前，波兰有 50% 的学生就读于这类大学校外课程。但是，这些校外课程学生却无法获得与全日制学生相同的教育质量,除非他们被批准学习全日制课程。似乎大多数大学都要依赖这种收费来源,由付费生贴补全日制学生。

同样地,大多数转型国家的公立高等教育机构都引入了收费机制。尽管这些国家的法律条款大多禁止大学收取学杂费,许多大学还是想方设法收取此类费用。目前许多高校正在招收更多的付费生,而政府资助名额依然按照常规理所当然地以大学入学考试为基准留给免费学生。另一方面,据统计,到 20 世纪 90 年代中期,各国公立大学的自费生比例分别是,阿塞拜疆和波兰约 45% 至 50%,吉尔吉斯斯坦约 30%,俄罗斯、白俄罗斯和匈牙利约 10% 至 15%(根据主要大学管理者的个人访谈;Johnstone,1998;Rysalieva & Ibraeva,1999)。此外,我们无法了解这种互异资助的公平性。尽管缺乏相关数据,但极有可能的是大部分自费学生要比多数正规课程学生所处的社会经济阶层要低——这就导致公共资助进一步逆向转移给高收入家庭。

转型国家的腐败现象引起了家庭教育支出的其他差别,这也很可能会造成不公。有关文章显示(Balzer,1998),在大多数处于转型期的国家,特别是原苏联国家存在相当多的腐败与贿赂行为。举例来说,要想将子女送入大学,父母不得不支出一些非正式费用(如贿赂款),或者一次性地或者频繁地贿赂入学考试的出题人员。据说在阿塞拜疆,在校大学生要想获得好成绩也要交钱给任课老师,获得某门考试的最高分可能要花费 100 到 125 美元。在摩尔多瓦,据说,贿赂款的多少根据某种专业毕业后获取收入的高低而有所不同。在这些国家里,富裕家庭显然可以帮助子女进入大学学习。

由公平问题驱动的大学入学规模扩张

大多数发展中国家对高等教育公平性的探讨很大程度上是理想化的,或者仅仅被视为公共政策的一项重要社会目标。相关文献很少谈及可衡量的具体结果。在已有的对公平性的政策探讨中,人们主要关注的是入学机会和入学规模的扩大,而很少探讨如选择权或连贯就读至毕业等有关公平性的其他问题。结果是,几乎没有什么公共政策或院校政策旨在扩大学生选择权或者减少学生辍学率。不幸的是,大多数发展中国家提出的"公

第九章 发展中国家高等教育的公平效应：入学机会、选择权与就读持续性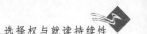

平政策"都不一定能达到预期效果。效果往往还会截然相反。本章以下的部分将会更加细致地分析这些问题。

大多数中央政府在关注高等教育机会均等问题时，主要是对该问题的供给方作出回应，而很少关注需求方的意见。人们简单地认为扩大高等教育规模自然会提高包括固有弱势群体在内的所有群体的高等教育入学机会。在20世纪90年代经济转型的重建努力下，以增加入学人数来提高公平性的策略很典型地遵循了以下五条路径中的一种或几种：(1)大幅度增加现有院校的入学规模；(2)新建院校，特别是在主要城市之外发展新大学；(3)扩充两年制的职业技术学院；(4)发展高等教育的非传统形式，如远程教育和夜校；(5)发展私立高等教育机构。

更多学生进入私立院校的趋势十分明显。在许多国家，私立院校的入学人数已经超过入学总数的一半。但不幸的是，几乎没有什么有用的经验数据可以说明这些巨大变化可能对公平性产生的影响。

尽管一直有人认为发展中国家的私立高等教育发展肯定会带来更多的教育机会不均等问题，但最近的研究显示，其实际结果可能恰恰相反。例如，谭(Tan)和闵尕特(Mingat)(1992)认为，在调查所选取的几个亚洲国家，10%受教育水平最高的人口所花费的累积性公共资金份额与私立高等教育的投资程度呈负相关关系。他们还进一步推论，在选取的这十一个亚洲国家样本中，高等教育的毛入学率与私立高等教育的投资份额高度相关。这些都进一步论证了高等教育的私人融资有助于促进资源流动，并扩大公共资金的覆盖范围。拉丁美洲、中东地区和前苏联的转型国家也存在类似情况，由于这些国家经济的转型和增长，他们的私立高等教育机构最近也获得了较快的发展。

有关公平性的一系列棘手问题

尽管越来越多的人关心最近的规模扩张可能对促进教育的公平所产生的效果，但很少有资料可以说明这些做法的有效性。不过，我们知道高等教育机会均等可以用几个维度加以衡量，如高校入学人数、院校与课程的可选性、就读至毕业的连贯性等相关指标。虽然这些指标经常相互关联，但大多数情况下，它们是可测量的，并各自拥有可识别的特性。

高等教育入学情况

在美国发展出了许多种模型用以解释人们决定进行高等教育的原因与方式。豪斯勒等人（Hossler, Braxton & Coopersmith, 1989）对这些模型进行了概括性的总结，其中包含了详尽的经济学与社会学模型，并经常伴以多样的决策阶段划分，以此提供对整个过程的概念性理解。他们还洞察了人们决定是否接受中学后教育的可能影响因素，这些关注教育程度与高等教育入学情况的研究将影响高等教育入学情况的主要决定因素分成几大类：包括学生的社会经济地位；归因特征如学业能力与性别；所处的社区环境如乡村或城市；教育背景的特点；劳动力市场与工资状况等。

社会经济地位

在对教育程度的研究中最被公认的结论之一就是，学生的社会经济地位（很大程度上是由家庭收入、地位和受教育水平决定的）与教育质量有着极大的相关性（Bidwell & Griedkin, 1998; Sewell & Hauser, 1975; Stevenson & Baker, 1992）。但是最近的高等教育扩张政策是否成功地缩小了不同社会收入阶层之间的差距就不得而知了。例如，我们知道"土耳其学生选拔与安置中心"最近的一项研究（OSYM, 1992）显示，来自于较高社会经济阶层的学生（以父母教育水平和收入为基准）可以获得更多高等教育入学机会。我们还从另外一些发展中国家的研究中发现，如巴西（Holsinger, 1975; Jallade, 1982）、以色列（Neuman, 1991）、肯尼亚、坦桑尼亚（Armitage & Sabot, 1987）、希腊（Patrinos, 1995）以及菲律宾（Smith & Cheung, 1986）有着相似的高等教育规模扩张体系，而社会经济阶层的差异对教育入学机会和教育质量的影响并没有减弱。大致说来，对于这种扩张体系是否可以为弱势群体提供更多的入学机会一直存在着争议——但是这是否会降低教育机会的不均等性呢？

在过去的二十多年中，发展中国家的一些研究考察了哪种收入水平的群体从高等教育补贴中获益最多。根据四个发展中国家的案例（智利、哥伦比亚、印度尼西亚和马来西亚），萨卡罗波洛（Psacharopoulos）和乌达豪尔（Woodhall）（1985）认为，每个国家的最高收入群体绝对成为高福利或免费高等教育制度的主要受益群体。举例来说，哥伦比亚收入最高的20%人口接受了全部高等教育补助的60%，而处于收入最底层的40%人口仅仅

第九章 发展中国家高等教育的公平效应：入学机会、选择权与就读持续性

得到了6%的补助。印度尼西亚收入最高的30%人口接受了83%的高等教育补助。此外，菲律宾的其他相关数据也证实了这种补助流向高收入群体的趋势。在菲律宾的公共资助大学中，所有学生的父亲的平均收入水平是总人口平均水平的2.5倍，这些父亲中有77%属于"专业人员"阶层(Smith & Cheung,1986)。

谭(Tan)和闵尕特(Mingat)(1992)举例说明，通过对比不同社会经济阶层的入学比例（各级各类学校）与各自占总人口的比例可以看出一个国家教育体系存在社会偏见的程度。例如，他们指出在泰国的大学教育中，专业群体占有的大学入学份额超过了36%，而他们在总人口中的比例仅为3%。占全国总人口69%的农民所拥有的大学入学份额约为3%。他们发现菲律宾和印度也存在着类似问题。他们的研究还发现对农民子女的偏见源于小学教育的落后和过早辍学，而对工人子女的偏见主要开始于中学教育的过渡阶段。在一些初等教育已经普及的发展中国家里，社会经济阶层的差异主要体现在进入下一级教育系统的时候。这些入学状况表明在从中等教育向高等教育过渡的过程中，专业人员及商业群体家庭一直在强化自身的优势。

要使每个社会阶层在高等教育中占有的比例协调均衡是很困难的，这个问题甚至在苏联也没能得到很好的解决。尽管很难解密标准化和历史性数据，但在俄罗斯接受高等教育的人口特征自20世纪30年代以来并没有从根本上发生变化。1939年，有着专业性家庭背景的大学生的比例是其所占人口比例的2.4倍，而这个数字到1970年仍保持在2.1倍。20世纪70年代实行的有意使"无产阶级"子女占有入学优势的政策只显现出短期的公平效应，1939年体力劳动者家庭的大学生比例超过其占人口比例的10%。尽管如此，到1964年，这一比例却降至低于其占人口比例的35%。

正如我们前面提到的，许多发达国家也存在着类似的问题。比如，大多数欧洲国家有提供免费高等教育的传统，至少在80年代末与90年代实行成本补偿之前以此作为一种主动增加劳动阶层子女就学机会的方式。尽管如此，一些早期的研究（在瑞典、德国和英国）不断发现劳动阶层子女的高等教育参与率并没有增加，大多数公共补助仍为中高收入家庭子女所享有(Ziderman & Albrecht,1995)。在美国,1957年来自专业人员家庭的大学生比例是其所占人口比例的2.5倍，而这一数字1979年在英国是2.4倍,1965年在法国为2.4倍(World Bank,1995)。无论是经验还是研

究都不断显示处于较低社会经济阶层的群体并没有因为低收费而从根本上增加了高等教育入学机会。

性别

有着相似学业能力与成就的男子与女子是否可以获得相同的高等教育入学机会？尽管谭(Tan)和闵尕特(Mingat)(1992)认为在选取的几个亚洲国家中女子在高等教育入学人数中所占的份额与人均国民生产总值呈正相关，但在大多数发展中国家，对这个问题的答案仍然不得而知。例如，在过去的三十年中，土耳其的女子高等教育入学机会得到了根本上的改善，但高等教育的女子入学比例仍然低于大多数发达国家（Baloglu，1990；World Bank，1993）。高等教育的女子入学比例从1969—1970学年的18.7％上升到1981—1982学年的27.5％，并再次上升到1991—1992学年的35％(OSYM，1992)。大多数发达国家和发展中国家的女子都普遍就读于艺术、社会科学与人文科学领域。

许多国家的证据显示，高等教育的女子参与率受教育、文化、经济等诸多因素的影响(Subbarao, Raney, Dundar, & Haworth, 1993)。更重要的是，男女接受高等教育的不均等很大程度上来源于他们之前所接受的不公平教育。世界银行最近进行的一项针对发展中国家女子的研究（World Bank，1993）指出，制约女子高等教育入学的瓶颈大多处于小学至中学的过渡阶段。

学生位于偏远、农村地区

在许多国家，高等教育入学机会还会因区域而产生很大的差异，来自于城市地区和较发达地区的学生拥有更多进入中等教育和高等教育机构的机会。许多教学质量水平较高的中学大多位于城市或发达地区，从这些学校毕业的学生在大学入学考试中必然会发挥得更好。此外，正如史密斯(Smith)和钟(Cheung)在对菲律宾的研究中所发现的(1986)，如果不考虑学生所处的社会经济阶层，学生家庭附近地区缺少中学后教育机构也会制约相当一部分人的高等教育入学机会。

同样重要的是，区域差异对于一直处于弱势地位的群体来说会对他们的高等教育入学产生"双重的负面效应"。农村地区和欠发达地区的低收入家庭子女在进入高等教育时可能会有两大不利因素：一是他们接受的中等教育可能质量较低；二是由于附近没有中学后教育机构，他们的入学

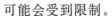

可能会受到限制。

除此之外,许多研究明确表明(Cuccaro-Alamin & Choy,1998;Hearn,1994),对入学机会影响最大的经济因素并不是学费,而是入学的其他个人消费;就近入学很明显地可以将这种额外消费降至最低。波兰的许多研究发现,如果全日制学生就读的学校远离家庭所在地,那么其父母的负担十分繁重,甚至要支出家庭收入的四分之一以上。另一方面,如果子女住在家中,其父母可以"以物代款",这就降低了许多与大学学习相关的费用,其支出大概占家庭预算的6%左右(Paszkowski,1987)。

大多数发展中国家很早就认识到了这种教育的区域差异所带来的负面影响,并积极采取措施减少这种影响。例如,土耳其1982年和1992年两次高等教育规模扩张的一个重要目标就是要为三大城市中心以外的学生提供更多的入学机会。尽管土耳其在偏远地区进行了较大规模的高等教育扩张,但时至今日该国的区域差异还依然明显存在(Baloglu,1990;Dundar & Lewis,1999)。

学生的教育素养

若要了解学生的教育素养,最好在发展中国家的环境背景下考察他们的一些主要构成。首先也是最显著的指标是中学教育经历的质量。它们还与中学教育经历的特点相关(如学业或职业的轨迹与强度)。中学阶段教育的质量与特点是高等教育入学机会十分重要的影响因素(Alexander,Holupka,& Pallas,1987;Hearn,1991)。例如,众所周知,与普通公立高中的学生相比,对于精英式私立高中的学生来说,上大学几乎"唾手可得"(McDonough,1997)。甚至在将学业特征、社会经济背景和教育动机等因素加以控制的情况下,私立高中的毕业生也要比其他公立高中的毕业生更有可能就读于四年制大学(Falsey & Heyns,1984)。

以高等教育适龄人口的入学率作为评判指标无法说明全部问题。比如,据统计,土耳其的适龄人口大学入学率大约仅有10%,但是由于该年龄阶段人口中只有50%接受了中等教育,那么对于实际完成中学教育的适龄人口来说,高等教育的有效入学率是20%(World Bank,1999)。剩下一半适龄人口早已因为不充分的或者根本没有进行的中学教育丧失了接受高等教育的机会。整个发展中国家都存在着类似问题。

萨卡罗波洛(Psacharopoulos,1994)回顾了发展中国家的一些将"学术或普通型"中学教育与"技术或职业型"中学教育进行对比的研究,发现普通教育的收益率要高得多（如，普通教育为16%，而职业教育为11%）。成本是主要的影响因素，职业教育的成本要比普通学术型课程的成本高得多。选择学术方向可能获得的较高的经济收益与坚实的学术型中学课程相得益彰，增加高等教育的入学机会。许多国家，如波兰，拥有大量高级职业训练中学课程，但就读学生大多来自低收入家庭。在这种情况下，中等职业教育体制实际上妨碍了很多社会经济地位较低的学生成功地应对高等教育入学考试。

学业课程与高校入学的关系

阿德尔曼（Adelman,1999）曾考察过中学课程的特点是否会影响以及怎样影响美国高等教育体系的入学与就读持续性。他运用了一项名为从高中到大学二年级（"High School and Beyond/Sophomore Cohort"）的历时13年的全国性纵向分层样本数据（从1980年至1993年取样人群30岁左右）进行研究，从中发现高中课程的特点对高等教育入学与完成都有深远的影响。他发现具有较高学业强度的高中课程所产生的影响与高等教育的入学与完成呈最高的正相关关系，比起包括社会经济地位在内的任何一个单一变量都更具相关性。这种情况很可能在大多数发展中国家也同样存在。

接受私人辅导与高校入学的关系

私人辅导是正规学校教育之外的一种教育形式，用以帮助学生准备大学入学考试。这种教育形式是一种"隐性教育"，在许多国家和地区普遍用以协助高等教育入学（如日本、韩国、土耳其、希腊、白俄罗斯及大多数处于转型期的国家），这些国家和地区的高等教育人数供给有限，只能通过极具竞争性的集中管理型考试进行选拔（Dundar&Lewis,1999；Stevenson&Baker,1992）。

在许多发展中国家，从20世纪70年代早期起这种教育形式的重要性与日俱增，因为越来越多的学生接受私人辅导以应对大学入学考试。土耳其的一份报告（OSYM,1992）表明，在大学入学考试中接受过私人辅导的学生确实比那些从未接受过此类辅导的学生表现更为优异。但是，在缺乏随机模型分析的情况下，得出某种结论还为时过早，因为此类学生大多数可能就读于质量较高的中学，或来自较高的社会经济阶层。不管怎样，这种私人辅导的花费通常比许多中学后教育机构的入学费用还高。对于低收入家庭子女来说这种花费的负担通常十分沉重。

劳动力市场变化的影响

目前已发现,劳动力市场的变化对于大多数发达国家的高等教育入学形式有重要的影响(Boesel & Fredland, 1999; Chressanthis, 1986; Corazzini, Dugan, & Grabowski, 1972; Hossler, 1984)。有研究清晰地表明,在高失业时期,比如20世纪70年代后期的世界性经济萧条时期,学生更有可能进中学后教育机构学习来避免失业。经济学家将这种结果解释为在高失业时期,学习导致的"机会成本"大幅下降的原因。中学后教育的成本相对降低很多,因为这时无法预知收入的来源。

很有可能的是,无论是经济旺盛还是发展时期,一直处于弱势地位的学生在总体失业率上升的情况下也是最有可能失业的人。因此,国家失业率的上升似乎会使得更多处于较低社会经济地位或其他弱势地位的学生进入高等教育领域学习。另一方面,在目前大多数发展中国家中,经济发展与就业情况都处于上升态势。这样的市场条件似乎增加了高等教育的机会成本。除了经济发展过程中其他收入与社会需求的影响(如接受高等教育与其他社会服务的上升性需求),所有有希望就业的学生都要分担入学所带来的上涨的机会成本。

工资水平的变化对入学的影响

在发达国家(Boesel & Fredland, 1999)与发展中国家(Psacharopoulos,1985),随着国民收入与就业率的增长,不同行业的工资水平在不同时期一直发生着变化,认识到这一点十分重要。在大多数发展中国家,大学毕业生的工资水平不仅处于正增长,在很多时候增长幅度还十分大(Bennell,1995;Psacharopoulos,1989,1994)。在大多数国家,这种变化的连锁效应增加了高中毕业生与大学毕业生在劳动力市场上的"工资差距"(Psacharopoulos,1994)。而且,这种工资差距在不同行业中一直在扩大,那些要求高层次教育水平的工作使自身的生产率和工资水平都保持更快的增长速度。转型国家的情况尤其如此。现在,正是由于这些领域的行业工资水平正在不断增长,这些国家成千上万的学生都在努力进入商业学校和应用社会科学领域。

总体来说,发展中国家的高等教育入学一直受到日益增强的经济驱动力的作用,但我们并没有多少证据证明这其中有多少人来自传统弱势阶层。处于较低社会经济地位的学生对价格与费用的变化更加敏感,因此当已知收入的机会成本增加时,这些学生相应的入学比例就会更小。随着大学毕业生的工资水平与回报率增加,国家总人口的收入形式会呈现更明显的差异(Psacharopoulos & Woodhall, 1985)。

高等教育领域内的选择状况

高等教育内部的消费者选择权经常被忽视,在发展中国家尤其如此。选择问题不仅仅在于一个人所选择的院校,还在于一个人所选择的专业与课程。年轻人通常根据模糊的信息选择学习什么与在哪里学习。大多数发展中国家很难提供有关课程与院校、学术声望、辍学率、劳动力市场前景等方面的信息。

许多高校通过减免学费或提供特殊津贴等方式为学生提供财政补助,这不仅仅是招收最优秀最聪慧学生的一种重要手段,也是为了招收那些在保障弱势群体政策下享有优先权的学生。研究人员(Lay and Maguire, 1980; Leslie et al., 1997)得出基本结论,在低收入学生中,费用的多少(如学费水平和其他个人支出)与是否可以得到财政补助都是他们是否选择某一院校的最重要参考因素。正如人们所想象的,由于进入公立两年制初级学院与职业学校收费低而补助高,所以其中低收入学生的比例也是最高的。事实上,无论是发达国家还是发展中国家都极力拥护高收费高补助的高等教育体系,因为这样既可以通过高补助确保低收入学生的入学,又可以为这些来自低收入家庭具有较高学业能力的学生提供更多选择院校与专业的机会。这种情况在发达国家的私立院校中体现得尤为明显。在这些院校中,从高收入学生那里收取的学费经常用于补助低收入学生。尽管大多数有关"教育选择的公平性"的文献都来自对发达国家的研究,但我们也没有理由认为大多数发展中国家的相似情况一定会产生不同的结果。

另外一些研究者(Chapman & Jackson, 1987; Hearn, 1984)发现财政补助与学费对大多数学业优异的学生的影响显然不大。他们还发现大多数学业优异的学生来自中高社会阶层的家庭。他们认为这些学生在选择院校时更看重院校质量与声望而不是费用的多少(如高学费高补助)。土耳其的情况也证明了这一点。最近一项调查问及学生们如果可以进入更高水平的大学或专业,他们是否愿意支付高得多的学费,相当大的一部分学生表示愿意支付更高的学杂费(Council on Higher Education, 1998)。

而且颇有启发的是处于较高社会经济地位的学生并不像处于较低社会经济地位的学生那样对费用具有敏感性。

还有一些人证实了地理位置也是学生选择院校的重要标准。有人(Cuccaro-Alamin&Choy, 1998; Hearn, 1994)认为在一些情况下，特别是对于处于较低社会经济阶层而且能力较弱的学生来说，地理位置成为影响学生选择中学后教育机构的最重要因素。例如，中学后职业培训课程与两年制学院经常办在偏远地区，这是为了确保弱势群体在高等教育入学方面的公平性。但是在进行这种设置时经常忽视了其对学生的选择与毕业公平性产生的负面效应。

有文献表明，学生分流出现后，上述学生很少会继续攻读可以产生最大社会经济收益的四年制和五年制学位。事实上，大多数发展中国家的高等教育体系十分僵化。当一个学生(特别是在大多数两年制学校中)完成了部分专业学习或者甚至完成所有课程，如果他想在四年制或五年制院校中学习新专业或一组课程，他就必须从头学起。大多数发展中国家很少允许大学内部与大学之间转换学分或课程。这种僵化的体制在经济转型国家中表现得最为明显。因此，我们虽然以公平为基点建立一套政策体系，但其最终效应在很大程度上却是负面的，限制了传统弱势学生的选择权(前面的分流阻碍了他们选择专业与大学学位)。

高等教育的就读持续性与结业状况

无论是发达国家还是发展中国家，人们都经常忘记高等教育的就读持续性与学位完成情况也是衡量公平的重要维度。但无论如何，对就读持续性与学位完成的强调应该主要与公平问题相关而不仅仅是效率问题。例如，目前美国的开放入学体系使得75%以上的高中毕业生都可以进入中学后教育机构学习，但他们的结业率却大幅度低于入学率。在过去的二十年中，美国白人与黑人、白人与拉丁裔之间的"大学入学差距"已经从15%下降到5%，而他们之间"学位完成情况的差距"却一直顽固地高居20%以上(Smith, 1996)。发展中国家虽然缺少此类相关文献，但毫无疑问也存在这种不同群组之间的差距。

美国近二十年的研究一直显示，与人口统计变量(如性别、种族、社会经济地位等)产生的预期影响相比，学生具有优越的学业背景所产生的影响与自身的考试成绩(Alexander & Pallas, 1984)、大学入学、大学结业状况(Alexander, Riordan, Fennessey, & Pallas, 1982)等方面更具相关性。令人吃惊的是,其他研究者却极少关注这类丰富的文献。尽管如此,阿德尔曼(Adelman, 1999)通过最近对高中与高中后适龄组的大多数研究发现,具有较高学业强度与质量的高中课程确实对大学结业状况有着极为重要的影响。他还发现,与社会经济地位相比,"学业资源"(高中课程的构成、考试分数与班级排名)与学士学位的完成更为相关。"处于两种最低社会经济阶层但接受了最好的(中学)学业资源的学生要比大多数处于顶级社会阶层的学生更易获得学士学位"(Adelman, 1999, vii)。具有较高学业强度与质量的高中课程对非洲裔与拉丁裔学生获得学位的影响甚至比对白人学生的影响更大。

近年来一些发展中国家越来越关注到日益增加的隐性辍学率,并努力建立更好的责任与汇报机制。比如,智利60%以上的中学毕业生可以升入大学,但其中只有一半可以毕业,有些学生甚至到了高年级才退学。《经济学家》(Dropping out, 1999)报道了世界银行贷款资助的一项五年期研究大学责任的项目。智利正努力为高校建立一套国家认证体系,同时建立一个高度公开的系统用以报告诸如辍学率之类的统计数据。同样,土耳其已经将高等教育政策要求列入国家公共政策改革条例,要求所有四年制大学生必须在六年内完成学业。

除了更多更好地提供高校辍学率等公共信息,智利还关注辍学率居高的另一个重要原因——即高等教育课程体系的不灵活性。由于根本无法中途调换院系,选错学习方向的学生只能从头学起,这样代价高昂的过程使得没什么人会有勇气或资源继续学习(Dropping out, 1999, p. 34)。智利最大的公立院校——智利大学通过引入一种面向全体学生的初级两年制课程尝试解决这一问题。尽管这种做法可能会使许多大学课程延伸到至少五六年,但他们还是希望这种做法会达到较好的效果,可以(特别是为缺少信息的处于较低社会经济阶层的学生)提供更多的课程选择,降低辍学率,同时培养更多具有宽广视野的学生。

一些尚未解决的公平问题

在入学选择与持续就读公平性方面,大多数发展中国家显然一直面临着许多尚未解决但却十分重要的问题。什么因素最有可能影响高等教育入学状况？什么样的人就读什么样的院校？以免费或象征性收费与丰厚的私人补助为特点的公共资助高等教育体系是否真正促进了男女之间、城乡之间与不同社会经济阶层之间的教育机会均等？什么人从高等教育中获益？由什么人来资助高等教育？近年来的高等教育规模扩张是否有助于增加传统弱势群体的入学人数？来自传统弱势群体的学生是否只获得了入学机会，却在毕业之前不得不辍学？大多数发展中国家还尚未认真审视所有的这类问题。

经过过去三十年的快速发展，财政紧缩的状况也日益严峻，这似乎正在制约高等教育的进一步规模扩张与体系改善。据称，扩大免费和低收费的新型中学后教育机构大多是为了给传统弱势群体提供更多的入学机会，否则这些人群将无法进入高等教育领域学习。但是，这些措施的效果却在很大程度上无法考证。院校财政的紧缩不应该影响或减少学生的入学、选择与就读持续性。

高等教育入学人数、专业种类与机构数已经获得了快速甚至是显著的增长，但在促进弱势群体的教育机会均等方面却进展缓慢。大多数发展中国家的数据显示，对传统弱势群体教育机会的改善还只是停留在表面，在某些国家里他们的教育机会状况甚至在恶化。这类群体的学生在高等教育的申请人数与入学人数中还低于适当比例。在一些国家（如土耳其），来自较低社会经济阶层的大学申请者通过竞争性入学考试的可能性估计是来自较高收入群体的申请者的三分之一，这种高等教育参与状况在过去的二十年当中并没有得到显著的改善。大多数来自较低社会经济阶层和偏远地区的学生在高等教育选择权方面依然受到限制，他们依然主要集中于两年制或更低层次的职业学校、高收费的付费型远程教育机构或夜校。处于较低社会经济地位的学生即使获得高等教育入学机会，也大多只能就读较低质量的专业与学校。

在大多数发展中国家，甚至高等教育资助政策与过程也在制造着更大的社会不公。当就读高等教育的绝大部分学生都来自中高收入的家庭时，大多数发展中国家通过学费或杂费达到的成本回收效果十分有限。当比例不当的大量低收入家庭的学生面临入学失败、课程或院校选择权受到局限、无法毕业、学费高昂的夜校教育等问题时，大多数公共补贴与奖学金都被引向那些处于最高社会经济地位的学生。此外，大多数国家特别是发展中国家偏远地区的中学都存在着严重的投资不足问题（World Bank，

1990)。在发展中国家,要求对公共高等教育财政进行改革的呼声越来越高;同时,考察实践措施公平效果的需求也十分紧迫。

公共政策的注意力至少应该集中在我们本章中审视的公平问题的主要目标领域上。在思考有关高等教育供求政策中促进公平的问题时应借鉴以下几点特别建议。

供给政策

- 要求每所高校以讨论通过的书面形式明确自身的特殊使命与目标,使其更好地关注教学、科研、服务和学生公平等方面的效果。明确认识到不是所有此类学校都应致力于成为以科研与服务为宗旨的国家级和世界级水平的"大学"。许多此类院校可能会成为以教学与公平性为宗旨的区域型"大学"。
- 提供适宜的条例与规则,使每一所高校有明确的责任、动力与职责,可以灵活地利用资源来完成自己的使命与目标。在大多数国家,适当地放松和解除管制十分必要,这可以加大高校自主权,使其在课程设计、学习专业与财政来源多样化方面更具灵活性。
- 减少类型、层次与专业之间转换的壁垒。前苏联转型国家及其他一些发展中国家的教育体制大都顺着早期狭窄的专业化方向发展。因为这与几乎所有工业化国家所理解的现代社会与经济下的优质教育理念相冲突,所以应该重新审视这种政策。例如,一个国家应该考虑采用哪些方式使较为低廉的培训课程替代昂贵的专业化中等职业教育课程,这种培训课程整合了学术教育与职业教育的特点,因此可以缓解在八年级或九年级就开始的分轨压力。
- 鼓励并督促所有大学建立相对统一的初级两年制学习课程,使学生可以避开分轨体系,延迟对主修专业的决定。

需求政策

- 将所有高校的学费与杂费提高到教育总成本的百分之二十或三十,同时将增加的一部分资金用于享受资助的资格调查。尽可能向处于较低社会经济阶层的学生收取较低的学杂费用。一个重要的棘手问题是,许多国家特别是苏联体系分化出来的国家将免费高等教育纳入了法律条款。这些国家必须改变或找寻新的方法绕过这些

第九章 发展中国家高等教育的公平效应:入学机会、选择权与就读持续性

条款,同时为合格的低收入家庭子女提供入学机会。
- 为了满足处于较低社会经济阶层的学生在饮食与住宿方面的需求,特别是为满足那些无法在家居住的学生的需求,应通过奖学金或者贷款计划向其提供有效的(如十分明显的)财政资助。针对低收入家庭子女的高额资助政策的一个重要方面是相关信息的传播应高度公开化。
- 规定将公共资源优先使用于未来发展规划与加强总人口的中等教育水平,使每个高中适龄学生都有机会进入合格的普通中学。
- 通过收入调查和资格评测从全国每所中学中挑选两名最好的毕业生,保送至有财政资助的颇具竞争力的大学。这对于保障那些处于传统弱势群体而又相当优秀的学生的优质学习机会是十分必要的做法。
- 在每个国家的所有高等教育分支系统采用认证体制,使学生更好地获得有关标准与选择的信息,也使公共部门对院校的质量控制发挥一定的影响力。
- 在每个系统内建立共同学分体系,并开发公共课程,使学生能够转换专业和学校。
- 促进入学考试体系的现代化。对于那些没有国家级入学考试体系的国家,应该将重点放在将考试及其过程标准化上。如果允许每所大学都可以编制自己的书面考试题目并通过口头面试加以辅佐,这会助长考试过程中的腐败与歧视。许多此类考试会歧视穷人,出于不经意的心理标准,偏爱特权型精英。客观公正的大学入学考试对于实现教育机会的均等是十分必要的。

尽管在提高高等教育内外部效率与效能方面对高等教育政策改革还有许多其他可能的建议,以上谈到的政策建议主要针对的是本章提到的许多公平问题。如果有关高等教育入学、选择与就读持续性的一些问题关系到财富、区域、性别与种族等家庭环境因素,那么仍需要谨慎地建立保障弱势群体的积极政策措施。在大多数发展中国家与转型国家,进行这类转变与改革的必要性不言自明。

参 考 文 献

Chapman, R. C., & Jackson, R. (1987). *College choices of academically able students*:

The influence of no-need financial aid and other factors (Research Monograph No. 10). New York: The College Board.

Chressanthis, G. A. (1986). The impacts of tuition rate changes on college graduate head counts and credit hours over time and a case study. *Economics of Education*, 5(2), 205—217.

Corazzini, A. J., Dugan, D. J., & Grabowski, H. G. (1972). Determinants and distributional aspects of enrollment in U.S. higher education. *Journal of Human Resources*, 7, 26—38.

Council on Higher Education. (1998). *Parental income, educational expenditures and finance and job expectations of university student*. Second Industrial Training Project, 2922-TU. Ankara: The Council of Higher Education, Republic of Turkey.

Cuccaro-Alamin, S., & Choy, S. (1998). *Postsecondary financing strategies: How undergraduates combine work, borrowing, and attendance*. Washington, DC: National Center for Education Statistics, U.S. Department of Education.

Dropping out. (1999, May 1). *The Economist*, pp. 34—35.

Dundar, H., & Lewis, D. R. (1999). Equity, quality and efficiency effects of reform in Turkish higher education. *Higher Education Policy*, 4(5), 1—24.

Falsey, B., & Heyns, B. (1984, April). The college channel: Private and public schools reconsidered. *Sociology of Education*, 57, 111—122.

Hansen, W. L., & Weisbrod, B. A. (1969). The distribution of the costs and benefits of public higher education: The case of California. *Journal of Human Resources*, 4(2), 176—191.

Hearn, J. C. (1984). The relative roles of academic, ascribed and socioeconomic characteristics in college destination. *Sociology of Education*, 57, 22—30.

Hearn, J. C. (1991). Academic and non-academic influence on the college destinations of 1980 high school graduates. . *Sociology of Education*, 64, 158—171.

Hearn, J. C. (1994). Emerging variations in postsecondary attendance patterns: An investigation of part-time, delayed, and nondegree enrollment. *Research in Higher Education*, 33, 657—687.

Holsinger, D. B. (1975). Education and the occupational attainment process in Brazil. *Comparative Education Review*, 19, 267—275.

Hossler, D. (1984). *Enrollment management: An integrated approach*. New York: The College Board.

Hossler, D., Braxton, J., & Coopersmith, G. (1989). Understanding student college choice. In J. C. Smart (Ed.), *Higher education: Handbook of theory and research* (Vol. V). New York: Agathon Press.

Jallade, J. P. (1982). Basic education and income inequality in Brazil. *World Development, 10, 187—197.

Johnstone, D. B. (1998). *The financing and management of higher education: A status report on worldwide reforms.* Washington, DC: The World Bank.

Lay, R., & MaGuire, J. (1980). Identify the competition in higher education. *College and University*, 56(1), 53—65.

Leslie, L. L., Johnson, G. P., & Carlson, J. (1977). The impact of need-based student aid upon the college attendance decision. *Journal of Education Finance*, 2, 269—286.

Lewis, D. R., & Dundar, H. (1995). Economies of scale and scope in Turkish universities. *Education Economics*, 3(2), 133—157.

McDonough, P. M. (1997). *Choosing colleges: How social class and schools structure opportunity.* Albany: State University of New York Press.

Neuman, S. (1991). Parental background, educational attainments and returns to schooling and to marriage: The case of Israel. *Applied Economics*, 23, 1325—1334.

OSTM. (1992). *1991 vuksekogretim ogrenci secme ve verlestirme sinavi: Adaylarin sosyo-ekonomik ozellikleri ve sinavdaki basarilari.* Ankara: Student Selection and Placement Center [OSYM].

Ozgediz, S. (1980). Education and income distribution in Turkey. In E. Ozbudun & A. Uluson (Eds.), *The political economy of income distribution in Turkey* (pp. 501—524). New York: Holmes & Meier.

Paszkowski, J. (1987). On the issue of individual costs of study. *Zycie Szkoly Wyzszej*, 35(2), 99—105.

Patrinos, H. A. (1995). Socioeconomic background, schooling, experience, ability and monetary rewards in Greece. *Economics of Education Review*, 14(1), 85—91.

Psacharopoulos, G. (1980). *Higher education in developing countries: A cost-benefit analysis* (Working Paper No. 440). Washington, DC: The World Bank.

Psacharopoulos, G. (1985). Returns to education: A further international update and implications. *The Journal of Human Resources*, 20(4), 584—604.

Psacharopoulos, G. (1989). Time trends of the returns to education: Cross-national evidence. *Economics of Education Review*, 8(3), 225—231.

Psacharopoulos, G. (1994). Returns to investment in education: A global update. *World Development*, 22(9), 1325—1343.

Psacharopoulos, G., & Woodhall, M. (1985). *Education for development.* London: Oxford University Press.

Rysalieva, S., & Ibraeva, G. (1999). *Educational financing in the Kyrgyz Republic.* Paris: International Institute for Educational Planning, UNESCO.

Sewell, W. H., & Hauser, R. (1975). *Education, occupation, and earnings: Achievement in the early career.* New York: Academic Press.

Smith, H. L. , & Cheung, P. P. L. (1986). Trends in the effects of family background on educational attainment in the Philippines. *American Journal of Sociology*, 91(6), 1387—1408.

Stevenson, D. L. , & Baker, D. P. (1992). Shadow education and allocation in formal schooling: Transition to university in Japan. *American Journal of Sociology*, 97(6), 1639—1657.

Subbarao, K. , Raney, L. , Dundar, H. , & Haworth, J. (1993). *Women in higher education: Progress, constraints, and promising approaches*. Washington, DC: The World Bank, Education and Social Development Department.

Tan, J. , & Mingat, A. (1992). *Education in Asia: A comparative study of cost and financing*. Washington, DC: The World Bank.

Trow, M. (1974). Problems in the transition from elite to mass higher education. In OECD (Ed.), *Policies for Higher Education* (pp. 51—101). Paris: OECD.

TUGIAD (Turkey Genc Isadamlari Dernegi). (1993). *2000 li yillara dogru Turkiye'nin onde gelen sorunlarina yaklasimlar:2—Egitim*. Istanbul: TUGIAD.

Tunnermann, C. (1996). A new vision of higher education. *Higher Education Policy*, 9(1), 11—27.

Williamson, B. (1987). *Education and social change in Egypt and Turkey*. London: MacMillan Press.

Winkler, D. R. (1990). *Higher education in Latin America* (Discussion Paper 77). Washington, DC: The World Bank.

World Bank. (1990). *Republic of Turkey: Costs and financing of primary and secondary education* (Report No. 9097-TU). Washington, DC: The World Bank.

World Bank. (1993). *World development report 1993*. New York: Oxford University Press.

World Bank. (1994). *Higher education: The lessons of experience*. New York: Oxford University Press.

World Bank. (1995). *Priorities and strategies for education: A review*. New York: Oxford University Press.

World Bank. (1999). *Knowledge for development*. New York: Oxford University Press.

YOK (Yuksekogretim Kurulu). (1990). *Yeni universitelerin Kurulus yerlerinin seciminde uygulanacak olcultler: Ihtisas komisyonu raporu*. Unpublished Task Force Report. Ankara: Yuksekogretim Kurulu.

Ziderman, A. , & Albrecht, D. (1995). *Financing universities in developing countries*. Washington, DC: The Falmer Press.

第五部分

新的压力与责任形式

■ 河内国立大学校园一角 (黎黄梅 提供)

第十章 高等教育质量保障：
确立发展中国家的有效政策

伊莲·埃尔科娃

质量保障,代表着展示高水平业绩的公共责任,这一术语已经成为近年来高等教育政策讨论的主要焦点。五十多个国家已经采用了质量保障机制,还有许多国家将在最近的五到十年内实现这一目标。国际组织已经向全世界特别是发展中国家发起建立质量保障体制的倡议。联合国教科文组织于1998年秋季发表的《世界高等教育宣言》包括了一项重要声明,即强调在高等教育规模扩张的情况下,要更加注重教育质量的重要性(UNESCO,1998)。世界银行1994年出版的《高等教育：经验与教训》也强调了一个十分相似的主题,即更加重视质量保障的必要性。

正如这些及其他文件所提到的,从几种长远的趋势来看质量保障体制所面临的巨大压力已经逐渐显露出来(cf. El-Khawas, DePietro-Jurand, & Holm-Nielsen, 1998)。日益增长的高等教育入学人数与越来越高的高等教育参与率都隐含着这样一种趋势。在许多工业化国家,高等教育学习的参与率已经上升到每年高中毕业生总数的35%或更高。这种情况转而增加了政府的财政压力,对于那些高等教育几乎由公共资金全额资助的国家尤其如此。就像世界银行与联合国教科文组织的报告中所强调的那样,在许多国家,特别是当高等教育支出被认为与其他层次教育或其他社会需求相冲突的时候,以国民生产总值百分比表示的高等教育支出无法维持在一个稳定的水平上(World Bank, 2000)。另一个与入学规模扩大相关的重要趋势是学生构成的多样性日益突出：这体现在他们的背景、兴趣、环境与进行高层次学习的原因。这经常会导致进一步的高等教育机构类型的差异。

主要的全球化潮流对高等教育的影响十分巨大,从信息技术的快速更新、自由贸易政策、跨国公司的扩张到向一些学者(Gibbons, Limoges,

Nowotny, Schwartzman, Scott, & Trow)称为第二类研究模式逐渐转换。随着这些潮流的来临,大学承受着新的压力,人们对于大学应该如何满足国家与本地的需要也产生了新的期望。

为了应对这些在 20 世纪 80 年代与 90 年代早期出现的压力,一个最重要的政策就是建立新的高等教育质量控制机制。维特黑登等人(Westerheijden, Brennan & Maassen, 1994)指出了西欧各种高等教育质量控制模式的发展方式,其中包括法国、荷兰与丹麦引入了多种形式的外部评审制度。其中,许多国家引入质量保障体制的一部分动力来自于政府决定将管理权与责任义务从中央(如政府部委)下放到大学及其代理人(Neave & van Vught, 1991, 1994)。这些欧洲发展模式转而成为政府开始更富策略性地管理高等教育体系的一种普遍潮流(Neave, 1998)。在全世界范围内,这种转变使得高等教育政府监督更多地侧重于大量政策问题上:应该如何资助大学;大学需要多大程度的管理监督与财政监督;政府与其他外部利益相关者在确定大学课程与服务等方面应该发挥怎样的作用。因此,当政府需要更关注合理化地支出费用时,在高等教育领域就出现了质量保障的新政策和一些其他主动的措施,包括新的资助模式、转变的治理结构或类型与担当不同使命的教育机构。

发展中国家也面临着类似的压力。东欧与中欧的大多数国家以及原苏联新独立的国家将某种质量认证或质量保障体制作为政治自由过渡的一部分(Council of Europe, 1995)。一些拉美国家,如智利、墨西哥、巴西和阿根廷已经建立了认证委员会或其他形式的质量保障机制,这其中包括负责私立高等院校的机构(Inter-AmericanDevelopment Bank, 1997b)。南非正在建立新的质量保障机制,使其成为该国在取消种族隔离后时代树立高等教育新方向的一大主动措施。

近年来,许多发展中国家逐渐关注到高等教育的全球化问题,也就是一些工业化国家的高等院校通过电子或其他形式的远程教育将自身的教育课程引入其他国家,从而实现海外教育供给或特许的快速扩张(Petersen, 1999; Swift & Morejele, 1996)。南亚的发展中国家(如泰国和马来西亚)已经成为这类举措的实施目标。

随着入学规模的扩大与全球化趋势的持续发展,可以预见到世界上仍有一些国家需要在不久的将来制定出质量保障的新方式。他们将会做出怎样的决定?当高等教育体系经历巨大发展的时候,他们又将怎样运用这种方式?

第十章　高等教育质量保障：确立发展中国家的有效政策

过去,一些需要制定质量保障政策的国家采取某些国家已经实施的措施,特别是那些西欧国家的实践措施。但还不能肯定这些措施怎样以及能否有效移植到不同的社会环境中。许多国家确实已经意识到直接采用特定国家背景下的实践措施并非明智之举,这些举措是随着独特的社会环境与体制结构并且基于不同的教育传统而产生的。根据最近有关土耳其的报告,重要的文化、结构、政治与技术问题都会影响从别国移植相关举措的效果(Billing & Thomas, 2000)。一个小国可能希望当前立即解决质量问题的某一方面,将质量保障其他方面的问题留待以后再来关注。另一个国家可能希望根据自身传统与现实设计一套完全不同的模式。例如在一些中欧与东欧国家,质量保障机构的设立要特别敏锐地注意到合法程序与民主化进程等问题,同时还要重新认识大学教学中再次引入本土语言的必要性。

如表10.1所示,质量保障的方式多种多样,如何实行每种方式存在很多变量。例如,尽管外部评审机制广泛用于质量评估,但实际的具体实践方式仍然差别很大(El-Khawas, 1993; Brennan, El-Khawas, & Shah, 1994)。在香港和新西兰,评审者考察的是质量保障的管理程序(Massy, 1997),而在荷兰和葡萄牙,评审者对特定院系教育与科研成果的实效进行考察与评估(Amaral, 1995)。欧洲大学联盟志愿项目实施的审查形式十分多样,他们审查院校的策略性管理过程,这包括该院校的办学宗旨、政策、管理程序、资源以及组织结构(Association of European Universities, 1997)。即使像法国、瑞典、丹麦等国一样由某个单一国家机构负责协调外部审查,许多具体的做法仍有不同(Massaro, 1997; Staropoli, 1987)。同样,在美国,绩效指标的外部评审方式是在州政府层面进行(Alstete, 1995),而在英格兰、苏格兰和威尔士则在全国范围内加以实施。包括墨西哥在内的一些国家同时运用了几种质量保障机制。连各种术语的界定在不同国家和地区也有很大差异。在克罗地亚等国,认证是指对某个新建院校是否给予最初的正式认可的一种评测。而在另外一些国家,对这种早期机构状态的评审被称为申办执照或得到授权。

表 10.1　质量保障的不同模式

模式	国家或地区
科研评估分数;教学评估	英国
认证	美国、匈牙利、智利
国家评估委员会	法国
质量保障中心	丹麦

模式	国家或地区
学科计划的外部审查	荷兰、葡萄牙
审核：院校内部的质量保障过程审查	香港、新西兰
课程改进的竞争性资金	阿根廷、瑞典
绩效指标	英国、美国
绩效合同制	法国
学位授予权的外部确认	爱尔兰
毕业考试	巴西等国
专业领域的资格证书考试	许多国家

许多国家一直在变换着它们的质量保障方式。澳大利亚在20世纪90年代早期进行了三年的国家质量保障审查，之后的很多年却没有建立任何正式的质量保障机制，但在2000年初宣布了一项质量保障的新计划。在智利，以监督新建私立院校为目的而成立的认证委员会最近扩大了自身权限，将学科的审查也纳入职责范围内。玻利维亚采取了另外一种方式，于1997年任命了一个一次性私立大学评估委员会。法国的国家评估委员会最初只重点考察大学层面的活动（Staropoli,1987），但最近也增加了对学科层面的审查。瑞典在过去的十年中已经数次修改"校长办公室"的职责，但每次都在其中增加了某种质量保障的新内容（National Agency for Higher Education,1997；Stensaker,1999）。在美国，区域认证机构在20世纪80年代末期到90年代初期主要进行了认证程序上的改革，但目前还在开展重大的高等教育认证的新方向改革（Council for Higher Education Accreditation,1999；Dill, Massy, Williams, & Cook,1996）。爱尔兰多年来一直实施国家认证制度，近期也开始设立新的认证机构。

许多对质量保障缺乏经验的国家已经采用了渐进式或阶段式的手段。通过这种手段，他们逐渐建立起对质量保障方式的支持与信赖，同时也获得了质量保障的直接经验。印度尼西亚开始注重对教师培训计划的评估与加强。波兰将科研评价作为出发点，然后逐渐增加对教学项目的评价。阿根廷和匈牙利也很相似，他们最初只进行博士专业的评估，然后再向其他学历层次扩展。捷克共和国的国家认证委员会最初将重点放在建立良好的认证程序上，后来又转向引入评估与自我评估过程（Council of Europe,1993,1995；El-Khawas et al.,1998）。

只要有可能，希望建立质量保障策略（或改变其最初策略）的政府都会受益于制定与调整一种普遍的方式来实行这种广泛的政策。许多国家的

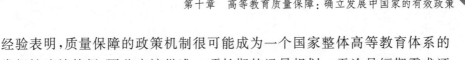
第十章 高等教育质量保障：确立发展中国家的有效政策

经验表明，质量保障的政策机制很可能成为一个国家整体高等教育体系的常规性连续特征，因此应该批准一项长期的远景规划。无论是短期需求还是长远目标都应该得到重视与规划，这才有可能满足不同时期的发展需要。

阶段性评估的实施方式对于那些正在经历高等教育入学快速扩张的国家来说尤为重要。比如，相对于历史较长的院校来说，分阶段评估可能对那些正在获得发展并因此产生不同质量问题的各种新建院校比较合适。举例来说，罗马尼亚的公立高校从 1988 年的 44 所增加至 1997 年的 56 所，同期增加的私立院校有 74 所（Council of Europe, 1995）。包括埃及与爱沙尼亚在内的许多国家还进行了非大学层次的教育扩张。那些正在进行院校合并的国家也面临着自身独特的质量问题。

那些拥有大规模远程教育的国家发现，远程教育与传统意义上的教育所面临的质量问题略有不同（Farnes, 1997; Swift and Morejele, 1996）。比如，南非最近不得不着重于远程学习结构中缺少管理与教学支持的一些问题。那些极为依赖远程学习来扩大教育机会的发展中国家特别容易产生这类问题。世界五大远程学习项目都是基于发展中国家的：土耳其、中国、印度尼西亚、泰国和韩国（Task Force on Higher Education and Society, 2000）。

一些国家已经面临着与私立院校和海外教育机构相关的质量问题（本书萨尔米撰写的第二章中有进一步的探讨）。随着新的营利型私立院校的发展，最大的问题并不是它们具有私营的、营利的性质，更重要的是它们如何服务于公众的利益，在允许运用自由市场手段进行高等教育供给的同时它们如何维护普通消费者的利益与学术目标。部分国家（如罗马尼亚）在认证体制内部给予私立院校一种特殊的地位；另外一些国家在认证体制外部拟定了监督条款（Council of Europe, 1993）。一些国家的大学将自己的教育课程带到其他国家，这种"特许经营"模式的引入为各国政府提出了新的问题，他们必须考虑制定相关规定与保障措施避免低质教育损害学生。

更令人困扰的是，许多发展中国家发现包括世界银行等国际组织在内的外部机构与亚洲发展银行或泛美开发银行等外部组织正在迫使他们以超出自身希望的更快速的方式更广泛地建立质量保障机制（Chapman, 本卷; Inter-American Development Bank, 1997a）。相反，那些质量保障经验最为丰富的国家通常在实际发展中步伐较为平缓。在西欧，国家之间以不同的进度涌现出新的质量措施，但是这些措施来自于国内感受的压力以及大学与政府机构本身正致力于那些已经广泛讨论过的问题（Association of European

Universities，1997；Westerheijden，Brennan，& Maassen，1994)。

无论是否受到外部的压力，各国都面临着相关政策制定的相似任务，可能关于质量保障或其他问题：政府必须明确自身的主要目标以及最需要得到解决的问题。它还必须明确什么行动或解决方法可以基于当前条件继续适宜地发展。为了达到这样的目的，大多数国家将会从策略性规划程序的制定中获益，这一过程会确立国家的总体目标，并且为实施计划而选择的初期与长远策略提供坚实的基础。

本章探讨了有关发展中国家质量保障问题的一系列政策目标。质量保障实施的重点应该在哪里？哪些问题需要特别注意？是否需要一种综合性的手段？本章以最近几十年间许多国家的相关经验为基础，提出了一系列便于选择这些目标的构架式问题。本章还探讨了如何定义质量以及如何识别高等教育质量的一些要素。

这些探讨主要是为政策制定者提供决策过程所需要的相关背景与资源。本文不会提供某种单一的解决方案，每个国家都应该根据本国实际情况选择最适合自身的质量保障方式。本章只概括地提供有关政策目标的一般性观点，而不去详细描述当前的具体实践，以免更多的描述会很快被当做当前的最佳实践或最佳模式。尽管通过对当前实践的研究可以了解许多相关信息，但应该认识到的是它们一般反映的只是政府目标的有限的几个方面。有些实践在理念上还存在严重的缺陷，其依然存在的原因在于它们从政治上来讲是有益的。即使是那些被看做是很有效的实践方式，也很难指出它们发生作用的原因或者这些做法怎样才能够被移植(Billing & Thomas，2000)。背景因素通常特别重要，而且通常很难解释得清楚。因此，本章的目的在于通过集中论述质量保障政策目标的潜在目的与决策选择，展望每个国家可能采取的若干质量保障方式。

目 标 确 定

人们通常很难理解政府为何要促进质量保障以及基于何种原因选择某种特定的质量保障方式。这类政策决议无疑成为政治协商的一部分，而且很有可能的是最初经过一系列逻辑建构的政策提案早已经过了折中处理(Kingdon，1984)。更常见的情况是，政府根本就不会公布政策实施的理由。英国在这方面的做法尤为突出，英国政府在 20 世纪八九十年代实

第十章 高等教育质量保障：确立发展中国家的有效政策

施科研与教学评估时几乎没有向公众说明政策实施的原因（Kogan & Hanney,1999）。同样常见的情况是，即使公布了政策实施的理由，也只会说明一部分原因。在这个由政府部门"操控"的年代，可能只公布最不易引起反对的理由而不提及其他原因。在这类政策背后常常存在许多重叠的甚至是前后不一致的目标。

从根本上来说策略的选择是很困难的。高中后的教育过程十分复杂，这种复杂过程构建出的学位课程无论对学生的要求还是课程自身的长度都各不相同。尽管有些学习项目是通识性的，但大多数课程还是专业性的职业训练，受到职业或资格考试的限制。虽然这种职业课程可能会受制于详尽的外部监督，但同一所大学提供的通识课程可能受到的监督要少得多（El-Khawas,1993）。

大多数国家的高等教育都是由各种院校组成的，这些院校的历史与支持者都不尽相同，在质量上也呈现出不同的问题。对于某些院校来说，它们所有的学生都对大学学习做好了充分准备；而对于另外一些院校来说，大多数或者说所有学生并未做好这种准备，这使得他们比较难以应对大学生活。还有一些院校介于这二者之间，在是否进行了充分的大学学习准备方面，各类学生都广泛存在。那么应该对哪类学生群体进行有针对性的质量干预呢？

表 10.2 明晰总体目标

有关政策目标的各种问题
- 目的是监控还是改善？
- 目的是解决当前的需求还是改变机构的实践？
- 目的是改善所有院校还是个别院校，抑或某些类型的院校？
- 如何做权衡和取舍：这些目标与其他目标有什么冲突？怎样促进其他目标的实现？（入学与公平；科研活动；区域发展）

选择特定的结果
- 监控或是控制所有院校？
- 监控或是控制具体的学科领域？
- 发现并约束绩效不佳的院校？
- 增加"顶级"院校的数量？
- 减少业绩的"不佳"？
- 提高"平均"质量？
- 激励创新性或是适应性？
- 更加响应国家需求？

当一个国家在引入质量保障体制的同时还引入了（或扩大了）非大学层次的、职业性的或短期高等教育的供给，那么它就需要做出某些艰难的决策：应该具备一个还是多个质量保障机制呢？巴西和葡萄牙都属于不得不面临此类难题的国家（Amaral，1995）。一些小国或者是那些土地广袤而人口稀少的国家还会面临另外一个困境；在这种环境下，它们可能只拥有一所高等教育机构，或者只有一所主要的高等教育机构，又或者学习项目可能只能限定在某个特定的地理区域内（Chapman，本书；Council of Europe，1993）。

表10.2为我们提供了一个有关质量保障政策目标的简要提纲。这个图表区分了几种可能性。因此在第一步决定明晰总体目标时可以选择不一样的做法。一旦选出了相应目标，就必须进行下一步的决策，使政策制定者越来越具体地了解他们所要追求的结果以及他们所要进行的必要干预。对以上每一决策阶段的相关意见可能都有裨益。

提出涵盖面广泛的问题

首先，我们必须在广泛的范围做出决策：质量保障是否应该用于满足当前的某种需求，某种能在短时间内得到解决的短期问题？还是应该有一项长期规划，引入监督体制并使其成为机构运作的常规部分？抑或是只需改变机构具体实践中的其他方面？另一个问题是需要采取努力的范围有多大：是否所有的高等教育机构都受此影响？相反的，某些措施是否应该根据特定的院校或院校类型而有所区别？如果是这样的话，应该以什么为基础进行这种区分？这些问题特别适合于巴西等国，在这些国家里，并行的多种高等教育体系——市级、州级与联邦级——与规模庞大的多种私立院校同时运行着。

其他质量保障中需要权衡的问题和可能引起副作用的相关问题更加难以选择，也就是说，用以支持质量保障的一些行为活动可能会与其他政策目标相互冲突（或相互促进）。尽管很难分辨这类冲突，但进行系统的规划和分析有助于认识可能产生的后果及影响。对于高等教育来说，一个潜在的重要问题是质量保障是否有助于提高高等教育参与率以及扩大弱势群体的入学机会。人们可能会问，质量保障的各种方式如何制约着高等教育入学，会不会使获得学位更加困难，是否会降低课程种类的多样性等。

第十章　高等教育质量保障：确立发展中国家的有效政策

另一个问题是，教师分配在科研、教学及其他活动上的时间都是固定的，新的质量保障政策会怎样改变原有的时间平衡。对高等教育体系可能产生的其他影响也要有所考虑：特定院校或院校类型可以从同一项政策中获益吗？某种质量保障方式，如对优秀教学、教学时间与资源以及院校规划与开发新课程的能力的支持还会产生其他哪些影响？

这里需要指出的是，我们有必要系统地分析某一项政策对某所院校周围社区的雇主及经济活动可能产生的影响。人们需要设想，由于推行某项政策是否会增加或减少受过训练的工作者的供给量？这项政策是会促进还是进一步阻碍区域经济的发展？

选择特定的结果

另外一些问题与特定的目标，或者说质量保障目的相关。一些相当泛泛的词语经常用以说明质量保障新措施的实施理由：改善、提高、适宜或是卓越；提高标准或是确保质量控制；弥补不足或是避免令人不满的作为。这些说法为我们提供了一种憧憬或者说是一种热望，但是这些表述不够具体，无法形成一种策略的基础。

在大部分有关质量保障的政策争论中，政策目标的两分性十分常见：是为改善还是监控，是为提高还是问责（cf. Brennan, de Vries, & Williams, 1997；Thune, 1996；Westerheijden, Brennan, & Maassen, 1994）。在很多国家，长期而有争论的问题都是在这种对比中被反复研究。一派认为，监控与服从的做法十分烦琐、浪费时间、品质低劣、不适合高等教育，而且会产生不良后果，因为这种做法会形成屈从文化。另一派没有这么直白，他们指出了大学的保守主义倾向，并且认为如果没有外部指令，大学会继续追随这种传统的低效能运作方式，并将重点只放在科研与院校的需求上而不注重学生与雇主的需求。尽管如此，改善与控制之间的分歧在实际运作中并非不可调和：两种方法都可以提高质量，相反的，只运用某一种方式可能无法成功地提高质量。这种争论只是混淆了手段与目的。教育质量若要得到改善都必须接受一定程度的监督，或者说是监视；任何有效的监控方法都必须认清需要改善的领域。尽管一项政策可能只着重某个目标而相对忽视了其他目标，但质量保障政策的整个实施过程必然包含着改善与监督两种目的。

有关质量改善与监督的争论可能正说明了质量保障政策不可避免地以某些有关高等教育机构变革方式与原因的理念为基础,无论这种理念怎样地隐含其中。政策规划者应尽量地将这些理念明晰化:他们是否认为院校只有在被迫的情况下或是问题暴露出来的时候才会实施变革?反之,他们是否认为信息公开化为质量保障提供了坚实的基础,或者认为向业绩优秀的院校提供更多资源可以改善总体教育质量?

理解质量差异

质量或质量保障的定义经常以不同形式出现在各种系统表述、长篇论文以及辩论中(Harvey & Green,1993;van Vught,1997)。就像众所周知的九个盲人摸象的故事,每个人只摸到了大象的一部分,所以描述出来的大象也只是一部分,不同的政策制定者可能对如何提高质量持有截然不同的看法与具体作为。

在大多数国家里,质量保障体系的引入一直伴随着有关这些定义及其潜在假定的长久论争,这些论争一方面想要明晰如何设计和进行质量保障,另一方面要指明各种质量保障方式存在的缺陷。结果苏格兰官方决定不提出质量保障的一般性定义,而是提供致力于卓越的具体标准,使每所院校在制定自身的发展目标时可以应用这些标准。

出于本文的写作目的,对质量一词从三方面的特点加以明确,即足够的能力、有效性与效率(见表 10.3)。最后的这个特点也可以被看做是实施结果的质量,是一项明显的质量特点;只有当实施结果卓越,当院校产出良好成效时,质量才真正存在。但是这里的问题是,对于质量保障的总体系来说,其他两大特点也同样重要。一所院校要在变幻莫测的条件下保持良好的教育质量,就必须具有自我意识,并且能够清楚地了解自己的何作何为可以带来较好的效益;院校还必须拥有充足的资源,并且善于规划和管理这些资源。以下将分别探讨这三大方面。

表 10.3　质量的操作性定义

- 足够的能力(资源;有效的规划与管理过程)
- 有效性(毕业生具有较高成就水平;成就对社会与经济发展有意义)
- 效率(较低的单位成本;较高的毕业率;及时毕业)

第十章　高等教育质量保障：确立发展中国家的有效政策

足够的能力

体现质量的一个重要方面就是要拥有（与维持）足以完成各项目标的基础设施。这既包括物质资源也包括人力资源，还包括规范的管理过程和运作能力；院校通过实施计划监控质量运作以及保证结果的能力；充分利用资源，根据已知情况提高成效的能力。有效的高等教育规划与管理包括两大方面：一是学术管理，使课程、教学人员和支持性服务相互调和，协同一致；二是行政管理，使服务及设施及时到位，随时可用。对于高等教育来说，高效的管理过程还要注意到课程是否应该更新，教材与其他辅助性资料是否适用于目前正在使用的特定教育层次或课程。

在不少国家，人们批评质量保障政策将能力问题作为潜在的实施重点。他们认为这种做法只能体现出"投入"，而不去关注这些投入是否得到适当利用以及投入的结果如何（Alstete,1995）。

尽管如此，人们反对了几十年之后，许多国家出现了赞同"能力"重要性的新趋势，认为这是衡量院校是否具备提供优质学术课程的一大标准。例如，美国的认证机构正在重新关注院校的能力与投入。美国西部高等院校协会最近重新制定了对其成员院校的认证要求，并围绕两大核心问题——能力与效率——修订了协会标准与审查材料（Council for Higher Education Accreditation,1999;Petersen,1999）。不仅这里如此，许多其他地方也重新认识到一些问题实际上已经出现了，比如用于拓展课程的资源是否充足，教师是否清楚地了解自己教授的科目。

像苏格兰和新西兰等另外一些国家在质量调查中包含了投入、过程与环境等问题，并且审查一所院校战略规划与目标是否连贯恰当（Massy,1997;Woodhouse,1999）。很多发展中国家也正迫切地关注这些问题。例如，捷克共和国在进行大学认证与评估方面的规划时，明确地重视了资源与基础设施的充足性问题、教学人员的能力资格问题与课程内容的可适性问题（Council of Europe,1995）。同样地，阿根廷的资金改善计划包括了旨在加强院校能力的部分，还包括强化图书馆质量与教师培训；阿根廷在支持课程改进与降低辍学率等方面还强调了效率与有效性两大质量目标（Ministry of Culture and Education,1998）。

能力与资源等问题对于评定新建院校提案特别重要，无论该院校是私立还是公立，是传统课堂教学型还是远程教学型。远程学习课程中经常出现这类有关院校能力的问题，但传统教学中出现此类问题也很正常（Farnes,1997)。比如,考察各个院校是否为学生提供足够的机会来讨论教师问题,这种做法合情合理。对于新建的私立高等院校,也同样应该提出其是否具备足够的能力等相关问题:院校校主是否做好充足的准备投资良好的物质条件与师资,以促进各种课程的长期健康发展?海外联营教育机构也应该注意能力以及在较长时间内维持这种能力等问题。他们是否使自己的课程材料适合东道国的需要与问题?他们是否建立了稳定而高效的管理结构?很明显,这些问题也可以适用于那些传统院校。

谈及公立院校的能力状况就要涉及一个棘手的问题:一所院校如果得到的公共资助过少,特别是长期处于艰难状态下就不太可能获得良好的绩效,这种情况也确实存在。但是,质量保障过程很典型地应该由政府扶持。当院校能力缺失十分明显,并且很明显地归咎于资金不足时,怎样才能使质量保障过程保持客观坦诚?尽管这种做法从政治角度来说不太受欢迎,但是质量保障委员会应该对院校能力问题加以过问,并考虑到公共资助院校的资金不足是否危及院校能力。

有效性

谈到有效性问题,要注意院校怎样利用资源,是否拥有优良的学术课程,是否维持了恰当的举措以实现院校目标(Brennan, de Vries, & Williams, 1997; Dill et al., 1996)。这些问题着重强调院校正在做什么以及它们正在达成怎样的目标等根本性问题。尽管一些学者认为这些问题应该主要直接指向新建院校,但它们对高等教育的整体重要性说明这些问题也同样适用于建立多年的院校(Higher Education Quality Council, 1994)。

从根本上来说,这就必须考察产出如何,院校达成的结果如何。这意味着毕业生是否做好了充分准备,是否拥有了自己——以及社会——期盼的知识与技能作为学业成果等等问题。提到产出,不可避免地要谈到课程的质量问题(被看做是每个学习领域中规划性学习与活动的总和)以及教学质量是否足以使学生获得本学科的高级知识。因此,一旦发现毕业生实际达成的水平与期望不符,该院校就应该审查自身是否需要对现存实践进行改革以获得更加令人满意的产出结果(cf. El-Khawas,1998; Harvey & Green, 1993)。

学生所学知识与社会需求的相关性是衡量学习有效性的另一个问题,其关注院校是否正确地选择了代表社会需求的相关知识和技能使学生学习掌握后能够服务于社会需求(Salmi,本书;Task Force on Higher Educa-

第十章 高等教育质量保障：确立发展中国家的有效政策

tion and Society, 2000）。毕业生是否具有职业生涯所需的专长与能力？毕业生总体来说是否拥有雇主们所要求的知识与技能？能否为国家经济发展做出贡献并且服务于更广阔的公共利益？例如，是否有毕业生从事于社会公共福利的重要领域、服务国民的准备性领域以及有待进一步发展的科学领域？

当教育的有效性方面出现问题时，质量监督就会遇到难题。也就是说，各种规定与宽泛的标准通常不足以指明质量够格与不够格之间的界限究竟在哪里。有效性不是从单一维度进行考察的，而要看多种资源如何协同运作。很多发展中国家，比如匈牙利、阿根廷、墨西哥和老挝都存在教师收入过低使得教师不得不从事第二职业的问题。但是在这种情况下，很多教师仍然表现良好。用于辅助材料的资金可能很少，不大可能用以维持实验室建设、课外实践、辅导资助等等，甚至无法支持小班教学。这些不足之处在什么情况下阻碍了教育效率的提高？

尽管这些问题都很难回答，但质量保障的作用就是要使各个院校对自身的核心教育使命负起责任。用于各种仪器与设备的预算可能缩减了，但是不应该允许这种缩减危及院校提供有效的教学与学习的能力。

效率

效率目标是要看较低的单位成本所产生有效教育成果的多少，这有时也被看做是衡量质量的一个方面。从传统意义上来讲，学者反对以效率判断教育，认为效率很难反映教育状况。但是其他公共机构期盼效率的提高，高等教育必须承担起高效运作的职责。事实上，对教育结果的一些测量指标同时反映了效率与有效性两种目标。比如，较高的学位授予率意味着资源的有效利用，同时也反映出教学与其他学术实践活动的有效性。然而，也确实有一些政府制定的质量保障政策更侧重效率的重要性，可能是由于效率比有效性更容易测量与解释。关键问题在于尽管效率可以成为质量追求的一方面，但不应该成为最显著目标（cf. Harvey & Green, 1993）。

效率目标一旦应用于高等教育领域就会出现一些困难。高等教育的特性表现在需要长期持续的努力、依靠诸多个体在多个层面的多年活动、承担作为高等教育主干的学位课程等等。在这种情况下，可以根据多种方式来提高效率，但不是所有的方式都意味着是良好的社会或教育政策。因此，如果高等院校的条件十分苛刻，只招收高素质学生，或者大量学生在第一学期后就辍学,那么这些院校可能因单位成本较低而看起来十分高效。但是,这种做法可能无法服务于社会需要大量受过高等教育的专门人才以满足国家劳动力需求的目标(Billing & Thomas,2000)。比如,如果降低教师工资看起来降低了单位成本,但教师更迭频繁会极大地损害学生发展,这种效率则有可能是以教育有效性为代价的。

在思考效率与高校质量的关系时,需要考虑质量的各个方面是怎样相互影响的。能力、效率、有效性之间的关系并不容易理解。在短期内可以减少资源,进而提高效率而不损害教育的有效性。前面已经提到,短时间内的资源缩减可能不会影响教师的正常教学;但从较长远来看,教师收入过低会明显影响优良师资的引进。判断效率高低的重要做法是识别短期与长远状况,并判定效率的明显提高是否实际上却隐含着能力的降低。

正确理解质量

当人们在考虑整个体系,如高等教育体系的整体质量时,除了应该明白质量定义还正处于不断发展之中这一问题以外,还应该了解实践中的问题。当人们探讨质量问题时,很可能会做出不尽相同并且相互对立的设想。对于整个高等教育体系来说——各种院校、大量的学生、众多的教师、各异的课程——质量的总体表现事实上呈现出一种可以用各种不同的方式加以解释的"平均状态"。

对于像高等教育这样一个巨大而复杂的体系来说,大多数质量问题都应该根据质量分配的方式加以考察。换句话说,只有将质量的各个要素都考虑进来才有可能使问题得以解决。如果人们都认为大学对学生没有制定足够高的标准,所有的学生是否都会表现不佳?或者是另外一种情况,是否只是一部分特定学生群体学业较差?在某些领域、某些院校或某些课程的学生是否表现不佳?

根据实际问题的不同,需要给予不一样的政策干预。要将所有院校从"平均"的表现水平提升为较高的表现水平可能需要采取各种有差别的行动,而不是只强调那些影响小部分表现较差的院校的问题。同样,提高成绩较差学生的学业水平(如加强基础技能的训练)与提高成绩中等学生的学业水平的做法(如成功的策略可能是要更灵活地适应学生的兴趣,而不是对已经理解的内容反复操练)差异很大。

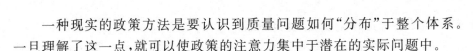

第十章　高等教育质量保障：确立发展中国家的有效政策

一种现实的政策方法是要认识到质量问题如何"分布"于整个体系。一旦理解了这一点，就可以使政策的注意力集中于潜在的实际问题中。

总结与讨论

本文审视了最新的高等教育质量保障方式的不同目标。希望发展或变革质量保障方式的国家，从文中提供的观点中可以得到几方面的启发。一方面的含义是，基于高等教育体系的复杂性，不大可能发展出一种单一的、包罗万象的质量保障方式，在各种质量目标中必须设定优先目标。如果要关注某些问题或某几个目标，那么不可避免地会相对忽视高等教育质量的其他方面。

另一方面的含义是，要根据短期与长期目标制定决策。在从可能的目标中进行抉择时，可能无法避免采取分步措施。可以首先采取某些政府行为，但是之后当条件允许时也要引入其他措施。这种分步措施有很多好处。一旦以某个重要目标为起点，院校就应该优先关注这一目标；一旦该目标有明显进展，院校的注意力就可以转移到其他目标上去。

同样，优先目标的不同会影响到策略的选择。比如，如果认为毕业生的就业能力最为重要，那么关注特定的学业课程或者教师要比关注整个院校发展的做法更好。关注课程更容易判断毕业率与求职成功状况，更容易考查学生为特定职业做准备的有效性。相反，关注院校最容易考核管理过程。因此，如果主要的政策重点是效率与良好的规划，那么对院校的关注最能说明管理运作与过程的有效性。

最初策略的选择可能要讲求实际，比如要考虑质量保障方式之间转换的灵活性。例如，可以通过信息报告有效地了解院校的运作情况，但是只有当院校具备丰富经验以及数据信息系统时这种机制才能最有效地发挥作用。如果在必要的基础设施还不到位的情况下过快地采用这种方式，进一步的问题可能是信息报告延迟并且缺失。

除了注意在不同阶段着重于特定目标之外，从长远来看规划者还必须牢记质量保障的更大目的是要发展院校能力。长远的目标是要改变高等教育机构内部的核心实践活动，不仅仅要确保按照健全的程序进行，还要发展评估体系，使院校保持强势课程并根据需求的变化有效地调整这些课程。要达到这个长远目标，在较长的一段时期内需要多种政策策略，这些策略会使院校运作呈现出不同的层次。

简言之,质量保障策略只能被看做是手段而非结果。更大的目标是要建立有效的质量保障体系,使学生们能够运用他们的聪明才智取得巨大的成就并且服务于国家的需要。正如最近世界银行与联合国教科文组织报告中所提到的,"高等教育专注于人——各种法律规定都应该激发而不是阻碍人的潜力"(Task Force on Higher Education and Society, 2000, p. 52)。

参 考 文 献

Alstete, Jeffrey W. (1995). *Benchmarking in higher education: Adapting best practices to improve quality* (ASHE-ERIC Higher Education Reports, No. 5). Washington, DC: George Washington University.

Amaral, A. (1995). The role of governments and institutions: The Portuguese and the Brazilian cases. *Quality in Higher Education*, 1(3), 249—256.

Association of European Universities. (1997). *Institutional evaluation as a tool for change*. Geneva: Committee of European Rectors.

Billing, D., & Thomas, H. (2000). The international transferability of quality assessment systems for higher education: The Turkish experience. *Quality in Higher Education*, 6(1), 31—40.

Brennan, J., de Vries, P., & Williams, R. (Eds.). (1997). *Standards and quality in higher education*. London: Jessica Kingsley Publishers.

Brennan, J., El-Khawas, E., & Shah, T. (1994). *Toward effective uses of peer review: A U.S.-European comparison*. London: Open University/Quality Support Centre.

Council for Higher Education Accreditation. (1999). *Quality review: CHEA almanac of external quality review*. Washington, DC: CHEA.

Council of Europe. (1993). *Accreditation and evaluation in higher education* (Report DECS-HE 93). Strasbourg: Council of Europe.

Council of Europe. (1995). *The organization of quality assurance* (Report DECS LRP 95/30). Strasbourg: Council of Europe.

de Wit, H., & Knight, J. (Eds.). (1999). *Quality and internationalization in higher education*. Paris: OECD, Programme on Institutional Management in Higher Education.

Dill, D. D., Massy, W. F., Williams, P. R., & Cook, C. M. (1996). Accreditation and academic quality assurance: Can we get there from here? *Change Magazine*, 28(5), 16—24.

El-Khawas, E. (1993). External scrutiny, U. S. style: Multiple actors, overlapping roles. In T. Becher (Ed.), *Governments and professional education* (pp. 107—122). London: SRHE/Open University Press.

El-Khawas, E., with DePietro-Jurand, R., & Holm-Nielsen, L. (1998). *Quality assurance in higher education: Recent progress, challenges ahead.* Washington, DC: World Bank.

Farnes, N. (1997). New structures to reform higher education in Central and Eastern Europe: The role of distance education. *European Journal of Education*, 32 (4), 379—396.

Gibbons, M., Limoges, C., Nowotny, H., Schwartzman, S., Scott, P., & Trow, M. (1994). *The new production of knowledge: The dynamics of science and research in contemporary societies.* London: Sage Publications.

Harvey, L., & Green, D. (1993). Defining quality: *Assessment and Evaluation in Higher Education*, 18(1), 9—34.

Higher Education Quality Council. (1994). *Learning from audit.* London: HEQC.

Inter-American Development Bank. (1997a). *Higher education in Latin America and the Caribbean.* Washington, DC: Inter-American Development Bank.

Inter-American Development Bank. (1997b). *Higher education in Latin America: Myths, realities, and how the IDB can help.* Washington, DC: Inter-American Development Bank.

Kingdon, J. (1984). *Agendas, alternatives, and public policies.* Boston: Little, Brown.

Kogan, m., & Hanney, S. (1999). *Reforming higher education.* London: Jessica Kingsley Publishers.

Massaro, V. (1997). Learning from audit? Preliminary impressions from a survey of OECD countries. In National Agency for Higher Education (Ed.), *Quality assurance as support for processes of innovation: The Swedish model in comparative perspective* (pp. 9—38). Stockholm: National Agency for Higher Education.

Massy, W. F. (1997). Teaching and learning quality-process review: The Hong Kong programme. *Quality in Higher Education*, 3(3), 249—262.

Ministry of Culture and Education (Argentina). (1998). *Fund for the enhancement of university educational quality.* Buenos Aires: Ministry of Culture and Education.

National Agency for Higher Education. (1997). *Quality assurance as support for processes of innovation: The Swedish model in comparative perspective.* Stockholm: NAHE.

Neave, G. (1998). The evaluative state reconsidered. *European Journal of Education*, 33,265—285.

Neave, G., & van Vught, F. (1991). *Prometheus bound: The changing relationship between government and higher education in Western Europe.* Oxford: Pergamon.

Neave,G., & van Vught, F. (1994). Gorernment and higher education relation ships across three continents: The winds of change. Oxford: Pergamon.

Petersen, J. C. (1999). *Internationalizing quality assurance in higher education*. Washington, DC: Council for Higher Education Accreditation.

Schofield, A. (Ed.). (1998). *Benchmarking in higher education: An international review*. London: Commonwealth Higher Education Management Service.

Staropoli, A. (1987). The French National Evaluation Committee. *European Journal of Education*, 22, 123—132.

Stensaker, B. (1999, August). *Quality as discourse: An analysis of external audit reports in Sweden 1995—1998*. Paper presented at the annual meeting of the European Association for Institutional Forum, Lund, Sweden.

Swift, D., & Morejele, M. (1996). Quality in distance education. In A. H. Strydom, L. O. K. Kategan, A. Muller (Eds.), *Quality assurance in South African higher education: National and international perspectives* (pp. 116—130). Bloemfontein, South Africa: University of the Orange Free State.

Task Force on Higher Education and Society. (2000). *Higher education in developing countries: Peril and promise*. Washington, DC: The World Bank.

Thune, C. (1996). The alliance of accountability and improvement: The Danish experience. *Quality in Higher Education*, 2(1), 21—32.

UNESCO. (1998). *World declaration on higher education*. Paris: UNESCO.

van Vught, F. (1997). To innovate for quality. In National Agency for Higher Education (Ed.), *Quality assurance as support for processes of innovation: The Swedish model in comparative perspective* (pp. 80—102). Stockholm: National Agency for Higher Education.

Westerheijden, D. F., Brennan, J., & Maassen, P. A. M. (Eds.). (1994). *Changing contexts of quality assessment: Recent trends in West European higher education*. Utrecht: Lemma.

Woodhouse, D. (1999). Quality and Quality Assurance. In H. de Wit & J. Knight (Eds.), *Quality and internationalization in higher education* (pp. 29—41). Paris: Organization for Economic Cooperation and Development.

World Bank. (1994). *Higher education: The lessons of experience*. Development in Practice Series. Washington, DC: The World Bank.

第六部分

支持大学教师的新角色

■ 清华大学校园一角 (张献明 提供)

第十一章　中国高等教育改革的背景：对教师问题的解析

伊万娜·林肯　　王晓平
布莱恩·科尔　　杨晓波

中国的高等教育很大程度上是基于几世纪以来丰富的传统文化构筑起来的，中国在提供了大量高等教育入学机会的同时也骤然面对面向未来的巨大的变革，而这些变革将会引发各种质疑、担忧与焦虑（Hawkins, 1992；Hu, 1993；Zuo, 1993）。激发与阻碍中国高等教育变革的因素以及大学教师与大学教师职业生涯的内涵（Postiglione & Jiang, 1999）都是本章的重点。本章还将具体探讨影响教师职业生涯、教师聘用与奖惩机制、教师在课程变革中的作用以及教师工作负担等方面的诸多高等教育改革。

本章的结论主要基于美国新闻总署资助的一项两年期美国与中国大学教师交换计划的研究结果。该项目由德州农工大学与中国国家教委教育发展研究中心（NCEDR）共同管理实施。本研究的方法论本质上属于定性研究，主要通过对中国高等教育管理者与中国教育部及省级教育官员的深度访谈、对相关文献的分析以及院校实地考察等方式获取研究数据。实地考察的单位有北京大学、北京航空航天大学、国家教育行政学院、中国石油大学、摩托罗拉（中国）电子有限公司、西安西北大学、广东高等教育局、西江大学（广东省）、上海市教育科学研究院（内设上海高等教育研究所、上海教育科学研究所、上海职业技术教育研究所、上海成人教育研究所以及上海人力资源发展研究所）。

相关文件、访谈、记录以及来自政策简报与讨论中的笔记都经过了内容分析并且按照类别与主题进行了系统组织。当比较这些主题并辨别出其中政治的、社会的、文化的以及经济的紧张、矛盾和压力时，将利用力-场分析（force-fields）来理解大学教师所面临的互相竞争的各种因素（Lewin, 1951）。

背景、挑战与压力

中国的高等教育分为三种类型：二至三年的专科教育，四年制的本科教育，包括两年制无学位的研究生课程、二至三年的硕士学位课程和三至四年的博士学位课程在内的研究生教育。除了正规的学院与大学教育之外，中国还发展了相当完善的成人高等教育体系（持续的职业性发展），这通常被称为"大五类"学校。其中包括职工大学、广播电视大学（包括远程学习）、函授大学与学院、夜校，以及被称为自考的高等教育自学考试体系。在这种高等教育自学考试体系中，学生可以逐门通过考试，当他们通过全部必修课程的考试后就会被授予大学文凭。

中国的高等教育改革正在进行当中。中国共产党中央委员会与国务院于1993年2月13日印发的《中国教育改革和发展纲要》确定了教育改革的指导方针。中国政府确立的高等教育总体发展目标是使高校毕业生"适应经济、科技和社会发展的需求"。此外，该报告还主张：

> 集中力量办好一批重点大学和重点学科，高层次专门人才的培养基本上立足于国内，教育质量、科学技术水平和办学效益有明显提高。
> (Central Committee of the Communist Party of China and State Council, 1993, p. 2)

中国有很多社会组成部分并未参与工业与后工业变革，这在未来的几十年中会给教育的改革和基础设施建设带来巨大的挑战。截至目前，中国高等教育改革有三大重点：一是财政改革将部分筹措经费的责任转移到省、地方以及院校自身；二是改革传统的院校管理方式，使管理人员与中层管理者在新型组织架构中有较大的自主性，但同时也要更多地承担为自身院校筹措经费的责任；第三项改革目前也在进行当中，包括课程改革、教师职业生涯、聘用与升迁政策、工作负担分配、退休安排等方面的改革。以下将探讨中国高等教育的规模扩张状况，随后会涉及这三大方面的改革。

高等教育规模扩张

自从联合国教科文组织（1998）举办世界高等教育会议以来，基于社会、经济与政治的多方面原因中国顺势步入高等教育大众化阶段。90年代最初计划年均入学人数增长率为5％至6％,90年代后期的实际增长率要比计划和设想(中国教育基本统计,1995)的比例高出许多,达到20％甚至更高。事实上,2000年高等教育入学总人数是1980年的三倍多。近年来,高等教育机构年均招收约60万普通高校本专科学生,约4万的硕士与博士研究生(Huang & Mao,1991)。2000年,普通(或称传统)高校共招收了160万一年级新生。2000—2001年度某些中学后教育形式或者说高等教育形式的入学率有望稳定在15％~21％。

这种巨大的增长有利于缓解社会经济发展的压力,有利于满足年轻人接受高等教育的期望,有利于增强高等教育的国际竞争力,也有利于缓解要求高等教育以更快速度进行规模扩张的政治压力(Hao,1995)。中国正逐步通过三种主要方式提供大众化的高等教育:院校合并、新建校区(如上海大学因为老校区没有扩充的空间,将新校区建于市郊40公里外)、增加生师比。尽管在环境发生变化的情况下,中共中央政治局和中央规划委员会可能会做出其他决议,但是追求大众化高等教育的决策在可预见的未来似乎不会出现多大变动。

财政改革

始于1985年的教育财政改革将经费筹措的责任逐渐转移给下一级政府,使更多的政府机构参与教育资金的多样化筹集,并在非政府机构中寻求新的教育资金来源(Hartnett,1993)。尽管从1998年至今,中央政府一直在增加高等教育预算,主要用于科研设施的改善与效率的提高,但经费筹措的责任重担仍在持续转移。

财政改革的另一个方面是建立了中学后教育的收费体制并随之增加自费学生的数量,这些学生认为高等教育投资物有所值。在1992年11月的全国高等教育工作会议上,国家教委副主任朱开轩提出政府关于高等教育政策的最终目标:

> 整个社会应当转变原有的高等教育观念。高等教育属于非义务教育,原则上所有学生都应当支付学费(Qiping & White,1994,p.221)。

行政、管理与机构改革

1985年5月中国出台的第二次《关于教育体制改革的决定》提出成功

的高等教育改革应当包括：

> 转变政府对高等教育机构控制过多的管理体制，在国家统一的教育政策与规划指引下扩大高校自主权，加强高校与用人单位、科研机构及其他社会部门的联系，激发高校主动满足经济与社会发展的需要。
>
> (Qu,1991,p.806)

尽管目前的趋势是要减少"过多的政府控制"，但中央政府的政治意愿仍在发挥核心作用，特别是中国目前还处于由集中的计划经济体制向市场经济体制的过渡阶段，情况尤其如此。虽然政府控制较之以前已经有了大幅度减弱，许多政策导向仍是根据行政指令性措施而不是依靠市场驱动力。举例来说，正如前面谈到的去年中国高等学校之所以空前地招收了160万新生，主要是基于中共中央政治局的决策，而不是教育部的规划或决策。

另一个影响中国高等教育结构与管理的重要因素是正在进行的高等教育机构联合与合并。这一方面是为了使高校能够成为"综合性大学"，摆脱中国20世纪50年代曾经模仿苏联的高等专门学校模式。另一方面也是因为中国的"211工程"准备在21世纪建设100所顶级大学或高等教育机构，其中的部分院校还应达到世界级水平。结果出现了许多超大型中国院校：四川大学（由原来的四川大学与成都科技大学合并而成）、浙江大学（由原来的浙江大学与杭州大学、浙江师范大学合并而成）、吉林大学（由五所大学合并而成）。与其说这些合并后的大学是自然性学术选择的结果，不如说是政治决策的产物。这类合并院校的具体效能目前还不确定。

这些结构性改革，特别是高等教育资金筹集机构与分权式管理结构方面的变革正在创造多种新型的院校结构、教师管理、管理决策以及课程与教学论。此外，这些改革还在一定程度上塑造了高等教育的新面貌(Hu,1993)。中国每年都在兴建新的院校以应对各方面的需求，并在人口增长迅速的主要地区设立分校（如，复旦大学在中国内地与香港地区毗邻处建立教学基地），同时还有一种情况是原来的许多部属院校现在进行了合并而且归属于省级或地方治理与管理（如扬州大学，苏州大学，北京医科大学并入北京大学后的情况等等）。即便是没有合并的院校也

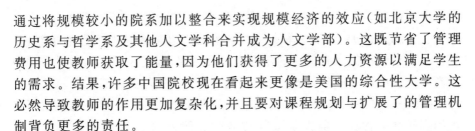

通过将规模较小的院系加以整合来实现规模经济的效应(如北京大学的历史系与哲学系及其他人文学科合并成为人文学部)。这既节省了管理费用也使教师获取了能量,因为他们获得了更多的人力资源以满足学生的需求。结果,许多中国院校现在看起来更像是美国的综合性大学。这必然导致教师的作用更加复杂化,并且要对课程规划与扩展了的管理机制背负更多的责任。

资金设备投入与投资预算方面的改革还不明显。资金设备与投资预算都是相当重要的概念,但由于资金投入短缺使得设备折旧十分严重。有些设备可能已经老化过时而急需更新。在这个问题上常常会忽视两个重要因素:一是对人力与物资设备投资时的前瞻性预算;二是已有资源利用率的提高。换句话说,也就是过去人们很少注意到高等教育体系的内外部效率究竟如何(World Bank,1994)。

课程改革

当前的高等教育改革政策主要围绕着资金(Jiang,1994)与教师聘用(Cao,1991)两大问题。改革政策并没有试图缓解国家对高等教育其他方面的控制,特别是那些看起来相当容易引起意识形态争议的领域(如历史与哲学)。但不管怎样课程政策正在发生转变,历史、哲学、文学等文科院系的数量正在增加。对这些领域进行改革逐渐被看做是国家得以长期发展的必然趋势(*Higher Education in China*,1994)。人文学科的复兴是一个强烈的正面信号,标志着中国将自身悠久的文化哲学传统与丰富多彩的历史看做是十分有价值的研究对象、严谨的学术课题以及基于高等教育的一种文化传承(Hayhoe,1995;Hayhoe & Pan,1996)。

不过,中国的高等教育政策在某种程度上依然是从人力资源供给的角度加以构想的。像探索新思维这样的目标仍没有排在改革计划的优先位置。社会科学的正式课程保持着马克思主义的世界观,科研议程的安排仍具有相当浓厚的政治色彩。政府似乎不大鼓励学生参加各种自愿团体或组织(Cheng,1995)。

这里谈到的每一个问题与每一种压力都会深刻地影响大学教师及其职业生涯。本章其余的部分将会考察大学教师在中国社会与高等教育变革中所面临的具体问题与挑战。

影响大学教师职业生涯变革的因素

从1966年至1976年的"文化大革命"阶段,中国教育体制成为遭到抨击最多的体制。今天,在中国,很难有什么人赞扬那个年代。事实上,大多数人认为那是自1949年中华人民共和国成立以来最具毁灭性的十年,几乎毁灭了整整一代大有前途的年轻人以及中层学者。实际上,相对来讲中国高等院校中鲜有中年教师。"文化大革命"中损失了几千名高等学校教师,这使得许多中国高校无法达到包括青年教师、中年教师与老年教师在内的多样性结构。目前大学教师的平衡比例大约是70%的高级教师与30%的初级教师。大概还要再经历一代人的时间,中国的大学教师结构才会再次呈现出经验与年龄的多样性。

当前教育改革的一部分是要建立一种新的年轻教师组织结构,而不仅仅是以新教师代替即将退休的老教师(Cao,1991)。这种新的职业结构既要讲求广度(覆盖所有的学科领域),也要讲求深度(包括今后几十年充分实现能力拓展的多样性)。"人力资源"核算(谈到大学教师就要论及教师发展机会的拓展)仍被看做过于"西方化",并且会对高等教育规划造成多种侵害,代价也过于昂贵。

为了跟上时代,许多中国大学教师已经被派往国外进行培训学习,主要有西欧、美国、加拿大、澳大利亚等等(World Bank,1994,1996)。他们带回了许多西方教育理念,比如教学方法、建构恰当课程范围和内容的理念、有关尖端实验设备的复杂知识以及师生互动与师生关系的新模式。他们的经历会对如何在自然科学(Jiang, Mao, & Zhang, 1993)、社会科学、人文科学或教育科学(Shen, 1994; Yang, 1990)中修正、扩展或重塑课程以适应全球化经济变革产生微妙的影响。

课程改革与现代化意味着大学教师而非教育部或中央计划委员会将会成为主要的课程设计者、输入者以及塑造者。中央计划部门的提议认为新授予的博士学位获得者将对课程改革担负主要责任。因此随着年轻教师数量的增加,西方式的课程改革理念将很有可能融入中国课程当中。大学教师互换交流也会进一步促进课程的更新换代。所以年轻新教师必须同时开拓自己的科研与教学领域,还要承担起对本系课程革新、现代化与改造的责任。同时,尽管许多大学教师在自己就读本科时的师生比大约为1∶5至1∶6,但他们即将面临的教育体系中的师生比有可能是1∶15至1∶16,学生数量增长了近三倍。

在这种背景下,中国高等教育改革的实践使国内政策的制定者与教育者面临着巨大的挑战。为了更好地理解这些问题,以下几部分将着重分析一些具体挑战,即大学教师所面临的竞争性需求、作用力与反作用力。

第十一章　中国高等教育改革的背景：对教师问题的解析

教师人力资源需求

2005年以前，中国80％的正教授将达到退休年龄。随着退休人数的增长，用于在职教师和正在进行课程项目的资金可能会更少，这是因为中国院校历来有责任保障所有大学教师的退休待遇（包括住房与退休金）。不过，大学教师很可能会发现自己的退休资助方式在发生变化，过段时间可能不再为大学教师特别是地处大城市的大学教师提供退休住房。对大学教师来说，这意味着他们将不得不另寻住处并自己掏钱购房（正如新进教师目前正在进行的一样），他们还必须节省一部分资金用于退休后的保障，中国将会建立退休基金保障体系［其具体运作也许会像美国教师退休基金会（TIAA-CREF）中退休保险形式的中国版本］。很明显，这不仅对高等院校及其教师来说是根本性制度变革，对于那些将来退休的教师来说这还关系到生活质量的问题。这个决定将会与各个院校及中央政府所面临的其他问题相互影响，相互交织。这就有必要建立一整套组织结构对这种与西方类似的退休金计划进行管理。

这种教授"代沟"的正面影响是为年轻的新进学者提供了空缺职位，使他们能够迅速得到晋升。这种"新鲜血液"会为课程带来全新的理念与教学方法（Postiglione & Jiang,1999）。为了使更多的大学教师快速做好职业准备，中国一直派遣一定数量的大学毕业生到海外进行进修或研究生学习。以北京大学为例，30％以上的大学教师（即每1,000名教师中有300多人）曾经在国外进行过培训。清华大学的情况也很类似。这些在国外学习的教师不仅熟练地掌握了外语的语言习惯，还带回了有关资本主义经济及其对个人财富的影响这种十分西方化的理念。

跨国公司总是在招聘曾在国外学习过的人为其工作。全球性跨国公司也可以确实提供高得多的薪酬，并经常性地提供比目前高等院校所能提供的更多的津贴。因此，工商行业的市场经济与高等教育机构竞争最优秀与最杰出的归国留学人员，为其提供比一般教师更高的薪酬，以及更富吸引力的退休保障。高等教育必须有灵活的政策和快速运转的机制使教师职位可以吸引那些拥有高学历并具有经验和技能的人才成为优秀教师与研究人员。

对人力的需求以及工商业与高等院校对人力的竞争预计在未来很可能将继续下去。这种竞争将会促进推出一系列资助并管理大学教师退休保障的项目计划。对于中国年老一些的大学教师来说，他们原有的成长体制很可能得到保留；而对于新进的年轻教师来说，必须建立一套新的体制来应对高额的退休费用。同时这些费用将会继续上涨，这会导致用于新的紧急计划与教师聘任的资金的持续短缺。

大学教师在教学、科研、管理方面的作用

中国在过去的二十年里一直主要通过增加教师的教学与指导负担来满足快速增长的高等教育需求（Seebert，1993）。在20世纪90年代早期，大学教师的教学负担情况为：本科教育师生比为1∶7至1∶8，部分院校的研究生教育师生比为1∶5。中央省级规划部门与新型院校管理人员组织机构都在计划并已经开始部分地提高教师教学的比率。在过去的十年里，中国部分地区的这一比率已经上升到与美国和英国几近相同（本科生教育师生比为1∶15，研究生教育或更高层次教育的师生比为1∶7至1∶8）。预计中国未来的二十年里整个高等教育体系内都将达到这一水平。

除了要在生师比加大的状况下发挥教学作用，大学教师还将面临人们对其抱有的其他两大期望。首先，随着大学规模的扩大，教师数量也不断增多，人们希望他们能够进行科研创造与追求。如果能够实现这一目标，这种期望应该会使中国在全球化的知识经济时代更具竞争力。然而，人们这种期望的增加很有可能会造成一种有趣的矛盾现象或压力：学者们怎样才能创造性地自由寻求新知识，同时又不会对中国的文化政治结构造成深层次的冲击？结构、方向与大学教师职业生涯所需的变革必然意味着要在一定程度上削弱中央控制与内在的无序性。在墨守成规的管理过程中几乎不可能产生高度的创造性与研究激情。

迅速的现代化进程以及中央集中控制的减弱对大学教师造成了第二大影响，即大学教师必须更加积极地参与到管理组织结构中去：晋升与终身教授制度、选拔与招聘委员会、政策发展结构、招生决策、财政决策以及与企业建立合作关系等。这种前所未有的责任具有强烈的自治意味。当高等院校、大学教师与中央政府共同创造新型的工作方式与工作关系时，这种自治必然会带来各种压力与担忧。

大学教师在课程开发方面的作用

大学教师与课程之间的互动关系不仅可以从教育学角度来理解，还可以从直觉中加以认识。许多经历过"文化大革命"的年长的高校教师对于教学中哪些可以教授哪些不行具有相当的敏感性。实际上许多高校的课程内容以及整个知识结构都需要进行更新。前些年,由于人们认为文科院系的毕业生对计划经济缺少直接的贡献,所以这些学科的毕业生数量偏少,文科课程特别是历史、哲学、文学等相关课程的内容多年也都未曾得到拓展,但是现在这些院系已经开始慢慢地拓展和丰富自己的课程内容。信息与工业经济是否具有足够的能力接受文科毕业生还不得而知,但高等院校除了关注自然科学与工商学领域的课程之外,似乎也正逐渐扩充一直被忽视的文科课程。但即便是自然科学,课程内容、课程结构与教学方法也应该不断更新。

现在,国外大学正在成为未来中国大学教师进行高级研究生课程与博士后培训的一大基地,这点十分重要。美国大学正在更认真地思考未来的博士在成为大学教师之前需要进行的相关教育培训,这些大学也应该认真地考虑国际学生,特别是像中国这样发展迅速又急需教师人力资源的国家的需求。美国大学可能需要对博士课程进行调整,为发展中国家未来大学教师的发展做好准备,同时也为渴望成为大学教授的美国人做好职业准备。

大学教师对实验设备的需求

现在的中国大学(特别是所谓的排名"前100"的大学,或者说最大的研究型大学)最为紧迫的,需要在未来的几十年里对实验设备进行更新换代并拥有足够的空间以加强科研设施的性能(Chenru & Zhang, 1996; Jiang, Mao, & Zhang, 1993)。除了盖更多的大楼、建全新的校区来简单扩展院校容量之外,主要的研究型大学还要面临教师对现代化设施与最新设备的需求,一方面是为了教学,另一方面是为了科研。北京、上海(或者其他城市)已经有了部分合作性项目,一些全球性公司赠送或租赁给高校许多现代化设备,特别是工程、计算机和通讯领域的设备,这些公司也会聘用这些相关专业的毕业生。不仅仅学生,研究型教师也会从这类项目中获益。无论怎样,事实上中国所有的研究型大学(以及非研究型大学、师范高校或文科类高校)都需要具备主要的基本设施。缺少现代化的研究设施有时会减缓或制约教师进行更大的研究项目。快速实现各种设备设施的现代化将会大幅度增强中国高等教育的研究能力与成果。中国的研究人员与中央规划委员会(Central Planning Committee)一样热切地渴望自己的院系被公认为世界一流的院系。

概括与结论

中国要有效地处理高等教育改革中遇到的关键性问题与挑战,首先应该明确了解各种影响高等院校的竞争性因素及压力。本章着重探讨了这些竞争性因素以及各项改革措施对于大学教师的工作与职业生涯的影响。大学教师对于提高高等院校的质量以及这些院校对自身所处的社会环境产生的影响格外重要。政策制定者与院校领导者不能忽视教师的这种作用及其面临的挑战与问题。

通过分析影响中国高等教育及其改革实践的各种因素,本章指出了大学教师面临的一些具体问题及挑战。从大的方面讲,所有的改革实践都必须在竞争性的"推力和拉力"的作用环境下进行。高等教育改革的努力措施显然与经济改革互相推动,力争成为全球经济的力量。这几乎意味着将中国推向一种计划性逐渐减弱,而更为开放、更围绕市场的市场化经济。然而,市场经济所带来的开放性会逐渐削弱中央的控制力。

西方的中国观察家有时可能不大赞同要想推动民主就必须要深入了解国内政治形势的看法,但不管怎样,明晰中央政府如何推动民主活动仍很有启发。全球市场的竞争、中国资本投资的扩大及其与民主的关系都尚不明了,但民主的骆驼已经将鼻子凑进资本主义的帐篷里,中国高等教育改革必然反映出这些压力。

第二,中国传统的精英高等教育政策与"大众化"高等教育的明显需求之间存在内在的紧张关系。高技术含量的劳动力需求要求培养宽基础高技能的人才。同样的,高技能的人才也会促进并驱动经济、民主、政治等方面的需求。毫无疑问,扩大公民接受教育机会的需求将会对其自身产生影响。随着高校毕业生的增多,理论与实践领域的深层次矛盾更是无法预知。但是,这些压力将会首先在高等教育领域内清晰地显现出来。

第三,高等教育机构的教学方法、课程内容、课程结构与知识结构也需要不断更新。学校所教的内容与中国人的社会与工作实际并没有联系起来。高等教育课程内容与进入中国以及中国国内的媒体之间将会有某些互动。当教师和学生更广泛地接触国际媒体与互联网时,长期受中央政府控制的信息流将会畅通无阻地迅速增多。通过观察中国教授怎样应对当前的全球化与国际化问题可以考察改革措施的成效;信息与新闻的流动是越来越受限制,还是越来越顺畅将决定中国能否自由地进行商品、服务及市场贸易。不论中央计划委员会做出何种决定,高等教育(及其改革实践)都很可能成为所有改革的晴雨表,因为大学生是最有可能站在应对约束性政策挑战的前沿。

第四,中国必须保护那些即将成为大学教师的年轻博士。具体来说,面临社会其他部门可能会为高素质人才提供更诱人的利益的局面,高等院校必须寻求吸引高素质教师人才的方法,使他们愿意将精力与创造力投入到教育改革实践当中来。大学教师的发展必须得到支持,同时当他们从事新型教学、课程修订、科学研究时必须有机会提高自身的技能。过去管理人员与教师总是被动地应对国家政府的规划,现在很不相同,高等教育领导者与大学教师在设计新的教育体制时必须发挥主观能动性。虽然大学教师必须学习发挥新的作用,高等院校自身也必须针对学术工作与院校优先发展项目引进新教师,特别是有国外学习经历的教师,并根据各种实际状况进行调整。

由于高等教育机构要反映出社会的需求,因此中国大学教师所面临的这些问题与挑战与其他国家出现的问题有相似之处。中国高等教育所面临的一些挑战可能与其他社会主义经济体制国家(如俄罗斯、新独立的国家)的情况更为相似,但某些问题又与许多非社会主义经济体制国家也有惊人的相似之处。后者的情况包括管理结构的变化、薪酬水平的变更(比如许多南美国家的大学教师必须经常担任多个岗位才能维持家庭支出)以及教师能够和应该承担的责任。只有充分地关注了大学教师的作用与责任,当他们承担起那些新的责任时能够给予他们足够的支持才谈得上有效的高等教育改革。

参 考 文 献

Cao, X. (1991). Policy making in the improvement of university personnel in China under the national reform movement. *Studies in Higher Education*, 16(2), 103—115.

Central Committee of the Communist Party of China and State Council. (1993, February 13). *Outline for reform and educational development*. Beijing, China: Central Committee of the Communist Party of China and State Council.

Chen, G. (1994). *Education restructure and institutional innovations: Latest developments of Chinese education reform in the 1990s*. Shanghai: Shanghai Institute of Human Resources Development.

Cheng, K. (1995). A Chinese model of higher education? Lesson from reality. In L. Buchert & K. King (Eds.) *Learning from experience: Policy and practice in aid to higher education* (pp. 197—210)(CSEO paperback number 24). The Hague, Netherlands: Centre for the Study of Education in Developing Countries.

Chenru, S., & Zhang, S. (1996). Impact of opening up and reform on university science and technology education in China. *Impact of Science on Society*, 41(4), 367—376.

Clemetson, L. (2001, July 2). The crayon the roared. Newsweek, 88(1), p. 40

Essential statistics of education in China for 1994. (1995). Beijing, China: State Education Commission Department of Planning and Construction.

Hao, K. (1995). *Issues in China's higher education development towards the 21st century*. Beijing: National Center for Education Development Research.

Hartnett, R. (1993). Higher education funding in open-door China. In P. Altbach & D. Johnstone (Eds.), *The funding of higher education in international perspectives* (pp. 127—150). New York: Garland Publishing.

Hawkins, J. (1992). China. In P. Cookson, A. Sadovnik, & S. Semel (Eds.), *International handbook of educational reform* (pp. 97—114). Westport, CT: Greenwood Press.

Hayhoe, R. (Ed.). (1995). *Knowledge across cultures: Universities East and West*. Changsha: Hubei Education Press and Toronto: Ontario Institute for Studies in Education Press.

Hayhoe, R., & Pan, J. (Eds.). (1996). *East-West dialogue in knowledge and higher education*. London: M. E. Sharpe.

Higher education in China: Current status and demands and prospects. (1994). Shanghai: Shanghai Institute of Human Resource Development.

Hu, R. (1993, June). *Chinese education: Development and perspectives*. Paper presented at the International Conference on Education and Development in the Asian/Pacific Rim, Hong Kong.

Huang, Z., & Mao, Y. (1991). People's Republic of China. In W. Wickremasinghe (Ed.), *Handbook of world education: A comparative guide to higher education and educational systems of the world* (pp. 167—171). Houston, TX: American Collegiate Service.

Jiang, M. (1994). *China: Education financial system reform under economy*. Paper presented to the International Conference on Economy and Education Reform, Beijing, China.

Jiang, M., Mao, H., & Zhang, C. (1993). Science research: Capacity, production, and effects. *Human Resource Development*, 22, 312—323.

King, K. (1995). World Bank traditions of support to higher education and capacity building: Reflections on higher education: The lessons of experience. In L. Buchert & K.

King (Eds.), *Learning from experience: Policy and practice in aid to higher education* (pp. 19—40)(CESO paperback number 24). The Hague, Netherlands: Centre for the Study of Education in Developing Countries.

Lewin, K. (1951). *Field theory in social science.* New York: Harper and Brothers, Publishers.

Postiglione, G., & Jiang, M. (1999). Academic culture in Shanghai's universities. *International Higher Education*, 17, 223—237.

Qiping, Y., & White, G. (1994). The "marketisation" of Chinese higher education: A critical assessment. *Comparative Education*, 30(3), 213—237.

Qu, B. (1991). *Selected documents on Chinese educational reform.* Beijing: People's Education press.

Seebert, V. (1993). Access to higher education: Targeted recruitment under economic development plans in the People's Republic of China. *Education*, 25(3), 169—188.

Shen, A. (1994). Teacher education and national development in China. *Journal of Education*, 176(2), 57—71.

World Bank. (1994). *Higher education: The lessons of experience.* Washington, DC: The World Bank.

World Bank. (1996). *China higher education reform.* Washington, DC: The World Bank.

Yang, D. (1990). China's crisis in education: Inadequate investment, low returns and slow reform. *Chinese Education: A Journal of Translations*, 23(2), 15—17.

Zuo, X. (1993). Reform in Chinese higher education in 1992. *International Journal of Educational Reform*, 2(4), 370—376.

■ 开罗大学校园一角 (周宝德 提供)

第十二章　转型时期的大学教师：
角色、挑战和职业发展需求

　　安・奥斯汀

　　大学教师——某些国家称之为学术人员——是一支影响着高校的质量和效率的关键力量。发展中国家的高校如果缺乏有能力、有知识的大学教师的努力奋斗，就不能应对来自外部的变化和压力。然而，教师也面临许多挑战。他们可能在准备还不充分的情况下就必须扮演某种角色，完成某些任务。况且有些国家或高校的政策实际上阻碍了教师为学校的发展而奋斗，也妨碍了教师合理地分配时间以处理高校事务。本章将讨论高校如何应对各种变化和压力，立足点是高校教师是一个必须得到支持的重要群体，中心论点是：无论对于高校还是对于教师个人来说，高校教师的发展在以前都被看做是一种奢望，但是现在他们的发展已经成为提高高校的效率和创造性，促使高校成功转型的关键。

　　本章首先讨论对许多发展中国家高校产生影响的各种因素。这些因素的合力推动高校关注和促进教师的发展。然后以南非的高等教育为例支持上述论点。论述的重点是那些影响教师工作和教师职业发展需求的国家层面和学校层面的重要因素。南非的高校在取消种族隔后的时期竭力要把自己转变成为民主而开放的高校，试图满足这个迅速变化着的国家的社会需求和经济需求。这就需要从多方面扶持大学教师，因为他们承担着许多责任。最后，本章提出了一些有效的职业发展策略，可以帮助教师应对各种挑战。这些策略根据不同的情况做些改动，就可以适用于许多国家的高校。

对教师的要求

　　正如前面的章节所提到的，各国高校面临的压力对教师提出了新的要求,带来了艰巨的挑战。其中有五种趋势对教师产生重要影响,并要求教师发展策略的制定。第一,许多国家正在发展市场经济,这就要求大学教育更加实用,更加符合劳动力市场的需求。要提高课程的实用性,通常需要进行课程改革,一般都有紧迫的时间限制。另外,许多国家的高等教育为了促进高校间的学生流动,倾向于采用美国式的学分制,这也要求重新设置课程。不过,大部分高校教师,无论是发达国家还是发展中国家的教师,都不知道该如何为课程安排和课程设置做出系统的调整。

第二,由于高等教育在许多国家变得越来越普及,高校教师面对的是教育背景更为多样的学生。在某些国家,比如南非,来自某些人群的年轻人所接受的中小学教育比其他人要好得多。高等教育的普及也意味着某些国家的学生群体具有不同的文化背景。这样一来,学生的背景多样而复杂,高校教师可能需要更多地了解相关的教学策略,才能进行有效的教学。

第三,某些国家的高校私有化措施导致了高校间学生的竞争。强调学校的教育质量吸引学生到本校就读体现的就是私有化的特征。教师发展规划有助于教师提高教学质量和效率,可能成为高校保持市场竞争力的策略。

第四,许多国家倾向于赋予高校更大的自治权,这也对高校教师提出了新的要求。在以前的高校里,主要的特点是政府有着牢固的管理权,高校的等级结构根深蒂固。现在,许多国家的高校教师必须参加各种委员会,担任管理层领导,以全新的方式参与学校的决策。当教师扮演这些角色时,他们可能得到很好的机会培养自己的领导能力和组织能力。

第五,有些国家的高校正想方设法把教师的时间和注意力转移到日常工作上来,因为它们的教师所关注的是能够带来额外收入的兼职工作。在第五章,戴维·查普曼详细解释了各种政策是如何导致高校教师从事兼职工作搞创收的,从而导致教师注意力的转移,造成了教师不重视自己在学校所承担的责任的后果。有些高校把提供教师发展机会当做一种策略,用来加强教师的责任心和参与热情。

下面几个部分主要针对南非的高等教育,着重阐释某些外部因素如何对高校教师提出新的发展要求。南非的高校目前正在努力改革,目的在于使高校变得更开放,确立民主的管理模式和组织结构,重新思考课程的设置。教师除了日常教学工作外,他们的努力和贡献是不可或缺的。没有教师的努力,高校的改革是不可能成功的。实际上,要真正改革南非的高校和职业技术学院,把它们转变成为适应全社会要求的民主高校,高校教师就必须转变思维方法和工作方式。

笔者曾在南非高校工作了一年,本章引用的例子均源于笔者对南非高等教育的经验和认识。下面的论述引用了诸如访谈记录、观察记录、对高校的访问等个人经验和认识。

南非高等教育的变化

在1994年南非第一次民主选举之前,高等教育系统体现的是种族隔离政府的思想,即必须把不同种族的人分隔开来。所以,今天的高等教育系统必须解决资源分配不平等、缺乏系统调配、局部资源过剩等遗留问题。也就是说在种族隔离政策下,高校被认为只为某一特定种群服务。同一个地区可能有几所离得很近的大学,每一所大学面对的是不同的种群。从历史上看,政府拨给白人大学的经费远比拨给非洲人大学、有色人种大学、印度人大学的经费要多得多。随着种族隔离制度的结束和政府的更替,在纳尔逊·曼德拉领导下的新的国家政府成立了一个国家高等教育委员会(National Commission on Higher Education),其使命是分析和提出关于高等教育的意见和建议(Department of Education,1996,1997)。由于国家高等教育委员会的努力,《高等教育法》最终在1997年颁布。该法案规定了南非高等教育的目标、结构、价值观,指引着高等教育的发展方向。该法案明确提出的价值观有平等、民主、发展、效能、效率与和质量。

过去几年来,南非高校一直致力于制度改革,使学校符合《高等教育法》所提出的价值观和建议。大多数高校努力确保全社会的人都可以上大学,努力实施民主管理和民主决策,开发新课程,与当地社区建立互惠互利的新关系。

当然,高校的历史渊源决定着哪些因素能够对高校产生影响。比如,对于那些历史上就处于劣势的高校,它们的教师就经常为物资匮乏(缺乏实验室设备,图书馆藏书量不够,缺乏适当的教育技术)而苦苦挣扎。在过去的几年里,许多传统的黑人大学的招生数迅速下降,因为在种族隔离时期不能进入传统黑人大学学习的学生现在都选择进入处于优势地位的综合性大学和理工大学学习。比如声名在外的福特哈尔大学。许多黑人领导人,最著名的是纳尔逊·曼德拉,都是在种族隔离时期就读于该校的。但是现在的福特哈尔大学的招生数已经从几年前的5,000人左右下降到了1999年的2,500人左右。在过去的两年里,某些传统的黑人大学也受到了管理不善和贪污腐败的指控。

历史上处于劣势的大学经历了种种危机,这种环境使大学教师面临着极其严峻的挑战。传统的白人大学的境遇就很不一样,这些大学多年来已经拥有了优越得多的教育资源。白人大学面对的一个挑战就是黑人教师经常提意见,认为所在学校应该对组织文化做出重大的改变,才能让全体教职工和学生感受到宽容和自在。尽管如此,政府在承认因高校类型和特定历史条件所带来的重大差异的同时,也可能找出高等教育机构里的一些重要问题和趋势,也能够搞清楚哪些高校有哪些有影响力的教师。

这一部分讨论的是些重要的历史因素。这些因素影响着高校的改革能力——如何使其更适应社会的需要。然后,分析的重点放在这些因素与教师及其工作的关系上。

高校在社会中的作用

和其他国家一样,南非的高校对于国家的前途来说十分重要。如果说大学在国家建设中扮演着重要的角色,那么关键就在于回答"非洲的大学"和"南非的大学"各意味着什么这两个问题。南非的国家政策强调,高等教育的责任就是要满足社会和劳动力市场的需求。在一个失业率达40%左右的国家里,对高等教育系统寄予这种期望并不让人感到意外。历史上处于劣势的大学在种族隔离时期主要培养人文社科领域的学生,而现在为了适应国家的要求,它们面临着特殊的挑战——培养自然科学领域和技术领域的人才。历史上处于优势的大学,虽然它们的自然科学领域和技术领域的院系比较完善,但是它们现在也必须努力适应国家发展经济的要求。

高校的第二个问题是高校和高校教师在参与全球知识界和国际学科领域对话的同时,是否也愿意解决本地的重要问题。南非和非洲大陆的综合性大学和理工大学应当担负什么责任呢?高校应当在本地的社区中起到什么样的作用呢?很多高校正忙着探索如何与本地的社区沟通,建设互惠互利(而不是建立那种利益不均、权力不等的不平等关系)的关系。关于高校作用的讨论(比如岗前培训、学科进步、社会贡献)引出了传播"什么知识"和"谁的知识"这些高校必须回答的问题。关于高校应该对社会做出什么样的贡献,不同的回答将会给教师的作用、责任、工作等话题带来重要的思考和不同的含意。

紧张的财政状况

紧张的财政状况是影响南非高校教师工作环境的第二个历史因素。在南非,公共财政可能用于满足多种需求,所以分配给高等教育的财政拨款比实际需求要少得多,而且在过去的十年里已经有明显的下降(Vergnani, 1999)。传统的黑人大学在1999年的招生数大幅下降,这是导致经费不足的原因之一——历史上处于劣势的大学现在已处于更不利的境地,因为它们连在种族隔离时期所拥有的资源也失去了。许多综合性大学和理工大学没有足够的预算经费,想通过取消免费教育,要求学生支付学费,却引起了学生的不满。除了要求缴纳学费而引发的学生问题,高校还必须应对来自私立教育机构的竞争。很多私立教育机构实行远程教育,有些机构的运行基地甚至在国外。总之,所有的高校都必须想方设法满足学生的需求,和当地社区融洽相处,建立互惠互利的关系,同时完善课程改革,提高课程质量——而这些又都是以紧张的财政状况为背景。财政问题影响着教师的职业发展机会和工资水平,而两者都是吸引优秀教师的重要因素。

组织结构和组织过程的民主化进程

许多南非的综合性大学和理工大学为了促进国家民主制度的建设,为了不辜负教育部的殷切期望,它们努力改革自身的组织结构和决策策略。需要特别指出的是,许多大学正在致力于消除历史遗留的等级制度、独裁领导制度以及决策模式,试图建立一种参与性更强、过程更开放更透明的组织结构。国家教育政策提倡建立"推广大变革论坛"(Broad Transformation Forum),使其拥有民主的管理结构,代表则来自高校内外的各种利益相关群体。许多大学已经开始改革大学委员会、大学评议会、执行管理层,以期取得更进一步的民主。

在新时代到来之前,南非的大学教师已经习惯于对学校的高层领导人百依百顺。在旧时代的统治下,大学委员会属于典型的独裁管理。现在的教师则被要求说出自己的意见,像关心切身利益一样地参与学校的决策,在高校改革和选择高校的发展方向上担负一定的责任。要提高高校的参与度和促进高校的民主建设,教师就必须培养并利用相关的决策技巧、团队合作精神、制度规划等方面的知识和才能,才能够有效地参与学校的管理和非正式的决策。民主改革也需要教师站在全新的角度思考他们与学校的关系、应起的作用以及应该承担的责任。

扩大招生规模

尤其是在那些历史上处于优势的高校,种族隔离制度的消除使它们的招生规模得到扩大,学生的种族背景因而也变得更加多样。有些传统的白人大学现在的黑人学生占了多数。比如,伊丽莎白港大学的黑人学生群体从二十世纪九十年代早期的3％左右变成了目前的55—60％。扩大招生规模是取消种族隔离后南非的一大重要标志,并且已经成为大部分历史上处于优势的高校的改革基础。然而,多种族的混合只是高校改革过程的一部分。正如下文将要深入讨论的,大学文化必须改变,让所有学生和教职工感受到自在和支持。对于教师尤其是那些传统白人大学里的教师来说,如果学校拥有更多样的学生群体,这就意味着教师面临着更大的挑战,担负着更多的责任,必须能够根据学生的需要来塑造教学氛围。

在传统的黑人大学里出现了一个相关的却又不同的问题。由于大量黑人学生选择进入历史上处于优势的大学而不是那些历史上处于劣势的大学,所以有人担心这些处于劣势的大学将来会发现自己的学生都是些差生。如果发生这样的情况,这些教育资源最少的大学(这是以前种族隔离时期的不平等制度造成的)将会面临提高学生成绩的艰巨挑战。对于这些大学的教师来说,这显然是个严峻的挑战。

广泛的课程改革

当南非高等教育的领导人在讨论高校改革时,他们经常提到要使学生群体多样化,建立更扁平化的组织结构,进行课程改革。课程发展受到关注的原因有好几个。第一,高等教育委员会的报告(教育部,1996,1997)和1997年的《高等教育法》鼓励进行课程建设,这都成为直接把学校学习和劳动力市场的需求与职业机会联系起来的桥梁。学生的学历和学位必须在国家学历系统(National Qualifications Framework)上注册登记。课程发展的指导原则提倡如下的内容:以学生为中心的教学方法;灵活的入学和退学规定;对于生活经历或相关经历可以给予适当的学分;更灵活的授课方式;培养学生善于应用知识的能力;增加不同学科的交融。

第二,许多大学正在进行严肃而认真的讨论,试图找出适合南非特色的课程设计和课程内容,以及与当地社区的需求直接相关的课程。这些讨

第十二章 转型时期的大学教师:角色、挑战和职业发展需求

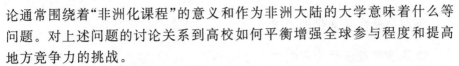

论通常围绕着"非洲化课程"的意义和作为非洲大陆的大学意味着什么等问题。对上述问题的讨论关系到高校如何平衡增强全球参与程度和提高地方竞争力的挑战。

第三,许多大学越来越多地使用远程教育技术,这也带来了关于课程设计的问题。南非的远程教育历史悠久。南非大学(UNISA)已经实行了多年的函授教育。许多以前被监禁过的反种族隔离领导人以及现任领导人都是从南非大学毕业的。然而,随着更多高校的院系实行远程教育等技术辅助模式,这一部分的课程改革成为教师的一大挑战;教师必须学习如何以不同的方式授课。

第四,国家政策强调以结果为导向的教育(outcome-based education),这使得许多大学开始尝试把以教师为中心的教学转变为以学生为中心的教学。许多学生在中小学时代接受的是以教师为中心的教育模式,在学习中一直处于被动状态,所以教学方式的转变需要教师付出巨大的努力。教师们发现,他们必须重新思考教育的方式,预想将来自己会起着哪些作用,并获取互动教学等大量的职业策略。同时,他们也意识到了学生也必须学习新的思维方式和行为方式。

各个高校在解决这些问题时并非都采用同样的方法。比如,对于国家政策,高校的反应是不一样的,有些院系对课程设置进行重大的修改和重组,有些则以政府的国家学历系统的相关精神的最低标准进行课程改革。同样,并非所有的大学都有兴趣探索新型的互动教学模式。不过,这些仍然是所有高校教师所面临的主要挑战。

质量

竭尽所能确保高品质的教育是《高等教育法》的规定,也是教育部的政策导向。1999年初上任的教育部长卡德·阿斯马尔公布了他的奋斗目标:提高标准,提升效率,更加专业。课程评估计划将成为课程设计的一部分,而且必须向国家部门汇报。许多大学已经任命了质量监督官员。质量监督官员的职责是探索出一整套模式和方法,用于高校评估和课程评估,保证教育质量,制订评估策略。改革的核心目标是提高教育质量,这给那些对教育质量高低起决定作用的高校教师带来了巨大的压力。另外,在财政紧缩的背景下提高教育质量和进行质量监控会给高校,尤其是那些历史上处于劣势的高校带来很大的压力。

创造全新大学文化的要求

改革通常被解释为重组招生结构和扩大招生规模,而深层的改革则要求文化层面的改革,关系到人们的日常生活和工作。但是,如何建设真正受到所有人欢迎和尊重的大学文化呢?对于传统的白人大学来说,关键在于少数的黑人教师。人们对为什么传统的白人大学的教师种族没有多样化的原因展开了激烈的争论。有人认为,符合高校教师条件的黑人太少了,而那些合格的黑人又通常进入企业或者后种族隔离时代的政府工作,这些工作的报酬要高得多。其他人则认为黑人不愿意在传统的白人大学任教的主要原因在于白人大学的环境让他们不舒服。每种看法肯定都有正确的地方。不过,还是必须继续改革大学文化,创造具有包容性的大学氛围,才能真正实现民主、平等、消除弊端的目标。

笔者采访过一位院系负责人,该负责人强调必须实行另一种改革,即从"敌对文化"向"后敌对文化"转变。种族隔离时代所特有的权力不平等和激烈的矛盾冲突已经不复存在了,教师、管理者、工作人员、学生现在都必须转变思维方式,主动和持不同观点的人沟通,而且必须寻找共同的志趣。因此,为了创造完全不同的大学文化氛围,教师面临着许多挑战。

各种高校的领导人也强调必须培养"研究型文化"。为了提高教师的素质,加强教学能力,许多教师需要得到进修的机会。总之,要进行深层次的改革就必须实行覆盖面广的文化改革,而不是仅仅重组机构、增加学生代表的数目就足够了。

教师特定的职业发展需求

对南非高校产生影响的每个问题、因素以及趋势都给高校教师带来了特殊的寓意和挑战。当高校忙于应对结构重组和招生规模等层面的改革时,教师的压力和担忧常常受到忽视。当然,有些大学教师抵制这些改革;还有的教师可能希望这些新的期望和新的氛围最终会烟消云散。但是,许多教师还是以创造性和质量为导向,努力适应不断变化着的环境和期望。不过,教师们对于如何承担新的职责,如何发挥自己的作用,经常有很多疑问。在本章的开头,笔者已经指出了对南非高校及其教师有影响的历史因素。下面的讨论将更深入地探讨这些历史因素给高校教师带来的暗示、挑战以及职业发展需求。

教育多种族的学生

随着高校的扩招,不同种族的大学生越来越多(那些历史上处于优势的大学尤为如此),教师们发现自己需要了解和自己很不相同的学生。他们首先需要了解的是学生的文化传统,学生对前途的期望,以及学生关心哪些东西。其次,教师还需要了解学生的学习方式(这和文化、种族、民族有关)。这有利于教师提高自身的职业素质。最后,教师必须学习如何在课堂上处理文化多样性。换言之,当学生在学习如何和与自己不同的人一起合作时,学生需要老师的帮助。如果一名教师的课堂上有不同种族的学生,那么教师必须帮助他们学会如何与他人交流。

从以教师为中心向以学生为中心转变

由于国家政策鼓励以学生为中心的教学方法,所以有些大学的教师提出,教师需要学习能促进主动学习的教学方法,这对于学生人数多的大班级尤其有用。高校教师不仅应当提高自身的职业技能,还必须帮助学生培养和掌握新的学习方法,因为许多学生的中小学教育经历使他们习惯在学习过程中保持安静,采用被动的学习方式。有些教师还提出他们想学习更多的关于大班教学的知识,包括如何及时地满足每个学生的需要以及如何有效地进行分组教学。另外,教师在探索和尝试新的教学方法时还应该考虑到学科差异性。

参与课程设计

教师自己也参与了新课程的开发,其中有些人就提出,教师必须学习如何以最合理的方式设计课程,尤其是以结果为导向的课程的设计。有的教师感兴趣的是南非这个大背景里的"背景化课程"的隐含意义。由于课程设计通常需要集体合作,所以有些教师提出自己感兴趣的是学习更多关于谈判协商、矛盾解决、团队管理等方面的技能。

利用技术帮助学习

越来越多的大学采用以技术为支撑的远程教育方式,这就要求教师掌握更多的计算机技术和更多关于资源型学习的知识以及其他远程教育的教学方法。远程教育的教学要求因学科而异。目前,并非所有的高校和高校教师都面临远程教育的挑战。当技术资源越来越容易获取时,这就很可能成为一个问题。

解决质量问题

随着新课程的开发,越来越多的人担心教学质量是否能够得到保证,也有越来越多的人致力于提高教学质量。事实上,当一门课程在教育部的国家学历系统里登记以后,相关部门就希望学校尽快拿出"学生学习综合评估"计划。教师面临的挑战是学习如何进行综合评估的策略,比如如何通过课程论文获得持续而有用的反馈。此外,在高校系统实行灵活的入学和退学制度是国家教育政策的一大主题,这就要求教师对那些有这种需求的学生的先前经验(生活经历)进行评估。而且,由于高校实行质量保证计划,所以大学教师必须接受各种培训,学习如何应对自我评估、同事评估以及收集和解释学生评估材料的有效而可信的方法。

确保个人的学术水平

只拥有学士学位或硕士学位的大学教师想通过攻读更高一级的学位来提高自身的学科专业技能和可信度。那些正在攻读博士学位的教师觉得自己的时间很紧,因为学习时间是从学校的教学时间中挤出来的。其他教师,尤其是那些已经取得博士学位的教师也表达了自己的担忧,即如何保持并随时更新自身的专业知识和技能。有人担心用于学习新技能和承担新职责的时间会大大缩减学术研究的时间。和其他教师相比,更多的任教于传统强校的科学家表达了这种担忧。有些白人教师也担心要参加外国的学术会议。在种族隔离时期,他们觉得自己在这样的会议上并不受欢迎,现在他们担心自己已经彻底落伍了。

有些高校关注的问题是如何培养以社会为导向的外向型学习,把学术研究和知识在实际社会的应用联系起来。学校应该扶持那些努力把教学、科研、服务社会等工作联系起来的教师,这些教师从事学术研究的方法是全新的。

在多变的环境里生活和工作

南非的高校变化迅速,对许多大学教师来说,能完成需要做的每件事就已经是很大的挑战了。对于那些正在进行重大改革的综合性大学和理工大学来说,教学、管理、课程设计、学生会议等通常都需要花费比平常更

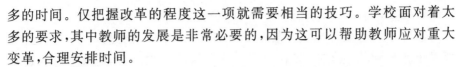
第十二章　转型时期的大学教师：角色、挑战和职业发展需求

多的时间。仅把握改革的程度这一项就需要相当的技巧。学校面对着太多的要求，其中教师的发展是非常必要的，因为这可以帮助教师应对重大变革，合理安排时间。

由于传统强校的黑人教师人数还很少，所以他们每天都面对的挑战是：是否被接受；是否被尊重；是否被欢迎。有一名黑人教师，是资深教授，任教于一所传统的白人大学。他解释说在他任教的第一年，他经常被错认为是清洁工。尽管现在大多数的传统强校录取了大量黑人学生，但是黑人教师的比例还是没有得到相应的提高。如上所述，各种因素都起着一定的作用，包括政府其他部门的高薪工作对少数高学历黑人的吸引力。从那些在传统的白人大学任教的黑人教师的话中可以清楚地体会到，虽然许多大学的氛围一直在发生着变化，但即使不是明显的，还是经常可以感觉到一些微妙的、不受欢迎的或包含敌意的信息。所有高校教师必须学习如何在新环境里以不同的方式相互交流。

多变时代所需要的教师发展策略

许多国家的高校，包括发达国家和发展中国家的高校都在努力适应不断变化着的环境、新的社会前景、新的高校职责以及不断发生改变的学生群体。现在所有大学都要解决的一些重要问题包括：如何界定大学在社会里的作用；如何营造适合多元文化背景的学生和职工的高校氛围；如何把知识的发现、传播、应用衔接成完整的链条；如何利用高校长期的学术传统应对和平衡国家经济发展的迫切需求。对于许多国家的高校来说，处理这些问题会受到紧张的财政状况的制约。

没有本校教师的参与和努力，高校不可能进行内部改革，也不可能应对外部压力。高校在面对新的社会前景、新的高校职责、不断发生改变的学生群体时非常需要教师的精力、付出以及才能。大学教师扮演着主要的角色，帮助高校为学生和职工营造适合不同文化背景和教育背景的氛围，也有助于高校系统平衡学术传统，提高自身的能力，适应国家的经济需求和就业需求。不过，正如本章所举的南非的例子，发展中国家的高校置身于不断变化的环境里，这给高校教师带来了全新而复杂的挑战。对于发展中国家的高校领导人和支持高等教育改革的机构来说，帮助高校教师在新环境里做好自我调节，培养新技能，有效地发挥自身的作用，是一种明智的策略(Moyo, Donn, & Hounsell, 1997)。

教师发展有多种形式。某些职业需要，比如攻读更高的学位，可能需要派出教师到其他地方，或者为了实行严格的学术研究，需要教师对原有的生活秩序做出重大调整。然而，其他职业需要可以在校内以恰当的方式得到解决。这一节首先要讨论的是一些对某些南非综合性大学和理工大学起到一定作用的"内部"策略。本节的第二部分讲述南非高校领导人和学术界提出的一整套策略。他们认为，对于那些具备教师发展的国际合作环境的高校，这套策略将会起到推动作用。这里提到的策略虽然是从南非高校总结出来的，但是经过改造也可以适用于其他国家的高校系统。最适应教师职业发展需要的策略就是那些能够满足真正需求，符合教师的兴趣、经历、思想，能够提高教师能力并融洽同事关系的策略。

高校的内部策略

"内部的"教师发展策略如果符合下列几个标准，就有可能在很大程度上有助于教师能力的提高。其一，教师发展策略必须得到教师的认同，被认为能够真正帮助教师应对重大挑战，值得教师投入时间和精力。为了达到这个标准，这些策略必须具备将来很快就可以派上用场的办法和工具，教师们能够利用它们达到解决具体问题，排除疑虑，实现目标的目的。其二，教师发展策略应该提供思考和实践的机会，才能不断完善发展策略。其三，教师发展策略的目标是挖掘教师自身的才能和经验。这样一来，教师就能够逐渐看到自己具备互相帮助的能力，而不是依靠一、两个专门设计教师发展策略的专业教师。通过这种教师们积极参与的方式也可以确立一种让教师感到职业发展规划是"与自己的发展息息相关的"。其四，对于所有的高等院校来说，成本是一个需要考虑的重要因素。因此，合适的教师发展策略应该以本校教师的能力和才干为基础适度发展。

南非的伊丽莎白港大学把教师的发展比喻为"大学同事之间的对话"，这种思维方式已经创造了一系列卓有成效的策略。基于高校同事间互动的教师发展策略为教师提供了思想交流、合作探索、培养负责任态度和合作精神的机会。同事间的对话包括：提问（提出学术问题并共同探讨）、对话（教师有机会和不同院系的教师交流思想，探讨问题）、联系（这种环境有利于教师与新同事培养感情或与其他人建立更深的交情）。下面的四种大学间的对话效果非常好。

第十二章 转型时期的大学教师：角色、挑战和职业发展需求

主题午餐

在一月一度的主题午餐研讨会上，有共同兴趣的教师聚在一起，讨论具体的话题，比如学生的学习、教师不断变化的职责、社会对高等教育的新期望等等。

同事合作

同事合作最初出现在美国高校，已经取得了相当大的成功。它要求两名同事组成一个小组，共同探索、讨论、提高教学质量。两人互相听课，采访对方的学生，定期会面讨论教学心得，偶尔也参加其他小组的会面。

职业阶段小组

第三种教师职业发展的形式是职业阶段小组，其成员是处于相似职业阶段（初级阶段、中级阶段、高级阶段）的教师每个月聚会一次，讨论共同关心的问题，互相帮助，交流思想，培养同事关系。

行动研究

行动研究包括发现问题、定义问题、收集数据、指导实践等周而复始的环节(Zuber-Skerritt, 1992a, 1992b)。在伊丽莎白港大学，由教师组成的几个行动研究小组已经开始探索重要的教学问题。在研究中，教师们共同合作，交流意见，并根据研究的新发现及时调整随后的行动。所有参与者都深受启发，也在实践中做出了有益的改变。

建立合作关系，促进教师发展

除了内部策略，发展中国家的高校还能够从促进教师发展的大学校际合作中获益。对于许多国家来说，高校教师面临的许多议题和问题都是相似的。他们都关心学生如何最有效地学习，如何开展多民族多文化课堂的教学工作，定义课程有何意义，开展评估的原因、方式、目的又是什么。教师也必须真正理解课程设置、高校的社会职责以及这些问题对学术研究的意义。当然，一个国家的历史和国情在许多重要方面都是独一无二的。南非高等教育的独特之处有：许多学生体验到了深刻的劣势；在过去的二十年间学校系统受到严重破坏，"教育文化"严重受损；历史上处于优势和劣势的大学之间存在着巨大的文化差异。不过，既然世界各国的高等教育存在的重要问题极其相似，那么基于教师发展的大学校际合作关系可能会使高校获益，因而这是值得考虑的。

校际合作如果是出于共同利益的考虑，而不是出于单纯的技术性发展的考虑，那么这种合作关系对教师的发展最有裨益。为了教师发展而建立

的校际合作能够使所有的参与者意识到他们正在对付的是很棘手的问题,他们也希望在共同解决一个陌生的问题的过程当中从合作伙伴身上得到启发。当伙伴们协力探索和解决共同关心的问题时,参与者的权力和责任是平等的,这是成功的合作关系的重要标志。

旨在促进教师发展的校际合作通常是围绕哪些问题建立起来的呢?本章所列举的只是一些可能的问题:(1)学生属于多个不同的种族,需求也不一样;(2)开发适应社会需要的课程;(3)教学模式从以教师为中心转向以学生为中心;(4)采取有效措施应对远程教育、资源型学习、新兴技术;(5)高校尽一切努力保证教学质量。院系领导经常有双重身份,既是教师,又是高校主要的中层领导,必须把高校的工作中心和本单位同事的兴趣、工作重点、关注的事情结合起来。他们还必须帮助学校建立校际合作关系,促进教师的发展。他们关注的事情有:(1)把自己所在的院系组织成一个高效的团队;(2)领导课程改革和课程设计;(3)承担预算和评估的新责任。

发展中国家的高校领导人为了扶持教师的发展而进行思考,开展活动。其中,建立合作伙伴关系可能是他们特别感兴趣的方法。不过,如果没有外部机构的经济资助,这些办法很难在发展中国家的高校里实施。

促教合作关系

高校教师经常与其他大学的同事一起参与研究型的交流。其实,针对教学的交流也可以很有效果。可以选拔一组大学教师作为促教访学教师,让他们到合作院校或促教访学基地任教一个学期或一个学年。除体验教学外,在促教访学期间,他们还可以参加东道主院校的院系会议,尽量提出意见和建议,并通过日常的交流和学习了解东道主院校是如何处理教学和其他问题的。东道主院校应由专门教师负责促教访学人员的日常安排,保证他们从促教访学中获益。

学位课程的校际合作

在发展中国家,许多大学教师和管理层的领导人希望得到机会攻读本专业或管理方面的硕士研究生学位。有些南非高校挑选了有潜力的黑人学生,由学校出资,送他们到国外的某些大学攻读硕士研究生学位课程。学校希望这些人毕业后会返回南非的高校任教,利用自身的专业特长增加院系教师的多样性。

这种"培养自己的教师"的策略是个缓慢的过程,但相当有效。南非伊丽莎白港大学的领导人发现,把有潜力的年轻学者送到某些美国大学进修,这种策略特别有效。由于有两校的合作关系,这些年轻的学者在美国学习时比只是以他们的个人身份去那些学校学习通常更容易受到欢迎和得到帮助。由于选派学者到国外学习的费用不菲,所以南非的高校领导人更愿意与国外大学建立合作伙伴关系,共同探索创造性地培养研究生的途径。这种安排大概对其他发展中国家的大学教师也很有吸引力。比如,有些大学可能会为其他国家的来访教师提供阶段性学习课程的机会,这些教师每隔一段时间就回到自己的学校,在承担自己原有工作职责的同时,通过特殊的项目方式继续他们的学位学习。

交流和团队访学

当教师团队出访其他大学时,他们不仅可以从东道主学校学到东西,而且在讨论和听取团队同行的观察和心得的时候,也可以相互学习。团队出访国内外的高校为教师提供了与其他高校建立长期合作的另一种方式。当他们回到自己的学校时,就可以利用访学期间的思考和心得帮助其他同事。

扶持大学教师——大学系统中重要的一环

从系统的观念理解组织变化的方法强调,所有的组织成员,不仅仅是高层领导,都起着举足轻重的作用。大学教师是高校系统里主要的成员,只有了解他们的关注,满足他们的需求,教学质量才能得到保证。对南非高等教育改革的阐述,让我们了解到影响高校变革的背景因素又如何对大学教师产生着特别的影响。如果大学教师要扮演新的角色,就需要得到培养新技能和提高能力的机会。本章已经提出了一整套旨在满足特定的教师职业要求的大学教师发展策略。

总之,本章的论点包括两个方面:(1)虽然世界各国应对的是不断变化的外部环境,但是所有大学教师面对的是类似的挑战;(2)当高校实行特定策略扶持教师的发展时,不仅仅是个别的教师受益,而是整个高校都从中受益。如果政策制定者关心和支持高等教育改革,如果高校领导人在面对外部环境的要求时承认大学教师是一种关键的资源,如果教师自己试图从更广阔的背景来理解自身的经历,那么他们就必须把完善教师发展策略列入自己的具体规划。

参考文献

Department of Education. (1996). Transformation: *The report of the National Commission on Higher Education*. Pretoria: Government Printer.

Department of Education. (1997). *White paper on higher education*. Pretoria: Government Printer.

Moyo, C., Donn, G., & Hounsell, D. (1997). *Academic development and strategic change in higher education*. A final report of a South African Association for Academic Development Project funded by the Kellogg Foundation with the support of the British Council and the University of Edinburgh. Battle Greek, MI: W. K. Kellogg Foundation.

Vergnani, L. (1999, March 12). South Africa's Black universities struggle to survive in a new era. *Chronicle of Higher Education*.

Zuber-Skerritt, D. (1992a). *Action research in higher education: Examples and reflections*. London: Kogan Page.

Zuber-Skerritt, D. (1992b). *Professional development in higher education: A theoretical framework for action research*. London: Kogan Page.

第七部分

结论、教训和未来方向

■ 泰国朱拉隆功大学校园一角 (陈燕桢 提供)

第十三章　平衡压力　促进合作

戴维·查普曼
安·奥斯汀

　　发展中国家对高等教育需求的急速增加并非仅仅是院校内部的原因，而是在国家层面由于人口、政治和经济所发生的变化所引起的。这些变化对政府和高教界领导产生了一系列复杂的、互相关联的压力：既要在扩大招生的同时鼓励更多样化的学生群体，又要提高教学质量；既要在实现这些目标的同时保持低成本运作，又要寻求新的资金来源，即同时需要开源和节流。面临招生数的增长，全球化的压力，知识的迅速增长与传播以及信息通讯革命的新的需求，高等教育机构需要开发新的组织机构和新的运行模式。在这些变化的背景下，国家政府越来越不愿或者越来越不能像以前那样给高等教育提供那样多的资助，他们力图将财政和行政责任越来越多的转移到高等院校肩上。

　　本书最基本的观点是有必要采取系统的观点来理解重塑高等教育的压力。大学是包含多重子系统的复杂的组织机构，为多重的相关群体服务。同时，这些高校又在更广阔的社会、经济、政治体系中运行，因此会常常遇到相互矛盾的需求、期望和压力。只有认识到这些来自广阔层面的压力之间的相互作用，才会理解高等教育机构应该如何对变化的环境做出回应。政府和教育界领导必须考虑到各高校努力进行改革和创新的背景因素。

　　要想使高等教育改革的努力取得成功，高等教育领导者就必须具备组织机构的知识和系统管理的技能，并对影响改革成功的社会力量有足够的理解。回顾高等教育发展的历史，我们看到很多好的想法并没有取得成功，并不是因为这些想法不好，而是在实施过程中没有关注到重要的文化影响因素，因而阻碍了其取得成功。当人们争论什么是最有效的发展策略时，通常会体验到两方面的冲突。一方面是找寻尽快解决问题的政策机制,另一方面是社会建构主义者们所倡导的争取理解改革行动的象征性意义及对当地的实际意义(Fuller & Clark,1994)。实际上,上述两种观点对规划过程都可以提供很重要的借鉴,但如何在这两种观点间寻求平衡却很难把握。

本书各章对如何在发展中国家促进高等教育创新提出了五个方面的观察:

1. 很多发展中国家高等教育机构面临的急需要解决的问题并不直接是教育方面的问题。而且,问题并不总是一眼就可以看得透的。前面几章的内容都涉及高等教育体系面临的看似教育方面问题,其实是教育以外的问题。在第二章,萨尔米提到三个强有力的力量:经济的全球化,知识生产的重要性,以及高速信息与通讯技术的广泛运用,这些力量形成了高等教育的转折点。虽然这些力量并不仅仅是教育方面的问题,但的确会对高校和高等教育机构带来巨大的影响。

另外,高等教育改革通常并不是政府或是国际援助机构所寻求的主要的目标。实际上,政府和国际机构督促高等教育的改革通常只是一种手段,其目的是为了增强劳动力的培训,支持经济发展,提高国家的预算等能力,或是取悦于政治上有力量的群体。这些目标所带来的结果之一是有时政府会支持有些其实很低效的教育政策,因为这些政策和某些团体所支持的国家举措息息相关。

要想在这样的政治局势下有效地发展,高等教育界的领导必须理解所面对问题的实质。更重要的是,他们制定出的自己高校的发展策略必须在解决国家政策制定者所关注的问题的同时促进自己高校的发展。他们必须对经济、政治和社会的各种因素进行机敏的分析,认清这些因素的相互作用如何影响他们的高校。他们还必须清醒地了解自己学校对某种压力采取的应对措施可能会引起其他方面的困难。

2. 成功的改革过程需要的不仅仅是制定清晰的目标,追求某种目标有可能意味着对其他目标的忽视或放松,有些看起来很高尚又很必要的目标在相互作用后会带来不理想的效果。不是所有的目标都可以同时达到。高校领导所面临的一个重大挑战是选定主要的目标并对这些目标如何和其他目标相互作用有清醒的预期。举例来说,人们可能会预期降低学费和鼓励教育的私营化会帮助国家达到提高入学率的目标。然而,在第九章中,刘易斯和邓达却指出这种策略将影响来自低收入家庭学生的入学机会。同样,在大学利用母语进行教学看起来是增强民族认同感和自豪感的

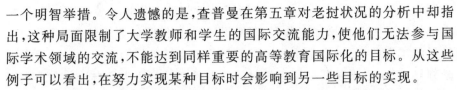

第十三章　平衡压力　促进合作

一个明智举措。令人遗憾的是，查普曼在第五章对老挝状况的分析中却指出，这种局面限制了大学教师和学生的国际交流能力，使他们无法参与国际学术领域的交流，不能达到同样重要的高等教育国际化的目标。从这些例子可以看出，在努力实现某种目标时会影响到另一些目标的实现。

在第三章中约翰斯通和贝恩指出：俄罗斯大学面临的私营化、分权化和更多院校的自治化趋势可能会使高等教育机构更适应社会需求，更扩大入学机会，有更好的管理模式。然而，这些趋势可能同时却伴随着政府资助的逐渐减少和财政限制的逐渐增加，从而影响大学的教育质量。有些看起来很吸引人的目标有可能带来意想不到的效果。

3. 当主要的支持者对高校的发展目标和优先策略不能达成共识时，院校自治会带来紧张的局面。为了达到必要的共识，高校领导必须组建新的联盟，争取获得高校内外重要群体的支持。

在前几章不断提到一个主题，就是在很多国家，财务和管理责任从中央政府转移到高校的肩上。因此，高校面临着巨大的压力，由此需要和政府形成新的合作关系，和民间社团机构密切合作，并在校际间密切合作。只有通过这种多方合作，高校才能解决财政问题。然而，在第六章中，莱迪从非洲高校和政府关系变化的分析以及第七章中维德曼和巴特厄丹对蒙古高等教育的分析使我们了解到，对高校领导人来说，建立新的令人满意的高校外部合作关系是一项非常艰难的工作。比如在蒙古，政府为收取学费制定上限的决策使得高校不得不开创新渠道进行创收，并使政府对此有所赞成。这些例子说明这些关系的紧张及互相关联。在非洲，虽然不同的国家有不同的故事，但是很多国家都想取得在政府控制和院校自治方面合适的平衡。不过这是一件非常困难的事情，并将持续会是这样。

随着财政和管理责任落到大学层面，大学领导也必须在学校内部建立联盟并很好地利用重要群体的支持。对一些刚上任的领导和刚承担决策角色的领导和教授来说，以上述方式思考是一种新的经历，特别是在以前深受中央政府影响的学校，教授对参与决策及策略制定过程还不很熟悉，要想争取在各相关群体之间达成协议是件非常棘手的事情。

高校领导碰到的最主要的挑战是他们必须支持的一些政策常常和他们需要得到支持的团体的利益相矛盾。比如说，前面几章都讨论了将高等教育的成本负担转移给学生和其家庭，这种转变虽然对学校的生存非常重要，也被广泛地认为是合适的举措，但是这并不容易带来大学领导和学生团体的良好关系。举例来说，在南非，发生学生骚乱的原因是由于高校做出要收取学费的决定。另外一个例子和教师的工作量有关。当大学教师在学校中受到督促增加工作量,又要代表学校做些创业型的工作,再加上较低的工资收入,他们很难将大学领导看成支持他们的合作者。对很多大学领导来说,看来是要经历很长时间才有希望达到更大的自治。在一些国家,比如巴西,大学自治的转变反而伤害了特定群体长期以来一直获得的利益。在那种情况下,正如普朗克和维赫恩在第四章中所分析的那样,成功地推动改革需要各个牵涉到的群体意识到将个人的利益让位于高校的,高等教育体系的,甚至是国家的更多的利益。在巴西,正如在其他国家一样,由于学校得到更多的自治和更多的责任,学校的领导和教师都需要面对新的角色,运用新的观念,组织新的合作关系。

4. 提高高等教育质量无疑是下一个10年中最受人关注的目标,但却是不容易达到的目标。实际上所有的学院和大学都将把提高教学质量看做是高等教育改革最中心的目标,多少年来一直如此。既然人们普遍坚持重视提高质量,为什么良好的质量却那么不容易达到呢?

有三个理由可以解释为什么对质量改善的努力有那么多的抵制。第一、质量问题成为一个特别微妙的问题,这是由于希望有很好质量的努力在实践中变成了对效率的过度兴趣。政府和大学都在声称想要很高的质量,但实际上却总是意味着他们从所投入的资金中想取得最大的收效。想要达到的质量受到投入多少的限制。当很多国家对高等教育的投资都在出现问题时,对提高质量的重视常常被搁置了。第二、高质量是一个很不好把握的目标。争取高质量总是很热门的话题,同时又是政治上一个可以随时利用的口号,因为对质量永不满足,所以它可以持续成为集合大家注意力的一个话题。

最后,提高质量有其对手,虽然没有人说不赞成提高质量,但是,提高质量是需要付出代价的。质量改革方案通常需要额外的资源,那些在改革过程中失去资源的人士会将提高质量当做他们所看重的第二位的事情。比如说,在扩大高等教育入学机会和提高高等教育质量之间通常总是有矛盾。收取更多的学生会对资源有更多的需求,如果不增加招生这些资源则可以用于提高质量。另外,扩大招生后的生源水平参差不齐,学习能力不同。扩大招生会招进来不少学业成绩平平的学生,教师就面临学生学习能力有很大悬殊性的班级,因此,在大扩招的阶段,质量指标通常会下降。

提高质量常常不仅仅是技术层面的问题,而是政治层面的问题。大学已经深入地了解到什么因素促进学生的学习。将这些认识在实际中加以利用则是另一码事。另外,强调扩大入学机会,为不同阶层子女提高就学机会在政治上更容易受人拥护。如果多用一些资金在提高教学质量上,有人会把这种举措看成是太精英化而不能面对更多的学生。不过,正如在埃尔科娃在第十章中提到的那样,政府和高等教育机构都有责任保障质量的最低标准,可以选择很多策略来实现这一责任。

5. 在国家关于高等教育的政策和规划的不断变革中,最重要的是要靠教师们在日常的努力和教学工作中完成各项任务,因此,高校应该把对教师的关注放在优先考虑的位置,包括教师的招聘、培训和支持。

如果没有教学人员的时间和精力的投入,国家很难实现高等教育的发展目标。有很多最受人倡导的高等教育改革可能会对教师的职业生活产生负面影响,或至少造成很大的挑战。比如,要教师们采取不同的教学方法,参与课程改革,更扎实地工作,并代表大学做出各种创业型努力。本书有几章分析高校的变化和改革对教师所产生的影响。在第八章和第十一章,白杰瑞和林肯等人探讨了在中国影响教师的各种力量。奥斯汀在第十二章分析了南非后种族隔离时代的高等教育的变革要求高校教师承担什么新的角色。在很多种情况下,教师们在没有或少有培训经验的情况下承担起新的教学、研究、课程设计、创新创业或学校领导的角色。

教师发展和教师培训的需求并不是对高校教师唯一要考虑的问题。在一些国家,如果想让高等教育改革奏效的话,就必须重新将教师的时间和精力引回学校工作,使他们更投入于学校工作。比如说,在老挝和中国,很多高校教师在校外兼职以弥补工资收入的不足。鼓励教师将注意力转回自己在高校中应起到的作用是一个很难对付的挑战。

第三个问题即在第十一章中林肯及其同事提到的,如何吸引和招聘高校教师。在第十二章中,奥斯汀指出上面所提到的问题都可以通过教师发展战略规划而得到解决,包括教师的新角色,更多地利用教师们的时间,吸引新教师等。

工业化国家的教育领导和国家机构如果有效地支持发展中国家现在正在进行的改革努力?毋庸置疑,发展中国家高等教育发展问题应是本国政府和教育领导者的责任。但是,外部的支持也一直是一个很重要的方面。一方面,各国需要协商,制定自己的发展蓝图;另一方面,国际专家也可以提供有用的帮助。

过去,高等教育的发展主要是国家的责任。工业化国家的大学和发展中国家大学的合作主要采取下列三种形式:(1)学生和教师的交流;(2)合作教师培训;(3)签署双方或多方技术援助协议。教师的交流和教师培训项目常常会是关注很窄的学科目标,而技术援助项目常常支持高校开发项目。

另外一个较常进行的国际参与项目是领导力培训项目,其主要目的是提高高校领导的内部管理能力。虽然这方面的培训很重要,但还远远不够,现在所需要的领导力是具有远见的战略规划能力以及与企业、工业和政府建立有效合作关系的能力。

培训是很必须的,但关键的问题是关注到哪种程度,如果对领导力发展的关注只限于此,则很成问题。发展中国家的大学领导已经受到良好的训练,对学校和国家层面的政治局势已经有了较深入的理解。他们现在所需要的是通过国际合作实施自己学校的发展规划战略,特别是与广阔的民间社会建立合作关系,这是他们想要使自己的大学更好地在市场经济中运作所更应该关注的方面。

另一个和国际领域建立的合作关系可以是发展中国家的高等教育联盟,与政府部门和私人机构合作在高度公共需求领域开展跨学科的应用研究,比如健康、能源和教育等方面。这样的合作联盟应该侧重于跨学科的整合研究方式来解决这些国家所面临的复杂问题。比如说,既然环境问题是很多国家所关注的一个关键问题,关于这方面的合作研究趋势是不仅关注污染问题,还包括考虑解决方案可能产生的影响;不同实施措施会产生的经济影响;以及鼓励益于环境的行为的社会宣传(Chapman and Claffey,1998)。发展中国家的高等教育机构通过对此类重要问题的研究可以对自己的国家做出很多贡献。国家机构和团体可以为发展中国家的学者提供机会和支持这方面必要的研究。

另外一个合作的侧重点是充分利用工业化国家高校在获取、交流、共享科技信息方面的经验,特别是电子数据的存储和获取,专业研讨会和基于网络的合作关系的建设等。当前发展中国家的大学需要得到国际的支持和援助,在自己的地区成为这个新兴领域的领导者。

奥斯汀指出,在未来的10年,很有可能重要的国家间的合作与共享会越来越多地在发展中国家进行,这种合作共享及与发达国家高校的专家和学者的合作共享将会以更加平等的方式来进行。

结 论

本书的主题是，世界各国的高等教育都在面临着变化的外部环境，需要系统的观点和方法来理解这些变化，制定合适的应对措施。高校的领导需要分析这些互相关联的力量，思考如何能够不受问题表象的困扰，作出深层意义上的应对。

当前，由于高等教育承担着推动国家发展的重任，世界各地的高等教育体系都在面临着越来越大的压力。发展中国家的高等教育内部有些人士可能会对下述变化有些疑惑不解，比如高等教育的政治化、政府政策的多变、对教师举起的惩罚大棒，等等。不过，当前高校面临的风险也在变化。目前，日益增长的危险是政府认为高校和社会实际发展需求越来越脱节，因而高校越来越不容易得到政府的资助。在很多情况下，大学毕业生的能力和社会劳动力需求相去甚远；教师不愿意参加与社区相关的合作；大学的名声比学科相关性看起来更重要(Chapman & Claffey, 1998)。

实际上，大学更多地参与国家发展计划可以使大学和学院从不同方面获益。高校的长期发展壮大需要足够的财政支持，而较好的财政状况依赖于强大的国民经济。帮助国家经济发展的同时也会创造出保持高校长期活力的必要条件。另外，教育者参与主要的经济发展项目也会增加高校教师研究和教学与社会需求的相关性，从而使高校获益。将关注国家发展放在首位会带来强有力的政治支持，公共部门和私立机构也会将高校看做解决国家面临的复杂问题时的第一线资源。因此，高校也就比较可能从公共部门和私营机构中获得满足高校发展需求的资助。

发展中国家的高等教育面临着一系列关键的问题：政府和高校关系如何求得平衡；高校如何处理好新型的自治；如何满足越来越多样化的学生的不同需求；在降低成本的同时如何提高科研和教学的质量；对承担新角色的教师们如何提供支持，等等。每一个高等教育机构都是在独特的国家背景下运营的复杂的组织机构。这些高校及其领导需要来自世界各地的同行的支持。同时，他们所施行的发展策略不管成功与否都对发达国家和发展中国家的其他高校提供了经验教训。世界各国的所有大学都在面临迅速变化的外部环境，所承担的共同的任务就是如何应对这些变化。

参 考 文 献

Chapman, D. W., & Adams, D. (1998). The Quality of Education in Asia: The perennial priority. *International Journal of Educational Rsearch*, 29(7), 643—665.

Chapman, D. W., & Claffy, J. (1998, September 25). Higher education and international development: some new opportunities worth taking. Point of View commentary, *Chronicle of Higher Education*, p. B6.

Fuller, B., & Clark, P. (1994). Raising school effects while ignoring culture? Local conditions and the influence of classroom tools, rules, and pedagogy. *Review of Educational Research*, 64(1), 119—157.

译 者 后 记

经过近一年的共同努力,这部译著终于完成了。参加该书翻译工作的人员如下:范怡红:丛书总序、第一章、第二章、第十三章;洪荣丰:第三章、第四章、第五章、第十二章;黎斌:第六章、第七章、第八章;谭敏:第九章、第十章、第十一章、作者简介。全书由范怡红统稿、修改、审校,蔡春燕进行格式整理。

由于原著涉及很多发展中国家的背景知识,对每个翻译组成员都是一项挑战,同时也是极好的锻炼机会,统稿、修改、审校也花了很多工夫。在此感谢全组成员的认真工作。译文中如有翻译不当的地方,敬请读者批评指正。

范怡红
2008 年元月 25 日
于厦门白城海滨听涛零号

作者简介

安·奥斯汀(Ann E. Austin),密歇根州立大学副教授,非洲研究中心核心成员之一,主要从事高等教育、成人教育与终身教育研究。她的研究与教学主要涉及高等教育组织变革、学术文化、大学教师专业发展以及教学等相关问题。1998年,《变革:高等教育杂志》授予她"四十大学术青年领袖"称号。1998年她在南非伊丽莎白港大学做富布莱特学者,从事院校改革、课程发展、大学教师发展及创新型教学等研究。她还和其他十二所南非高校的学术人员、院校领导人一起从事合作研究。现有专著和编著八部,并发表大量期刊论文和书籍章节。

奥尔加·贝恩(Olga Bain),原克麦罗沃州立大学讲师、副院长,于布法罗大学和纽约州立大学获得比较教育与高等教育博士学位,于圣彼得堡国立大学获得初级博士学位。贝恩博士曾担任欧洲委员会顾问,负责地方治理问题,特别是和教育支持方面有关的问题。其研究兴趣主要集中于后共产主义国家的教育变革社会学和高等教育财政与治理政策比较。

雷格苏仁劲·白厄丹(Regsurendiin Bat-Erdene),曾任蒙古科学、技术、教育与文化部秘书官。撰写了大量有关蒙古高等教育改革的文章,并分别参与了由亚洲开发银行资助的1993年与1999年教育部门研究项目。已于匹兹堡大学获得高等教育硕士学位,目前正在该校攻读博士学位。

戴维·查普曼(David W. Chapman),明尼苏达大学教育政策与管理系教育学教授,专门研究国际发展援助。他曾为世界银行、美国国际发展署、联合国儿童基金会、亚洲开发银行、美洲开发银行、联合国教科文组织及类似机构在三十多个国家工作过。已出版专著或编著六部,发表上百篇期刊论文,其中很多涉及国际背景下的教育系统发展问题。他曾担任《教育研究国际期刊》1998年12月刊的特邀协作编辑。

布莱恩·科尔(Bryan R. Cole),德州农机大学教育管理与人力资源发展系主任,教授。科尔博士曾在教育学院担任了十年的本科生教学副院长和五年的助理院长。曾担任二十五年的学术管理暑期研讨班主任。科尔博士的专业兴趣包括教育体制、教育法规与高等教育管理质量的持续提高。他频繁就教育体系如何持续提高质量的问题发表演讲并提供咨询。

哈利尔·邓达(Halil Dundar),世界银行项目经理,教育经济学家,获得明尼苏达大学高等教育博士学位。以前曾是土耳其安卡拉的中东理工大学副教授,明尼苏达大学研究助理。已发表大量有关美国、土耳其及其他发展中国家高等教育的成本、公平及产出问题的国际期刊论文。

伊莲·埃尔科娃(Elaine El-Khawas),乔治·华盛顿大学教育政策学教授。她的研究着重于高等教育政策与组织变革,特别是质量保障政策以及大学如何应对外部问责与教育效果的压力。埃尔科娃博士曾多次发表演讲,并发表六十余部(篇)出版物,其中包括各类论著章节、专题论著和文章,她还曾是1998年世界银行关于质量保障的一份报告的主要撰写人。她就职于三家高等教育国际期刊的编辑部,也曾为美国许多大学、国家组织、世界银行、经合组织与联合国教科文组织提供咨询。她是高等教育研究学会(英国)的副主席,非洲大学科学研究联合会(加纳)成员,高等教育研究者联合会(欧洲)理事会成员。她于芝加哥大学先后获得社会学硕士与博士学位,担任美国教育委员会政策分析与研究副主席,同时也是加州大学洛杉矶分校的高等教育学教授。

布鲁斯·约翰斯通(D. Bruce Johnstone),纽约州立大学布法罗分校高等教育与比较教育教授。他的研究兴趣包括经济、财政、国内和国际背景下的高校治理。他是学习成效研究联盟主任,从提高教育成效角度研究高等教育,目前正在进行关于高中如何学习大学层次知识的研究。他对学生经济状况进行研究并撰写论文,特别是学费政策、助学贷款,并对高等教育成本如何从政府和纳税人转向学生和家庭进行追踪研究。约翰斯通教授曾任纽约州立大学布法罗分校和纽约州立大学系统校长。他在哈佛大学获得学士和硕士学位,在明尼苏达大学获得博士学位。

达瑞尔·刘易斯(Darrell R. Lewis),经济学博士,明尼苏达大学教育政策与管理学教授。刘易斯教授已在教育与残障方面从事了三十多年评估与政策问询的经济分析工作。他目前教授教育经济学、经济评估与高等教育学等课程。目前的研究兴趣包括发展中国家的高等教育经济状况。他独著或合著了一百五十多部(篇)书籍、专题论文、期刊论文、书籍章节等,其中包括在近二十家学术类期刊发表的论文,如《美国经济评论》、《教育经济学评论》、《高等教育杂志》、《高等教育政策》、《教育评估与政策分析》与《残障政策研究杂志》。他曾工作于三家期刊编辑委员会,并应邀作为十四家期刊的评论员。在过去的五年里,他多次为包括发展中国家的八所外国大学或政府部门在内的国际级、国家级、州级与地方级机构提供有关高等教育经济状况的相关咨询。

伊万娜·林肯(Yvonna S. Lincoln),德州农机大学教育管理与人力资源发展系高等教育项目项目主任、高等教育学教授。她率先进行了有关"替代范式"(alternative paradigm)的方法论与哲学观的开拓性工作。目前与人合作编辑《质的探究》,该杂志主要致力于探寻与拓展质的研究方法在人文社科领域中的运用。她与人合作编辑了《质的研究手册》的第一版和第二版,此外还合著和主编了其他六部书籍。她目前的研究兴趣包括弄清学生、家长与校友的高等教育观念,考察高等教育服务的主要消费者是否会分担高等教育不良的媒体形象,探寻(接受"改进高中后教育基金"资助的)研究Ⅰ型大学的图书馆的质量服务观。她最近编辑完成了一部四卷册的著作,该著作体现了质的研究既经典、新颖又难以捉摸的特点。

戴维·普朗克(David N. Plank)，密歇根州立大学教育学院教授，芝加哥大学博士。他专门从事教育政策与教育财政研究，并在非洲与拉丁美洲的许多国家从事该方面的研究与咨询工作。他最近出版了一部著作，名为：《我们的救星——巴西的公立教育，1930—1995》。

白杰瑞(Gerard A. Postiglione)，香港大学教育系副教授。在高等教育领域，他曾为美国教育委员会、卡内基教学促进会、《比较教育杂志》、《高等教育管理》以及《高等教育编年史》撰稿，已发表九部著作及大量有关中国香港及东亚地区教育与社会的文章。他主编了《香港回归中国：过渡到1997》一书，目前正在编写一套名为《香港文化与社会》的新书。他是《中国教育与社会学刊》的联合编辑，《中国少数民族教育：文化、学校教育与发展》的编辑。他曾担任联合国发展项目、亚洲开发银行中国教育发展项目、卡内基教学促进委员会香港区顾问。他还是香港大学教育与国家发展研究促进会主任与中国教育研究中心副主任。

基拉姆·雷蒂(Jairam Reddy)，高等教育研究人员与顾问，刚刚以"富布莱特学者" (Fulbright Fellow)身份在密歇根大学完成六个月的学习与研究。他于英国伯明翰大学获得学士学位，于加拿大曼尼托巴大学获得科学硕士学位，并于南非西开普大学获得博士学位。从1990年至1994年，他担任德班——威斯特维尔大学副校长，在此之前，他曾就职于伦敦大学、坦普尔大学、华盛顿大学以及南非的西开普大学。1995年1月，他受命主持南非高等教育国家委员会，该委员会的报告奠定了《高等教育与高等教育法案白皮书》的基础，而正是这本白皮书构筑了后种族隔离时代的南非高等教育体系。他还服务于非洲建设性解决争端中心、计划与发展医疗系统信托基金、科学与数学促进中心等机构理事会。雷蒂博士曾频繁发表演讲，在各种会议上提交了五十余篇论文，并在各种地方与国际期刊上发表了大量文章。

亚米尔·萨尔米(Jamil Salmi)，摩洛哥教育经济学家，目前为世界银行拉美与加勒比海地区教育部门经理。他也是世界银行高等教育专家网络的协调人，1998年联合国教科文组织在巴黎举办的世界高等教育大会的世界银行官方代表。在过去的几年里，萨尔米先生为巴西、哥伦比亚、多米尼亚共和国、乌拉圭、委内瑞拉、尼加拉瓜、秘鲁、中国、越南、泰国、波兰、南非、肯尼亚和塞内加尔等国提供了有关高等教育发展的技术性建议。在1993年10月就职世界银行拉美与加勒比海地区副主席一职之前，他曾在世界银行教育与社会政策部从事了四年的高等教育政策研究。萨尔米先生曾负责准备1994年7月出版的世界银行高等教育政策报告书，该报告名为《高等教育：经验的教训》。在1986年进入世界银行之前，萨尔米先生是摩洛哥拉巴特国家教育规划所的教育经济学教授。他还是多个政府部门、国家专业委员会和国际组织的顾问。萨尔米先生于匹兹堡大学获得公共与国际事务硕士学位，并于苏塞克斯大学获得发展研究博士学位。已出版五部著作并发表了大量有关教育发展问题的论文。在过去的五年中，他撰写了许多篇有关高等教育改革问题的文章。

罗伯特·维尔海恩(Robert E. Verhine)，于汉堡大学获得比较教育博士学位，自1977年一直在巴西巴伊亚州联邦大学担任教育学教授。目前，他是一所专注于公共部门治理的大学研究机构主任，以及巴西比较教育学会主席。他的研究主要着重于巴西各级公共教育的组织、结构与财政问题。他已发表多篇国际期刊论文，并为世界银行、联合国儿童基金会、美国国际开发署以及巴西教育部等类似机构提供咨询。

约翰·维德曼(John C. Weidman)，匹兹堡大学高等教育学与社会学教授，专长比较教育管理与政策分析研究。除了进行这些领域的本科生教学与研究之外，他还为亚洲开发银行在蒙古和老挝的项目、教育发展研究院、德意志学术交流中心(DAAD)提供咨询。他曾担任的访问教授职务包括联合国教科文组织在肯尼亚马西诺大学高等教育研究负责人、在德国奥格斯堡大学教育社会学富布莱特访问教授。他已发表多篇有关比较高等教育改革的期刊论文，最近与人合编了一本关于韩国高等教育的著作。

杨晓波(Yang Xiaobo)，中国北京市国家教育行政学院研究员、讲师，现阶段在德州农机大学攻读高等教育管理博士学位。她在北京大学获得历史学学士学位，并于北京大学高等教育研究所获得硕士学位。她已出版一部著作，发表六篇有关比较高等教育的研究性论文。

王晓平(Wang Xiaoping)，目前就职于中国北京耐克公司。王博士在哥伦比亚大学教师学院获得博士学位，随后返回中国，曾担任国家教育发展研究中心(NCEDR)的高级研究员与政策分析员，该中心隶属于教育部。

北京大学出版社教育出版中心
部分重点图书

北大高等教育文库·大学之忧丛书
大学之用(第五版) 　　　　　　　　　　　　[美]克拉克·克尔 著
废墟中的大学 　　　　　　　　　　　　　　[加拿大]比尔·雷丁斯 著
高等教育市场化的底线 　　　　　　　　　　[美]大卫·科伯 著

北大高等教育文库·大学之道丛书(第二辑)
一流大学　卓越校长:麻省理工学院与研究型大学的作用
　　　　　　　　　　　　　　　　　　　　[美]查尔斯·韦斯特 著
哈佛规则:捍卫大学之魂 　　　　　　　　　[美]理查德·布瑞德利 著
学术部落及其领地:知识探索与学科文化 　　[英]托尼·比彻 保罗·特罗勒尔 著
美国大学之魂 　　　　　　　　　　　　　　[美]乔治·马斯登 著
大学理念重审:与纽曼对话 　　　　　　　　[美]雅罗斯拉夫·帕利坎 著
后现代大学?变革中的高等教育新图景 　　　[英]安东尼·史密斯 弗兰克·韦伯斯特 编
高等教育的未来 　　　　　　　　　　　　　[美]弗兰克·纽曼 著
德国古典大学观及其对中国的影响 　　　　　陈洪捷 著
大学校长遴选:理念与实务 　　　　　　　　黄俊杰 主编
转变中的大学:传统、议题与前景 　　　　　郭为藩 著

北大高等教育文库·大学之道丛书(第一辑)
学术资本主义 　　　　　　　　　　　　　　[美]希拉·斯劳特 拉里·L.莱斯利 著
美国公立大学的未来 　　　　　　　　　　　[美]詹姆斯·杜德斯达等 著
大学的逻辑(增订版) 　　　　　　　　　　　张维迎 著
东西象牙塔 　　　　　　　　　　　　　　　孔宪铎 著
我的科大十年(增订版) 　　　　　　　　　　孔宪铎 著
什么是世界一流大学? 　　　　　　　　　　丁学良 著
21世纪的大学 　　　　　　　　　　　　　　[美]詹姆斯·杜德斯达 著
公司文化中的大学 　　　　　　　　　　　　[美]埃里克·古尔德 著
高等教育公司:营利性大学的兴起 　　　　　[美]理查德·鲁克 著

北大高等教育文库·管理之道丛书
成功大学的管理之道 　　　　　　　　　　　[英]迈克尔·夏托克 著

北京大学教育经济与管理丛书
教育投资收益—风险分析 　　　　　　　　　马晓强
教育的信息功能与筛选功能 　　　　　　　　李峰亮
大学内部财政分化 　　　　　　　　　　　　郭　海